Andreas Marneros

Sexualmörder

Den Opfern

Sexualmörder

Eine erklärende Erzählung

von
Andreas Marneros

Edition Das Narrenschiff
im
Psychiatrie-Verlag

Die Deutsche Bibliothek – CIP-Einheitsaufnahme
Marneros, Andreas:
Sexualmörder : eine erklärende Erzählung / Andreas Marneros. -
Bonn : Ed. Das Narrenschiff, 1997
ISBN 3-88414-284-4

Die Edition Das Narrenschiff wird herausgegeben von
Beatrice Alder und Asmus Finzen

Umschlaggestaltung: Dorothea Posdiena /
bild-werk, Dortmund
Satz: Marina Broll, Dortmund
Druck: Clausen & Bosse

INHALT

Anmerkungen zu dieser Erzählung

Ich habe das erste Manuskript dieser Erzählung schon vor über zwei Jahren erstellt. Es war ein umfangreiches Manuskript, fast 1.000 Seiten. Es war belastend und bedrückend. Ich habe es auf die Hälfte reduziert. Aber auch dann kamen mir die Einzelheiten von Dramen und Dramaturgie zu breit gewalzt vor. Sie konnten viele belasten, sie konnten auch noch als Sensation aufgefaßt werden. Das Manuskript wurde umgeschrieben, von den Einzelheiten der Dramen bereinigt. Nur die notwendigsten blieben. Aber auch nach der dritten Bearbeitung des Manuskriptes habe ich entdeckt, daß ich es nur für mich geschrieben habe. Nicht für die anderen. Es waren meine Emotionen, meine Gefühle – meine ganz persönliche Bewältigung. Es war für mich und nicht für die anderen.

Einige Mitarbeiter, Richter und Gerichtsjournalisten kannten dieses Manuskript. Sie waren traurig, als ich die Entscheidung getroffen habe, es möglichst zu »entemotionalisieren« und zu »entpathetisieren«. Aber hätte ich es nicht gemacht, hätte ich es nur für mich geschrieben. Nach der sechsten Umschreibung des Manuskriptes höre ich auf mit weiteren »Entemotionalisierungs-«, »Entpathetisierungs-« und »Entsensationalisierungsversuchen«. Das Thema dieser Erzählung ist so, daß manche Emotion, manches Pathos, manche Sensation bleiben wird, bleiben muß.

Viele haben die verschiedenen Versionen des Manuskriptes gelesen und konstruktive und engagierte Kommentare abgegeben und Korrekturvorschläge gemacht. Allen danke ich herzlich.

Prof. Dr. med. Andreas Marneros, Halle-Wittenberg, Winter 1997

»... Ich muß allen einen Namen geben. Einen anderen Namen als den wirklichen. Nicht nur wegen des Datenschutzes. Die Namen aller, die hier erwähnt werden, sind bekannt. Die Medien haben extensiv darüber berichtet. Häufig mit Fotos, Elternhaus und Interviews mit Nachbarn. Alle Namen der Täter und auch der Opfer werde ich trotzdem ändern. Die Realität nicht ...«

Anfang einer Begegnung, Hintergrund eines Gedankens

Es hat mich damals sehr bedrückt.

Eine Begegnung in einem kleinen Zimmer, in einer »gesicherten Abteilung« einer Landesklinik für Psychiatrie, hat mich damals sehr bedrückt. Was in diesem kleinen Zimmer zu Tage gekommen ist – was »exploriert« wurde – betrübte mein Herz und prägte sich tief in mein Hirn.

Inzwischen sind einige Jahre vergangen, Jahre, in denen ich mich mit sehr viel Bedrückendem beschäftigen mußte. Vor allem, nachdem mein Interesse an der Frage, was die Schuldfähigkeit eines Menschen beeinträchtigen kann, die Dimension der Faszination erreicht hatte. Seither haben wir, meine Mitarbeiter und ich, über 500 Betroffene zur Frage ihrer Schuldfähigkeit oder zur Frage ihrer »Gefährlichkeit« untersucht. Wir mußten beantworten, ob sie aus einer »gesicherten psychiatrischen Anstalt« entlassen werden können, ohne gefährlich für andere Menschen zu sein. Ein beträchtlicher Teil derer, die wir untersucht haben, wurde wegen Sexualdelikten begutachtet.

Ich habe über das Erlebte, das Untersuchte, das Erfahrene mit vielen gesprochen: Mit Ärzten und Psychologen, mit meinen Mitarbeitern und meinen Mitarbeiterinnen, mit Studenten und Studentinnen, mit Richtern und mit Staatsanwälten, mit Verteidigern und mit Gerichtsjournalisten, mit Fachleuten und mit Laien, mit Frauen und Männern – auch in Vorlesungen und Seminaren, in Kolloquien und Privatissima. Immer häufiger kam die Aufforderung, immer mehr Gesprächspartner gaben mir den Anstoß: Erzähle darüber! Erkläre etwas dazu! Einige sagten sogar – wagemutig und sich oder mich überschätzend: Erkläre das!

Ich habe mich bis jetzt dagegen gewehrt, ich vermute aus Bequemlichkeit. Bis jetzt enthielten unsere Publikationen und Vorträge trockene sachliche Forschungsergebnisse. Ich sprach über unsere Erfahrungen und Befunde von Fachmann zu Fachmann. Nach gewohntem Muster, in gewohnten Bahnen, mit gewohntem Ablauf. Wir schrieben Bücher und Aufsätze. Wir hielten Vorträge und Seminare. Über Zahlen und Prozente, über Therapiemethoden und Krankheitssymptome, über Kriterien und Definitionen, über Krankheitsverläufe und Diagnosen: Harte Arbeit – bekannter Weg.

Aber die Aufforderungen und die Anstöße, über meine Begegnungen mit menschlichen Katastrophen, mit Dramen – manchmal ähnlich griechischen Tragödien – von dem unendlichen Leid zu erzählen, gingen darüber hinaus. Je länger ich darüber nachdachte, desto klarer wurde mir, daß ich darüber erzählen muß. Die Entscheidung ist gereift: Ich spreche darüber. Ich erzähle es. Ich erzähle es Ihnen.

Ich habe als Student eine Erfahrung gemacht.

Ich schaue wiederholt zurück, nachdenklich, auf die damaligen Bilder, die noch lebhaft in meiner Erinnerung sind. Wir waren Medizinstudenten im fortgeschrittenen Semester. Wir hatten aber noch keine Psychiatrie gehört.

Wir haben es aus der Zeitung erfahren. Riesengroße schwarze Buchstaben verkündeten es: Zwei junge Studentinnen wurden in ihrer Studentenwohnung massakriert aufgefunden. Ihre Wohnung befand sich neben den Gebäuden der Medizinischen Fakultät. Das Entsetzen war groß. In den Fluren der Institute, vor dem Hörsaal, unterwegs zur Uni sprachen wir darüber – die Tageszeitung neben dem Pharmakologielehrbuch. Wenige Tage später wurde der Täter gefaßt. Die Spuren, die seine Turnschuhe in den Blutlachen hinterlassen hatten, hatten ihn verraten.

Er war der Bruder eines Kommilitonen. Der Bruder eines Medizinstudenten in unserem Semester, in unserer Gruppe. Entsetzen wurde durch Entsetzen abgelöst! Wie ist das bloß möglich? Der Bruder eines unserer Kommilitonen, einer aus unserer Gruppe, einer unserer Freunde! Ratlosigkeit und Hilflosigkeit überfiel uns. Wir wußten plötzlich nicht, wie wir mit unserem Kommilitonen umgehen sollten. Er wußte auch nicht, wie er mit uns umgehen sollte. Wir sprachen darüber viel intensiver als am Tag des Dramas. Aber unsere Stimme wurde leise, flüsternd, fast konspirativ. Unser Benehmen wurde anders. Das seine ebenfalls. Einige Monate später fand der Prozeß statt. Begleitet von großen Aufmachungen in den Zeitungen. Der Prozeß dauerte quälende Wochen, in denen er mit uns zusammen im Hörsaal saß, im Labor arbeitete und am Krankenbett den Kursus mitmachte. Und dann kam das Gerichtsurteil über seinen Bruder: »Vermindert schuldfähig«! Keine Gefängnisstrafe. Aber Einweisung in eine geschlossene Psychiatrische Anstalt. Keine Strafe?

Am nächsten Tag eilten einiger unserer Kommilitonen zu ihm und gratulierten ihm. Gratulieren? Wozu? Das war damals meine Frage. Nein, ich habe es nicht verstanden: Warum gratulieren? Einige entfernten sich diskret. Andere schauten verlegen auf den Boden. Wir hatten ja noch keine Psychiatrie gehört. Hätte das aber geholfen?

Niemand kann uns das übelnehmen. Niemand kann es den Leuten übelnehmen. In der Stadt wurden Stimmen laut – und das waren viele – gegen die Psychiater, gegen die Justiz, die dieses »Monster« als »schuldunfähig« bezeichnet hatten! Die Enttäuschung war bei vielen groß. »Da kommt irgendein Psychiater und bezeichnet dieses Monster als schuldunfähig! Das ist keine Gerechtigkeit!«. So wurde es laut gesagt oder leise geflüstert.

Das Volk wollte Strafe sehen. Möglichst die Todesstrafe.

> »Als zu Beginn des Wahlkampfes 1992 das Ansehen des demokratischen Präsidentschaftsbewerbers und Gouverneurs von Arkansas, Bill Clinton, auf einem Tiefpunkt angelangt war, brach er seinen Stimmenfang ab und präsidierte kaltblütig über die Hinrichtung eines hirngeschädigten Mörders. Das sei der ›high-noon‹ der ganzen Kampagne gewesen, schwärmte später sein Wahlkampfstratege James Carville«. (Aus »DER SPIEGEL« vom 17.07.1995).

Aber sind Emotionen voll Vergeltungs- und Rachegefühlen – offenen oder versteckten – die richtige Art, auf solche Dramen zu reagieren? Der angemessene Ausdruck des Mitleids mit dem Opfer? Die Solidarität mit den Angehörigen des Opfers? Die Trauer um das Opfer? Der Schutz zukünftiger Opfer?

An solchen Tagen erleben die Fachleute – die Psychiater, die Psychologen, die Sexualwissenschaftler, die Kriminologen, die Sozialwissenschaftler, die Juristen – an sich selbst eine Mischung von tiefgreifendem Mitgefühl für Opfer und Angehörige und Gefühle der Ohnmacht und der Ratlosigkeit. Die Fachleute sprechen aber eine eigene Sprache. Häufig drücken sie sich so kompliziert aus, daß kaum jemand sie verstehen kann. Wie will man das Unfaßbare faßbar machen? Wie will man erklären, was Anton gemacht hat? Wie will man mitteilen, daß

... er ein Nachbarskind getötet hat. Er hat das Kind zerstückelt, seinen Kopf abgetrennt, in den Mund des abgetrennten Kopfes onaniert, ins Fleisch des Kindes gebissen, um es zu essen, und dann den Kopf des Kindes im Backofen verbrannt!

Wie kann man so etwas der Mutter, dem Vater, den Freunden des Kindes erklären? Wie kann man es mir, Ihnen, den anderen erklären?

Wie kann man andere vor Anton schützen?
Wie können unsere Kinder ihr Urvertrauen in die Menschen behalten, ohne geschädigt zu werden? Wie können unsere Frauen dem Mann begegnen, ohne Opfer zu werden? Wie kann man andere Menschen vor ihm schützen? Aber auch: Wie kann man ihn vor sich schützen?
Ich habe viel nachgedacht, seitdem er mir erzählte, daß er Hilfe bei einem Fachmann gesucht hatte, als er ahnte, daß das Schreckliche auf ihn und auf andere zurollte. In einem verzweifelten Versuch hatte er gehofft, das Schicksal abzuwenden. Vergebens! Bei dem Fachmann haben die Alarmglocken nicht geläutet.
Das Kind, die anderen und auch er wurden nicht geschützt.
Ich habe viel nachgedacht über das, was er mir Jahre nach der Tragödie mit leiser, zitternder Stimme, den Kopf weiter auf die Brust senkend, sagte: *»Ich habe Angst, ich werde es wieder tun. In meiner Phantasie tue ich das jeden Tag«*. Und dann *»... Ich weiß, ich bin eine Bestie ...«* und nach langer, würgender Pause: *»Aber was kann ich dafür?«*. So fragte er.
Nachdem ich einiges gesehen und dadurch auch einiges gelernt habe, möchte ich jetzt doch darüber reden. Mit Ihnen, mit mir und mit den anderen.
Ich werde versuchen, das Wenige, was wir wissen, mitzuteilen. Ich möchte die mageren Kenntnisse, das rare Gesicherte und das wissenschaftliche Nachdenken über solche Fälle aus der oft kaum verständlichen Sprache der Fachleute in eine verständliche Sprache übertragen.
Ich werde auch versuchen, das oft einseitige Porträt von ihm und von anderen zu ergänzen.
Ich werde auch versuchen, zu zeigen, daß man manchmal doch etwas dagegen tun kann – zumindest in den Fällen, in denen ein Täter einen langen Weg bis zu dem Drama gegangen ist. Schon seit der Kindheit toben bei manchen ungewöhnliche Phantasien im Kopf. Und sie wachsen und wachsen und ufern aus. Selten hat jemand von denen, die ich kennengelernt habe, mit anderen darüber gesprochen. In den wenigen Fällen, in denen das geschah, haben die Gesprächspartner häufig weder die zerstörerische Dynamik der explodierenden Phantasiewelt noch die sich anbahnende Gefahr erkannt.
Für den Täter oder gegen den Sexualmord kann man manchmal etwas tun, wenn die angesprochenen Personen, vor allem die pro-

fessionellen, *in jeder aggressiven Sexualphantasie eine potentielle Gefahr sehen, nämlich die ihrer Umsetzung in die Realität*. So können daraus Konsequenzen gezogen und entsprechende Therapien durchgeführt werden. Die Fälle, die in der Katastrophe endeten, sind der Öffentlichkeit bekannt, die vielen anderen, bei denen rechtzeitig Hilfe geleistet werden konnte, nicht.

Ich möchte aber auch auf Schwachstellen, auf Fehler, auf Versäumnisse der Justiz, der Gutachter, der Verantwortlichen – von uns allen – hinweisen, in der Hoffnung, daß sie seltener und Katastrophen weniger werden. Ich möchte auf Maßnahmen hinweisen, die eventuell helfen können, die Anzahl der Dramen zu reduzieren.

Ich möchte einiges Besserndes und Sicherndes erklären, anhand von Geschichten, die Beispiele sein können – ein bescheidener Beitrag zur Reduzierung von Tragödien.

Was ich erzählen werde, versucht, meine Anteilnahme, meinen Respekt vor den Opfern, vor den Angehörigen der Opfer zu zeigen, vor allem auch meine Sorgen um zukünftige Opfer. Wenn dadurch einige Dramen verhindert werden können, hat diese Erzählung ihr Ziel erreicht.

Alles das hat mich dazu veranlaßt, Ihnen und den anderen die nachfolgenden Geschichten zu erzählen. Um die Tragödien zu umreissen, werde ich in groben Zügen nur das Notwendige erzählen, vieles, sehr vieles weglassen, um makabre Sensationen zu vermeiden. Stehen wir es durch. Sie und ich.

A Die erste Begegnung mit dem Entsetzen

Anton:
Die erste Geschichte

Ich gebe ihm einen Namen. Einen Namen, der mit A anfängt. Ich nenne ihn Anton.

Wer ist er, wie sieht er aus? Als ich den Auftrag bekam, ihn zu untersuchen, war er schon im Maßregelvollzug, also in der Forensischen Abteilung einer Psychiatrischen Landesklinik, in der psychisch gestörte Straftäter untergebracht werden. Er wußte nicht, woher das Wort »forensisch« kommt. Ich habe es ihm erklärt: Es kommt vom lateinischen ›forum‹, was in diesem Zusammenhang ›Gericht‹ heißt. Forensische Psychiatrie heißt also ›Gerichtspsychiatrie‹.

Sie sehen, ich spreche von Maßregelvollzug bzw. von der Maßregelvollzugsanstalt und nicht von der Psychiatrie. Dies tue ich aus folgenden Gründen: Der Ausdruck: »Er kommt in die Psychiatrie«, der nach solchen Gerichtsprozessen wie dem seinen in aller Munde ist und der durch alle Medien geht, gefällt mir nicht. Der Begriff ›Psychiatrie‹ ist ein vielfach mißbrauchter Begriff: Die Grenzen der Psychiatrie sind ja nicht für jeden erkennbar. Sie sind durchlässig, sowohl nach außen als auch nach innen. Die Gleichsetzung von Gesamtpsychiatrie und Maßregelvollzug ist unzulässig. Ich werde später ausführlich darüber erzählen.

Die Psychiatrie ist eine außergewöhnliche, ja faszinierende Wissenschaft und Kunst. Sie hat einige dunkle Seiten und viele hoffnungspendende, helfende, ja rettende Möglichkeiten. Sie bietet ein breites Betätigungsfeld! Die Reduzierung auf eine einzige ihrer Aufgaben, auf eine einzige ihrer Pflichten, also auf ihre Verpflichtung, sich auch um psychisch gestörte Straftäter zu kümmern, ist nicht richtig. Die Psychiatrie ist für alle psychisch Bedrängten da. Für alle Menschen, die psychische Probleme, psychische Erkrankungen haben, die psychische Hilfe brauchen. Straftäter und Nicht-Straftäter, Sozial-Konforme und Sozial-Diskonforme. Millionen Menschen brauchen die Psychiatrie. Genauso, wie Millionen Menschen die Kardiologie, die Chirurgie, die Gynäkologie oder die Rheumatologie brauchen.

Doch nur eine verschwindende Minderheit von psychisch kranken und psychisch gestörten Menschen begeht Straftaten!
Die großen Untersuchungen in Deutschland, die Studien der Mannheimer Psychiater Wolfgang Böker und Heinz Häfner haben dies wissenschaftlich belegt. Neuere amerikanische und europäische Untersuchungen bestätigten ebenfalls die alltägliche Erfahrung eines jeden, der sich mit der Psychiatrie beschäftigt: *Psychisch Kranke sind nicht häufiger gefährlich als psychisch Gesunde.*

Zurück zu Anton. Als ich ihn zum ersten Mal sah, saß er an der Kante eines niedrigen Sofas, die Beine gegeneinander gedrückt, die Oberarme dicht am Körper und die Hände auf dem Schoß zusammengedrückt. So sitzt man, wenn man friert oder wenn man Angst hat, oder wenn man sich unsichtbar machen will. Frieren konnte er ja nicht; es war Sommer, als wir uns begegneten. Angst wovor – in den mehrfach geschützten Räumen der Maßregelvollzugsanstalt? Unsichtbar? Vor wessen Augen?
Er sprach mit sehr leiser Stimme, die noch leiser wurde, als er über seine Eltern und die Jahre im Gymnasium sprach. Er unterbrach sich mit einem bitteren Stöhnen, als er über das Leid sprechen mußte, das er seinen Eltern zugefügt hat – als ob diese Last dabei war, ihn zu zerquetschen. Er wirkte auch zerquetscht.
Als er über seine Pläne als Gymnasiast und später als Student erzählte, wurden seine Augen feucht. Das Erinnern an die verflogenen, an die verlorenen Träume. Dann, als er über das getötete Kind, über das Drama und die Dramaturgie der Tat sprach, machte seine Stimme nicht mehr mit. Und als er über seine Zukunft und vor allem über seine Befürchtungen sprach, daß er *das* wiederholen könnte, waren die großen langen Pausen für uns beide quälend, drohten sie uns beide zu ersticken.
Zur Zeit der Tat war er 25 Jahre alt. Er war das einzige Kind eines Handwerkers und einer Angestellten. Nach außen erschien seine Entwicklung ganz normal. Er besuchte den Kindergarten, dann die Grundschule und das Gymnasium, es folgte ein Studium.
Von den Gutachtern und den Therapeuten wird er als ein einzelgängerischer, zurückgezogener, weicher, wenig durchsetzungsfähiger Mensch bezeichnet, der Schwierigkeiten hatte, Beziehungen zu anderen Menschen herzustellen. Eine Scheu vor Mädchen und eine Tendenz zu ihrer schwärmerisch-romantischen Überhöhung und Idealisierung wurden ihm bescheinigt. Nur ein einziges Mal

hatte er es geschafft, eine reale Beziehung mit einem Mädchen zu entwickeln, zu Berta, die er überidealisiert hat. Aber diese Beziehung fand vorwiegend in der Phantasie und kaum in der Realität statt. Berta wußte ganz wenig über ihn, auch nach der schrecklichen Tat. Man sprach von einer »wortlosen Harmonie« zwischen den beiden. Er war sich auch nicht immer sicher, ob er nicht doch homoerotische Tendenzen habe. In seiner Pubertät hatte er ein-, zweimal sexuelle Erlebnisse mit einem Jungen. Aber dann war für ihn klar, daß er nicht homosexuell sei. Es gab keine Wiederholungen, auch nicht in seinen Phantasien.

Wie hat das alles angefangen?

» ... Schon mit 10 Jahren kamen mir Gedanken, ein Kind zu fangen, zu zerstückeln und sein Fleisch zu essen...«

Schon vor der Pubertät begannen bei ihm Phantasien, fremdartige, erschreckende: daß er kleine Mädchen einfängt, zerstückelt und ihr Fleisch ißt. Ein erstes konkretes Erlebnis hatte er, als er 10 Jahre alt war: Er spielte mit einem Mädchen auf dem Spielplatz; und plötzlich überkam ihn mit aller Deutlichkeit der Drang, ein anderes, in der Nähe spielendes Kind einzufangen, es zu töten und von seinem Fleisch zu essen. Das hat er dem mitspielenden Mädchen auch gesagt und sie gefragt, ob sie mitmachen würde: Das spielende Kind gemeinsam zu fangen, zu zerstückeln und zu essen. Das Mädchen lehnte das ab. Sie hatte es als Scherz empfunden. Aber er? Diese Vorstellung hat ihn nicht mehr losgelassen.

Diese Vorstellung war die ständige Begleiterin bei seinen ersten sexuellen Erlebnissen. Sie wurde seine Masturbationsphantasie. Zuerst waren die Opfer in seiner Phantasie Jungen und Mädchen seines Alters, auch konkrete Personen. Allmählich verschwanden dann die Jungen aus der Phantasie, und es blieben nur noch die Mädchen. Er wollte es unbedingt probieren. Deswegen hat er kleine Stücke aus seiner Haut herausgeschnitten und gegessen. Im ersten Gutachten wurde das von den Ärzten als ein *»Autokannibalismus«* bezeichnet, also ein Kannibalismus bezogen auf die eigene Person. In unseren Gesprächen ergab sich eine andere, alltäglichere Erklärung: Er war neugierig, wie menschliches Fleisch schmeckt; er wollte es erfahren.

Die furchtbaren Phantasien, die er hatte, wurden immer bunter, detaillierter und bedrängender: Mädchen und Frauen standen in ihrem Zentrum. Ihre Geschlechtsorgane, vor allem die weibliche

Brust, wurden zum bevorzugten Objekt. Eine Besonderheit wurde von allen Psychiatern, die ihn untersuchten, erkannt: Es ging ihm nicht um die Unterwerfung der Frau, nicht darum, Angst bei der Frau zu erzeugen, die Frau zu beherrschen, ihr Schmerzen zuzufügen. Nein, die Frau kam in seiner Phantasie nur als Todesobjekt vor. Es hieß im damaligen Gutachten, daß diese Phantasien eine *»nekrophile«* Prägung haben, daß also die erotische Neigung den Toten galt. Darüber werde ich später mehr erzählen, wenn ich über Perversion spreche.

Zuerst hatte er keine Angst vor seinen Phantasien. Zuerst war er sich sicher, daß er seine Phantasien in seinem Kopf einsperren könne, daß sie nicht nach draußen dringen, daß sie niemanden gefährden würden. Aber er hat sich getäuscht! Er hat sich gefährlich getäuscht. Dies erkannte er, als er einmal mit Berta zusammen im Bett lag. Da wurde er von dem heftigen Drang überrollt, Berta zu würgen, zu zerteilen und zu essen. Das war ein Kampf, der ihn im höchsten Maße quälte. Seine Hände zitterten, er war schweißgebadet, die Hände formten sich zum Würgegriff und näherten sich der ahnungslos im Bett liegenden nackten Berta. In der letzten Sekunde konnte er seinen Drang überwinden.

Danach wurde seine Angst sehr groß, hat er mir erzählt. Er wollte sofort Hilfe haben. Er ging direkt zu einem Arzt. Er versuchte, sich ihm anzuvertrauen. Er konnte es aber nicht. Er erzählte dem Arzt viele andere Dinge und deutete nur verschlüsselt an, daß sich in seinem Inneren ein Drama abspielte.

Er versuchte, die Phantasien mit autogenem Training, mit Meditation zu bekämpfen – natürlich ohne Erfolg. Er brach die Beziehung zu Berta ab. Die Phantasie-Orgien wurden stärker und lauter, konnten nicht mehr im Kopf bleiben, drängten gefährlich nach draußen. Einige Tage vor der Tötung des Kindes sah er während eines Waldspaziergangs ein etwa 20jähriges Mädchen, was übermäßige Gewaltphantasien auslöste. Wieder, buchstäblich in der letzten Sekunde, konnte er sich beherrschen. Aber diesmal war das Geschehen viel heftiger als bei Berta. Er sagte, daß es in seinem Erleben wie ein »vollzogener Mord« war. Sein Leben und Erleben wurden fortan voll von diesen Phantasien beansprucht. Das Gefühl des Dranghaften wurde immer stärker. Seine Versuche, die tödlichen Impulse zu kontrollieren, sich zur Wehr zu setzen, wurden immer hilfloser. Der Druck auf die Dämme stieg ins Unerträgliche.

Autogenes Training und Meditation halfen nicht. Er begann, Alkohol zu trinken. Er wollte sich betäuben, durch Alkohol die Phantasien verdrängen. Auch eine häufige Selbstbefriedigung wirkte nicht als Ventil.

Die Abstände der Gefährdung wurden immer kürzer. Die Phantasien galoppierten, wurden leibhaftig. Konkret erstmals im Erleben mit Berta, dann in der Szene mit dem Mädchen im Wald. Kurz danach passierte es. Er tötete das Kind.

Er erzählte mir:

> »Es war ein Sonntag, ich war allein zu Hause. Die Phantasien tobten in meinem Kopf. Ich habe mehrfach onaniert in der Hoffnung, daß die Phantasien verschwinden. Es war keine Ablenkung. Ich habe versucht, etwas zu tun, etwa in der Garage an meinem Motorrad zu basteln. Ich habe den ganzen Tag Bier getrunken, ich wollte mich betäuben. Gegen 20.00 Uhr sah ich durch das Fenster dann zufällig ein Nachbarskind, ein neunjähriges Kind. Ich habe meine Phantasien immer auf Mädchen gerichtet. Und jetzt stand draußen ein Junge, und mir war klar, ich mußte es mit ihm machen. Ich rief den Jungen und habe ihn gebeten, mir von der Trinkhalle Zigaretten zu holen. Der Junge erklärte sich bereit, es zu tun. Er kam in die Wohnung, um sich von mir das Geld zu holen. Als er in die Küche kam, überfiel ich ihn, würgte ihn, und ...«

Er schilderte mir dann mit allen Details selbstquälerisch die lange Zeit der schrecklichen Dramaturgie.

> »... Danach habe ich mich hingelegt und versuchte zu schlafen. Ich konnte aber keinen Schlaf finden. Es war mir klar, was ich gemacht habe. Ich konnte mit dieser Schuld nicht mehr leben. Ich hatte die Befürchtung, daß ich das bald wieder machen werde. Deswegen bin ich um 05.00 Uhr aufgestanden und zur Polizei gegangen.«

Jahre nach dem Drama erzählte er mir mit stockender Stimme, mit großen würgenden Pausen, fast flüsternd, ein schreiendes Flüstern:

> »... Ich befürchte, ich werde es wieder tun. Ich tue das jeden Tag, jeden Abend in meinem Kopf. Ich erlebe die gleichen Szenen wie vor, wie bei der Tötung des Kindes. Es geht weiter. In meinen Vorstellungen vollende ich, was ich in der Realität nicht zu Ende geführt habe. Ich befürchte, ich werde auch wirklich vollenden, was ich damals mit dem Kind nicht getan habe. Nein, es geht weiter. Diesmal provoziere ich sogar die Phantasien. Aber sie kommen auch von allein. Sie kommen, wenn ich eine Krankenschwester oder eine Besucherin hier in der Klinik sehe. Oder wenn ich im Fernsehen Mädchenkörper sehe.

Ich habe festgestellt, daß vor allem Mädchen, die Tennis spielen, sofort meine Phantasien provozieren, die mich mehrfach zu sexueller Selbstbefriedigung führen. Ich warte nicht mehr zufällig auf ein auslösendes Erlebnis. Jetzt provoziere ich es selbst. Jetzt durchsuche ich fieberhaft die Fernsehprogramme, um herauszufinden, wann es Tennis gibt. Ich lasse alles stehen und liegen und setze mich vor den Fernseher und zelebriere das alles mehrmals. So etwa, nach diesem Muster: Wenn die bekannte Tennisspielerin X. mit der bekannten Tennisspielerin Y. zusammen spielt, phantasiere ich, daß plötzlich der Rock der beiden Mädchen runterfällt, ebenso wie der Schlüpfer. Die beiden spielen aber weiter. Dann fasse ich die beiden, und es geht dann viel weiter als damals mit dem Kind.
Ja, ich befürchte, ich werde es wieder tun. Es nimmt zu ...«

Er wurde damals nach dem urarchaischen Drama psychiatrisch untersucht. Es sollte festgestellt werden, ob er an einer psychischen Störung leide. Wenn ja, an welcher und ob dadurch seine Schuldfähigkeit beeinträchtigt sei? Es wurde festgestellt: Anton leidet an einer *sexuellen Perversion bei einer Persönlichkeitsstörung*.
Er hat eine ganz schlimme Form der sexuellen Perversion, nämlich die *»progrediente Form«*, die »fortschreitende Form« also. Ich werde versuchen, zu erklären, was Perversion ist, und warum die »fortschreitende Perversion« so gefährlich sein kann. Später werde ich auch ausführen, was eine Persönlichkeitsstörung ist und welche Beziehung sie zur Perversion und zu aggressiven Sexualdelikten haben kann.

Sexuelle Perversionen

Was ist Perversion? oder
Was ist schon Perversion?

Bei Anton, bei Bernd und bei Christian, bei vielen anderen, über die ich noch erzählen werde, wurde von Psychiatern in einem ersten Schritt die Diagnose »sexuelle Perversion« gestellt. Was ist »sexuelle Perversion«? Wie entsteht sie? Warum entsteht sie? Wo liegen die Grenzen zwischen sexueller Perversion und sexueller Normalität?

Schon das Wort ist problematisch. »Pervers« kommt aus dem Lateinischen und bedeutet: verkehrt. Was ist verkehrt, und was ist nicht verkehrt? Auch das ist eine der vielen Fragen, die die Menschheit seit dem Beginn ihrer Kulturgeschichte beschäftigt. Die Antwort auf diese Frage ist nicht einheitlich. Unterschiedliche Kulturen in unterschiedlichen Zeiten haben unterschiedliche Antworten gegeben.

Als klassisches Beispiel wird immer wieder die Einstellung der Griechen zur Homosexualität genannt. Es wird angenommen, daß die Griechen schon seit den Homerischen Zeiten bis zum Untergang der antiken Welt um das 5. bis 6. Jahrhundert nach Christus die Homosexualität tolerierten oder gar förderten und schützten. Es werden viele Mythen und Schriften dazu zitiert: Der Mythos des schönen Knaben Ganymedes, den Zeus in der Gestalt eines Adlers entführte, ist durch Kunst und Mythologie sehr bekannt geworden. Bilder, vor allem auf Vasen, zeigen den Austausch von sexuellen Zärtlichkeiten zwischen Mann und Mann oder zwischen Frau und Frau. Die Wahrheit ist jedoch, daß auch die damalige griechische Gesellschaft der Homosexualität sehr gespalten gegenüberstand, wie zum Beispiel auch aus den Schriften von Platon zu erkennen ist. Trotzdem kann man davon ausgehen, daß sowohl die Griechen als auch die Römer, die stark unter dem Einfluß der damaligen griechischen Kultur standen, eine andere, liberalere Einstellung gegenüber Homosexualität hatten als später das Christentum.

Alle Kulturvölker hatten – vor allem in Verbindung mit ihren Religionen – unterschiedlichen Umgang mit der Sexualität und verschiedene sexuelle Praktiken, wie Gerhard Bellinger in seinem großen Buch »Im Himmel wie auf Erden – Sexualität in den Religionen der Welt« zeigt. Klassisch sind indische und andere mittel- und fernöstliche Darstellungen von verschiedensten Praktiken und Formen der Sexualität.

Der Umgang des Menschen mit sexuellen Perversionen ist eng verbunden mit seinem Umgang mit der Sexualität überhaupt. Dieser ist auch in den Zeiten der Liberalisierung kompliziert, weil Sexualität ein komplexer Bereich menschlichen Verhaltens ist. Wie der amerikanische Pionier der Sexualforschung, KINSEY, feststellte, ist dies so, weil biologische, psychologische und soziologische Faktoren gleichzeitig beteiligt sind. Das Ergebnis ihres Zusammenwirkens ist zwar ein einziges einheitliches Phänomen. Es ist aber weder als rein biologisch oder als rein psychologisch noch als rein soziologisch zu bezeichnen.

Auf jeden Fall hat der Mensch schon seit langem Sexualität nicht immer mit Fortpflanzung gleichgesetzt. Gleichzeitig beginnt auch die Diskussion: Was ist normal? Was ist nicht normal? Was ist pervers? Diese Frage verbirgt andere Fragen: Was ist unnatürlich? Was ist verwerflich? Was ist abstoßend? Was soll geächtet sein? Was soll verboten sein? Aber auch: Was ist krankhaft? Was ist nicht krankhaft?

Die Zeiten ändern sich, damit auch die Antworten auf diese Fragen. Religionen, Philosophien, der Zeitgeist geben in unterschiedlichen Zeiten unterschiedliche Antworten auf dieselbe Frage. Die Wissenschaft hat vor über hundert Jahren angefangen, diese Fragen zu beantworten.

Als Begründer eines medizinisch-wissenschaftlichen Ansatzes über das Sexualleben in seinen »krankhaften« Formen gilt in Europa der Psychiater Richard von KRAFFT-EBING, der in Graz und Wien Professor der Psychiatrie war. Er publizierte im Jahre 1886 in systematischer Weise Fälle und Formen von sexueller »Abartigkeit«. Dadurch wurde das Problem der sexuellen »Abweichungen« als ein medizinisches Problem gesehen. Sein Buch »Psychopathia Sexualis«, das bis heute Beliebtheit genießt, hat trotz seiner vielen Schwachpunkte einiges in Bewegung gebracht: Etwa die Einsicht, daß viele (aber nicht alle) Menschen, die Sexualdelikte begehen, als Kranke zu bezeichnen sind, daß weder die Gefängnisstrafe noch die Todesstrafe geeignete Mittel sind, diesen Menschen zu begegnen. *»Eine Justiz, die nur die Tat und nicht den Täter würdigt, wird immer Gefahr laufen, wichtige Interessen der Gesellschaft, wie auch* *solche des Individuums zu verletzen«*, schrieb er. Er hat durch sein Werk nicht nur Gesetze beeinflußt, sondern auch das Denken und die Einstellungen gegenüber Sexualdelinquenten. *»Der Psychiatrie kann die Anerkennung nicht versagt werden, daß sie die psychische krankhafte Bedeutung zahlreicher monströser, paradoxer sexueller Akte erkannt und nachgewiesen hat«*, schreibt er mit einem gewissen Stolz.

Trotzdem spiegelt dieses Buch auch seine persönliche Einstellung und den Geist der damaligen Zeit wider. Man gewinnt den Eindruck, daß KRAFFT-EBING häufig stark moralisiert. Er benutzt Bezeichnungen für Tat und Täter, die schon Vorurteile beinhalten. Die tieferen Gründe, warum ein Mensch einen Sexualgewaltakt begeht, bleiben dabei oft unerforscht. Trotzdem war diese erste systematische Darstellung ein wichtiger Schritt.

Richard von KRAFFT-EBING unterschied zwischen »Perversion« und »Perversität«. Perversion sei eine Krankheit, Perversität ein Laster. Die Perversion betrifft nach seiner Meinung den »Geschlechtstrieb«. Die Perversität bezeichne das geschlechtliche Handeln und die Sexualpraktiken, die auch durch nicht-krankhafte Voraussetzungen hervorgerufen werden können. Um Perversion und Perversität zu unterscheiden, verlangte er, daß man die Gesamtpersönlichkeit des Handelnden und die »Triebfeder« seines perversen Handelns berücksichtigen müsse.

Dem ersten unvollkommenen, aber entscheidenden Schritt folgte einer zweiter, komplettierend und bereinigend. Sigmund FREUD, der Vater der Psychoanalyse, erkannte als erster die Komplexität psychischer Problematik, die hinter der Perversion steht. In aller Munde, von Experten und Laien mehr oder weniger abgewandelt, ist die Bezeichnung *»polymorph-pervers«* (polymorph vom griechischen poly = viel, vielerlei und morphe = Form, Gesicht), also die Fähigkeit und Neigung des Menschen zu vielerlei Formen der Triebbefriedigung. Freud meinte die kindliche Fähigkeit, durch Sehen, Berühren, Saugen, beim Stuhlgang, beim Urinieren usw. Lust zu empfinden. Diese frühkindliche Phase werde beendet, wenn die eigentlichen genitalen Funktionen sich entwickelt haben. Daraus folge, daß bei Erwachsenen, die eine Perversion zeigen, entweder ein Fortbestehen oder ein Wiederaufleben einiger Aspekte frühkindlicher Sexualität zu bestehen scheinen. Das Verdienst von Sigmund FREUD ist die Erkenntnis, daß die Möglichkeit zur Perversion in jeder Sexualität steckt. Das heißt, daß jeder von uns pervers werden könnte. Die meisten Menschen finden im Verlauf der Reifung die »normale« sexuelle Orientierung – also die genitale (d.h. die geschlechtsteil- und geschlechtsfunktionsorientierte) Sexualität. Andere bleiben jedoch auf dieser Strecke unreif, werden »pervers«. Die Ideen Sigmund FREUDS wurden von vielen weiterentwickelt.

Es ist nicht meine Absicht, Ihnen die herrschenden Theorien und wissenschaftlichen Ansichten über Perversionen ausführlich darzustellen. Sie können sich durch Bücher, die ich am Ende dieser Erzählung benennen werde – genauer informieren. Ich werde das wenige, das wir wissen, zusammenfassen. Eines ist sicher: *Perversion ist Ausdruck psychischer Problematik.* Viele meinen auch: *Perversion hat eine Funktion.*

Ich habe mir vorgenommen, Ihnen wenig über Autoren und ihre Bücher, über Forscher und ihre Ergebnisse zu erzählen. Ich muß allerdings ansatzweise einzelne Richtungen und Forscher erwähnen.

Verhaltenstheoretische Erklärungen

Ein Ansatz basiert auf den sogenannten *»Lerntheorien«* – oder zutreffender gesagt *»Verhaltenstheorien«*. Produkt der Lern- resp. Verhaltenstheorien in der klinischen Praxis sind die *»Verhaltenstherapien«*. Lerntheorien sind, vereinfacht gesagt, allgemeine Verhaltenstheorien, die von einer gemeinsamen Voraussetzung ausgehen: Umwelteinflüsse greifen in die Lernprozesse ein. Sie sind für die Anpassung des Menschen an seine Umgebung und für sein Verhalten von zentraler Bedeutung.

So auch bei der Entstehung von sexuellen Abweichungen. Vertreter von Lerntheorie und Verhaltenstherapie vermuten, daß jeder Reiz aus der Umwelt eine sexuelle Bedeutung bekommen kann, wenn dieser Reiz zufälligerweise mit sexuellen Erlebnissen und sexueller Erregung gekoppelt wird. Das erste Erlebnis ist also von Bedeutung: Wenn Frauenstiefel zufällig beim Ansehen oder Berühren mit einer sexuellen Erregung gekoppelt sind, wird dies im Erleben und Verhalten des späteren Fetischisten geprägt und dann reflexartig unter ähnlichen Bedingungen hervorgebracht. Durch die angenehmen sexuellen Erlebnisse wird diese reflexartige Reaktion verstärkt oder »konditioniert«, wie die Fachsprache es nennt. Wenn ein Bestrafungsakt mehr oder weniger zufällig mit einem angenehmen sexuellen Empfinden zusammentrifft, dann ist die

Voraussetzung für einen späteren Masochisten geschaffen. Wenn eine aggressive Handlung gegen andere mit einem angenehmen sexuellen Empfinden gekoppelt ist, dann könnte daraus ein Sadist werden.

Die Verhaltenspsychologen verwenden zur Erklärung von sexuell abweichendem Verhalten häufig Beispiele wie das folgende: Ein junger Mann begehrt eine Frau. Er kann sie aber nicht erreichen. Zufällig gelingt es ihm, ein persönliches Kleidungsstück von ihr zu erhalten, einen Schuh, einen Pullover oder Unterwäsche. Bleiben wir beim Schuh.

Mit diesem Schuh assoziiert unser junger Mann die begehrte Person. Er hat dann eine sexuelle Erregung und befriedigt sich durch Masturbation. Mit Hilfe des Schuhs stellt er sich in seinen sexuellen Phantasien die begehrte Person vor. Im Verlauf der Zeit und durch Wiederholungen kann der Schuh auch ohne das Verknüpfen von Phantasien mit der begehrten Person zu sexueller Erregung führen. Dies entwickelt sich weiter: Das angenehme Erlebnis mit dem Orgasmus verstärkt die durch den Schuh ermöglichte sexuelle Befriedigung. In den sexuellen Phantasien unseres jungen Mannes verselbständigt sich diese Verknüpfung: Der Schuh allein ist nun in der Lage, ihn sexuell zu erregen. Dies kann zur Masturbation, zum Orgasmus führen, was wiederum – eine positive Verstärkung darstellt. Der circulus vitiosus geht aber weiter: Unser junger Mann findet immer leichter eine Befriedigung durch den Schuh. Kommt es aber zu einem sexuellen Kontakt mit einer Frau (wobei der Schuh seine Rolle nicht mehr spielen kann), ist unser junger Mann geplagt von Ängsten in dem Sinne: »klappt es oder klappt es nicht?«. Diese Ängste tragen dazu bei, daß er Schwierigkeiten hat, befriedigende sexuelle Kontakte mit einer Frau zu haben. Häufig ist es so, daß die sexuelle Kontaktaufnahme erfolglos bleibt. Die Ängste, vor allem die Versagensängste, treiben unseren jungen Mann zu der bewährten Methode der sexuellen Befriedigung durch den Schuh. So wird die Verbindung zwischen ihm und dem Schuh als sexuellem Objekt immer stärker, die Distanz zu den Frauen immer größer.

Dann entdeckt unser junger Mann jedoch, daß eine sexuelle Kontaktaufnahme mit einer Frau möglich ist, wenn er bei dem sexuellen Akt gleichzeitig sexuelle Phantasien mit dem Schuh hat. So kommt es, daß Menschen mit sexuellen Perversionen häufig eine Art Doppelleben führen: Sexuelle Kontakte mit einem Partner, aber nur unter der Wirkung von Phantasien, die mit der sexuellen Abweichung zu tun haben. Dies haben mehrere Menschen in dieser Erzählung erlebt: Bernd mußte an die Zerstückelung denken, Christian an Fäkalien und Urin und später sogar an Selbstvernichtung. Wir werden noch darüber hören.

Das abweichende Sexualverhalten wird durch die »Doppelstrategie« aufrechterhalten und verstärkt, auch wenn sexuelle Kontakte zu einem Partner aufgenommen worden sind. Erstens, weil man feststellt, daß es dadurch zu sexueller Befriedigung kommt. Zweitens, weil die Versagensängste dadurch verschwinden. Durch diese doppelte Sicherheit und doppelte Belohnung erklären die Verhaltenspsychologen das Fortschreiten der Perversion und die Süchtigkeit.

Dieses Verhalten kann beliebig modifiziert werden, etwa mit verschiedenen fetischistisch wirkenden Gegenständen: Stiefel und Schuhe, Unterwäsche und Röcke, Parfüm und Handtaschen, aber auch ganz abstruse Sachen wie scharfe Messer, Zahnbürsten oder Demütigungen oder Zerfleischen oder Zerstückeln oder, oder, oder ... Selten können davon betroffene Menschen den Ursprung der abweichenden Erlebnisse – das Schlüsselerlebnis – angeben. Das Wiederhervorrufen dieses Ereignisses in der Phantasie erweckt die angenehmen Gefühle, führt zu Selbstbefriedigung. Es hat aber auch eine schützende Bedeutung: Versagensängste werden »neutralisiert«, also ihre Dynamik, ihre Gefährlichkeit wird zurückgebunden. Solche Theorien fanden teilweise auch experimentell ihre Bestätigung dadurch, daß ein abweichendes sexuelles Verhalten vorübergehend provoziert werden konnte.

Trotzdem scheint alles jedoch nur teilweise richtig. Die Komplexität der Perversion wird durch die Verhaltenstheorien nicht immer vollständig erfaßt.

Die Verhaltenspsychologen sehen in der sexuellen Perversion der aggressiven Sexualtäter nur einen der Gründe, die zu der aggressiven Handlung führen können. Sie meinen, daß viele andere psychologische und soziale Faktoren dazukommen müssen, um zu der Katastrophe zu führen: etwa negative Kindheitserlebnisse, strenge Erziehung, Beobachtung und Akzeptanz der Tatsache, daß Gewalt zur Konfliktlösung eingesetzt werden kann, fehlende elterliche Zuneigung und fehlende Intimität, die Verbindung von Sexualität und Aggressivität, oder die Unfähigkeit, Aggressivität und Sexualität voneinander zu trennen und zu kontrollieren u.a.

Auf diesem Erklärungsmodell basieren auch die Therapiemethoden der Verhaltenstherapie.

Tiefenpsychologische Erklärungen

Die *tiefenpsychologischen* und speziell die *psychoanalytischen* Theorien bieten einen größeren Reichtum an Bemühungen, Perversionen zu verstehen. Es gibt viele Psychiater, und ich gehöre dazu, die in der klinischen Praxis von den Erfolgen des verhaltenstherapeutischen Ansatzes in bestimmten Bereichen für bestimmte Störungen überzeugt sind. Es muß aber auch anerkannt werden, daß gerade bei den sexuellen Perversionen der tiefenpsychologische Ansatz vielfältiger ist und manchmal näher an die Problematik des Menschen heranführt. Leider ist er häufig auch spekulativ und deshalb für viele Menschen nicht nachvollziehbar. Forscher und Autoren der modernen Sexualwissenschaft, wie Fritz MORGENTALER aus der Schweiz und Leon WURMSER aus den USA, Volkmar SIGUSCH und Eberhard SCHORSCH in Deutschland haben direkt oder indirekt viel dazu beigetragen, daß Leute wie Anton, Bernd, Christian und die anderen, die nie eine Straftat begehen, etwas mehr Verständnis finden. In der forensischen Psychiatrie hat vor allem der inzwischen verstorbene Hamburger Psychiater Eberhard SCHORSCH zusammen mit den Mitarbeitern seines Institutes einiges auf diesem Gebiet beigetragen. Vereinfachend können die tiefenpsychologischen Theorien folgendermaßen zusammengefaßt werden:

Perversion versucht etwas in der Persönlichkeit eines Menschen zu »reparieren«. Es sind Konflikte, Probleme, Defizite, die in der perversen Symptomatik abgeschwächt werden. Probleme, die am häufigsten

- mit der männlichen Identität,
- mit der Aggression,
- mit dem Selbsterleben und
- mit der Beziehungsfähigkeit

zu tun haben.

Diese Probleme werden als perverse Symptome ausgedrückt und damit auch aufgefangen. Die Perversion dient dann, so sagen die Psychoanalytiker, als Abwehr gegen diese Probleme. Das ist der Grund, warum jene Therapeuten, die in der Perversion eine Funktion zur Stabilisierung der Persönlichkeit sehen, bei ihren Therapien nicht primär versuchen, die Perversion zu beseitigen. Sie arbeiten vielmehr darauf hin, dem Patienten die Zusammenhänge seiner Perversion, ihre Entstehungsbedingungen, ihre Dynamik verständlich zu machen. Der Weg führt vom Unbewußten zum Bewußten, um einen ungefährlichen Umgang mit der Perversion zu ermöglichen. Wenn die Perversion aus der Phantasie und aus dem Leben verschwindet, dann ist dies ein zusätzlicher Erfolg der Therapie.

Doch wenn die Perversion eine stabilisierende, eine angstbeseitigende Rolle spielt, wieso kam es dann bei Anton, bei Christian, bei den anderen zur Katastrophe? Wieso führt die Perversion in diesen seltenen Fällen dazu, daß das Leben anderer Menschen vernichtet wird, und auch das Leben des Betroffenen selbst durch die Perversion, die stabilisierend sein sollte, beschädigt wird? Dafür gibt es zwei Erklärungen.

Die erste stützt sich auf die Beobachtungen von Hans Giese, einem Psychiater, der zum Verstehen der abweichenden Formen der Perversion und ihrer forensischen Bedeutung einiges beigetragen hat. Nach Gieses Beobachtungen gibt es eine besondere Form der Perversion, die zu Delikten führen kann.

Das ist die *»progrediente Verlaufsform«*. Das perverse Symptom, sei es in der Phantasie oder im realen Leben, kann bis zu einem gewissen Zeitpunkt und bis zu einem gewissen Grad Schutz, Stabilität und Angstneutralisierung bieten, wie wir oben gesehen haben. Im Verlauf der Zeit verliert jedoch die bisherige Form der Perversion an Kraft. Sie ufert aus und wird häufiger, intensiver, reicher. Immer neue Rituale, phantastische oder reale, kommen hinzu, manchmal bis zum Bruch der Dämme.

Es ist aber leider nicht so, daß nach der Katastrophe die »sexualisierte Destruktivität« – also die Zerstörungskraft in der Form von Sexualität – zwangsläufig zum Stillstand kommt. Nein, leider nicht immer! So etwa erzählte mir Anton Jahre nach dem Geschehen, daß er in seiner Phantasiewelt immer noch davon träumt, »es zu vollenden«. Oder wie bei Christian, der Monate nach der Tötung von Jola begann, in jeder jungen Frau eine potentielle Jola zu sehen. Man braucht Jahre, man braucht viel Therapie, um die Ausuferung aufzuhalten, wenn sie überhaupt aufzuhalten ist!

Viele stehen den tiefenpsychologischen Erklärungsmodellen skeptisch gegenüber. Sie fragen kritisch: Wenn die Perversion eine Funktion zur Stabilisierung der Persönlichkeit darstellt, wieso haben viele Menschen mit Perversion eine höchst pathologische Persönlichkeitsstruktur auch außerhalb der Sexualität? Und dies nicht nur bei der fortschreitenden Form der Perversion. Nicht selten finden wir bei Menschen mit Perversionen selbstunsichere, ängstliche Persönlichkeiten, sogenannte Borderline oder schizoide Persönlichkeiten oder andere Formen von Persönlichkeitsstörungen. Wir werden später auf diese Störungen zu sprechen kommen.

Eine andere Kritik an den psychoanalytischen Erklärungsmodellen der Perversion ist, daß sie »androzentrisch« seien. Androzentrisch bedeutet: auf den Mann konzentriert (aus dem griechischen andras oder aner = der Mann und kentron = Zentrum). Einige sagen sogar »phallozentrisch« (phallos ist die griechische Bezeichnung für das männliche Glied). Aber wir wissen, daß es auch viele Frauen mit sexuellen Abweichungen gibt. Allerdings nicht so viele wie Männer. Es gibt aber kaum eine Form von Perversion, die nicht auch Frauen haben können: Sadomasochismus und Fetischismus, Urophilie und Koprophilie, Vampirismus und Sodomie, ja auch Kannibalismus. Wie gesagt, viel, viel seltener als bei Männern, aber sie sind doch da. Die androzentrischen Erklärungen der Psychoanalyse ignorieren im Unterschied zu den weitgehend geschlechtsneutralen Verhaltenstheorien diese Tatsache teilweise.

Die Psychoanalytiker antworten, daß Perversion bei Frauen eine Rarität sei. Dies ist aber wahrscheinlich nicht ganz richtig. Die Ängste, die während der Entwicklungsphasen entstehen, die Traumatisierungen während der Kindheit sind für alle Menschen mehr oder weniger gleich – Mädchen und Knaben. Wieso ist die Perversion dann so häufig bei Männern, so selten bei Frauen? Warum gelten nicht die gleichen Erklärungstheorien auch für Frauen?

Hängt es damit zusammen, daß Frauen in fast allen Kulturen Objekt des Begehrens sind, wodurch die Bedingungen für die Entfaltung einer freien weiblichen sexuellen Identität auch heute noch schlechter sind als für Männer? Neuerdings wird auch folgende Antwort gegeben: Die Perversion habe als »Austragungsort« die Geschlechtsorgane. Die Geschlechtsorgane der Frau sind aber innere Organe, sind Empfangsorgane. Also seien die Störungen der »weiblichen Perversion« im Bereich der Reproduktion zu suchen, etwa als pathologischer Kinderwunsch.

Wir sprechen noch einmal darüber, wenn ich die Geschichte von Yvonne erzähle und im Zusammenhang damit einiges über weibliche Perversionen zu erklären versuche.

Die Lerntheorien und die tiefenpsychologischen Theorien bieten einige Erklärungen für die Entstehung von Perversionen. Das bedeutet nicht, daß sie alles erklärt haben. Dies bedeutet auch nicht, daß andere psychologische Mechanismen ausgeschlossen sind. Ebenso wenig heißt es, daß jeder einzelne Fall schlüssig dargestellt werden kann. Manchmal sind wirklichkeitsnähere psychologische Erklärungen möglich. Sie erfüllen zwar nicht die theoretischen Ansätze einer Lerntheorie oder einer tiefenpsychologischen Theorie, sie passen auch nicht in das Vokabular und in die Mechanismen, die die psychoanalytischen Theorien erwarten. Aber sie können manchmal erklären.

So ist es zum Beispiel, zumindest partiell, bei Christian. Er schrieb mir nach vielen Explorationen am Tag der Urteilsverkündung einen langen Brief mit vielen Einzelheiten und seiner eigenen Erklärung, warum er von anderen gegessen werden wollte. Wir werden später über Christian sprechen. Kritiker der Psychoanalyse fragen: Warum muß alles »unbewußt« sein? Warum muß alles »symbolisch« sein? Warum darf es nicht »logisch nachvollziehbar« sein?

Auf jeden Fall kann folgendes festgehalten werden: Der gemeinsame Nenner der Perversion ist eine tiefgreifende psychische Problematik. Häufig ein erstes Erlebnis. Häufig eine frühe Störung der Mutter-Kind-Beziehung auf unbewußter oder bewußter Ebene. Häufig hat die Perversion als eine grundlegende Problematik eine Männlichkeits-, eine Aggressions-, eine Beziehungs- oder eine Selbsterlebensproblematik. Häufig bildet sie einen Halt für andere »gesunde« Teile der Persönlichkeit.

Fritz Morgentaler hat gesagt, daß der Perverse der *»Diktatur der Sexualität«* eine Insel läßt, um sich auszutoben, damit auf diese Weise das übrige Land – Rest der Persönlichkeit – Ruhe hat. Eberhard Schorsch und seine Mitarbeiter übertrugen diese Metapher auch auf die progrediente, die fortschreitende Form der Perversion mit der Bezeichnung: *»Die Insel ist zum Land geworden«*.

Biologische Erklärungsmodelle

Neben den psychologischen Erklärungsmodellen für die Entstehung von sexuellen Perversionen gibt es auch rein *biologische Theorien*. Diese sind noch unreifer als die psychologischen. Es sind Ansätze, die noch auf ihre Bestätigung warten. Seit Jahrzehnten wird z.B. darüber spekuliert, ob die Entstehung der Homosexualität nicht nur auf psychologisch-soziale Einflußfaktoren, sondern

auch auf rein biologische Faktoren zurückgeführt werden könne. Dabei wird angenommen, daß eine Störung des Verhältnisses der männlichen und weiblichen Hormone (die wir alle, ob Männer oder Frauen, in uns tragen) zur Homosexualität oder zum Transsexualismus führen kann. (Mit Transsexualismus wird der Zustand beschrieben, in dem ein Mann sich als Frau fühlt und entsprechend empfindet und umgekehrt. Dabei gibt es den Wunsch, die Geschlechtszugehörigkeit zu wechseln.)
Solche Hypothesen formulierte schon einer der Väter der modernen Sexualwissenschaft, Magnus Hirschfeld, in der ersten Hälfte dieses Jahrhunderts. Die moderne Forschung versucht weiterhin, Veränderungen in Gehirnkernen, die die sexuelle Identität und das sexuelle Verhalten steuern, zu finden. Auch auf die Frage der Entstehung der sexuellen Perversionen versuchten Biologen Antworten zu finden. Aktuell im Gespräch ist das Modell des amerikanischen Sexualforschers John Money. Er entwarf das Modell einer sogenannten »love map«, einer »Liebeskarte«. Vereinfacht gesagt, gibt es nach diesem Modell in bestimmten Regionen des Gehirns, analog zu den Sprachzentren, auch Zentren der sexuellen Orientierung, in denen Vorstellungen von sexuellen Stimuli, also Reizen, eingespeichert und vorprogrammiert sind. 90 bis 95% der Menschen haben eine heterosexuelle Orientierung. Jedoch soll die im Gehirn vorhandene biologische Bereitschaft, eine bestimmte Programmierung anzunehmen, im Frühstadium der Entwicklung des Menschen auch von seiner Umgebung mitbestimmt werden. Wie für das Sprechenlernen das Hören von Bedeutung ist, seien für die »love map« bestimmte andere Sinne von Bedeutung, etwa der Tastsinn und das Sehen, das Hören oder das Riechen. Experimentell ist nachgewiesen, daß für Männer das Sehen eine viel größere Bedeutung als sexueller Stimulus hat als für Frauen. Es ist bekannt, daß die Konsumenten von Sexbildern, -filmen, -darstellungen wie etwa Striptease, Peep-Shows usw. vorwiegend Männer sind. Die Stimulation des Tastsinns, etwa durch Streicheln, wirkt dagegen viel erotischer auf Frauen als auf Männer. Bei sexuell abweichendem Verhalten werden abweichende Stimuli in der »Liebeskarte« eingeprägt. So wäre nach diesem Modell zu erklären, warum bei einigen Menschen schon in früher Kindheit Träume, Phantasien und Vorstellungen mit abweichenden sexuellen Inhalten entstehen. Denken Sie an Anton. Schon vom zehnten Lebensjahr an begannen seine abweichenden furchtbaren Phantasien.

Dieses biologische Modell versucht auch, eine Antwort auf die noch ungelöste Frage zu geben, warum Frauen so selten sexuelle Perversionen aufweisen: Es gebe bei Männern eine sozusagen biologisch bestimmte größere Bereitschaft der »Liebeskarte«, sexuell abweichende Stimuli aufzunehmen. Dies habe wiederum damit zu tun, daß das Sehen beim Mann und das Fühlen bei der Frau von größerer Bedeutung ist. Dies mache den Mann empfänglicher für die Entwicklung eines sexuell abweichenden Verhaltens, da das Sehen ja ununterbrochen Stimuli liefert, die eine potentielle sexuelle Bedeutung haben können. Im Unterschied dazu vermittelt der Tastsinn nur ein begrenztes Angebot. Der Tastsinn ist selektiv, ist kontrollierbar.

Stufen der Perversion

Halten wir fest: Sehr viele Menschen haben »abweichende« sexuelle Vorstellungen und Phantasien und verwirklichen »abweichende« sexuelle Praktiken. Dies bedeutet aber nicht, daß in jedem von diesen Menschen der potentielle Gewalttäter zu sehen ist. Klassisches Beispiel dafür ist die in den letzten Jahren sich ausbreitende sadomasochistische Szene. Menschen, die sadomasochistische sexuelle Wünsche haben, organisieren sich häufig in Clubs, in Cliquen, in Gruppen, in der Szene. Sie leben ihre sexuellen Neigungen aus, wie sie es möchten, ohne dadurch die Freiheit und die körperliche Unversehrtheit wider den Willen ihrer Partner und Partnerinnen zu verletzen. Man spricht über gemeinsame Vorlieben, man lebt sie aus. Man bildet eine Zweckgemeinschaft. Die wenigen systematischen Untersuchungen zeigen, daß von diesem Kreis kaum Gewaltakte ausgehen. Es kann nicht oft genug gesagt werden, daß die Ausuferung, die zur Katastrophe führt, einige wenige betrifft. Es kann aber auch nicht oft genug gesagt werden, daß jede aggressive Sexualphantasie in seltenen Fällen später ausufern kann.

Können denn alle Sexualgewaltdelikte als Ausdruck einer fortschreitenden Form der Perversion bezeichnet werden? Gibt es immer lange vorher, mehr oder weniger deutliche, mehr oder weniger codierte Vorankündigungen? Sicherlich nicht. Delikte als Ergebnis einer ausufernden perversen Phantasiewelt sind wahrscheinlich die Minderheit der sexuell motivierten Gewalttaten.

Eine weitere Form von Sexualgewalt ist die *sexuelle Impulshandlung*. In Deutschland hat sich unter anderem Eberhard Schorsch damit beschäftigt. Diese Handlungen sind unvorbereitete, momentane Durchbrüche. Diese können durch unspezifische Auslöser begünstigt werden, z.B. durch emotionale Belastung, Kränkung, akute Spannung und Sorgen oder auch durch Alkoholeinwirkung. Nach einer solchen Impulshandlung steht der Betroffene hinterher ratlos und befremdet seinen Handlungen gegenüber. Sie sind ihm unbegreiflich. Solche Durchbrüche können einmalig sein. Sie können aber auch zu Wiederholungen führen und zu festen Reaktionsmustern werden. In der sexuellen Impulshandlung fühlen sich die Betroffenen dem Impuls ausgeliefert. Sie können sich nicht wehren; er beherrscht sie wie ein Zwang oder Drang. Wahrscheinlich sind die sexuellen Impulshandlungen viel häufiger als die Gewalttaten, die Ausdruck einer progredienten Perversion sind.

Es stellt sich schon wieder die Frage: Was ist pervers, was ist nicht pervers? Wo endet die Normalität, und wo beginnt die Perversion? Ich erinnere an Richard von KRAFFT-EBING, der zwischen Perversion und Perversität einen Unterschied gemacht hat. Er sah in der Perversion die Erkrankung, in der Perversität die sexuelle Praxis, schlimmstenfalls ein »Laster«. Phantasien über »unübliche« sexuelle Handlungen haben sehr viele Menschen. Auch ist die reale »unübliche« sexuelle Handlung nicht per se als »anomal« oder »nicht-normal« zu bezeichen. Von Perversionen im eigentlichen Sinne spricht man erst, wenn »unübliche« sexuelle Phantasien und Handlungen den einzigen oder den häufigsten Weg zur sexuellen Befriedigung darstellen. Dann können sie allerdings zum Problem für den Betroffenen und manchmal auch für andere werden.

Sexualforscher und Psychiater haben versucht, Grenzen zwischen problematischen und nicht-problematischen sexuellen Abweichungen zu ziehen. Als eine nachvollziehbare Grenzziehung, die auch bei der Entscheidung für oder gegen eine Therapie hilfreich ist, bietet sich die Empfehlung von Eberhard SCHORSCH an. Danach sind vier Stufen der Perversion zu unterscheiden:

Stufe 1: Eine abweichende sexuelle Phantasie als eine Art von Impuls ist zwar intensiv, taucht aber *einmalig* oder nur *sporadisch* auf, vor allem wenn jemand sich in einer besonderen Lebenskrise oder in einer schweren Konfliktsituation befindet.

Stufe 2: Abweichende sexuelle Phantasien oder Impulse tauchen *jedesmal*, wenn eine schwere Konfliktsituation vorherrscht, als eine Art von Konfliktbewältigung auf; die generelle sexuelle Orientierung des Menschens bleibt jedoch davon unbeeinflußt.

Während die Stufe 1 als beunruhigend betrachtet werden kann, ist die Stufe 2 noch als ein Grenzfall zwischen unproblematisch und problematisch zu sehen. Die nachfolgenden Stufen 3 und 4 sind schon eindeutig als Problem zu bezeichnen. Da sind die Perversionen stabil, sind, wie man sagt »fixiert«.

Stufe 3: Die sexuelle Orientierung ist eindeutig abweichend. Sexualität ist ohne die unüblichen sexuellen Phantasien und Handlungen überhaupt nicht zu erleben oder wenn, nur selten und dann auch nur schwach.

Stufe 4: Sie ist die progrediente Verlaufsform der Perversion, die ich vorher erklärt habe. Sie ist die Stufe, die man häufig bei sexuellen Tötungsdelikten findet, und sie ist sehr beunruhigend.

Variationen sexuellen Erlebens, die den Gefühlen, der Würde, der Freiheit, der Gesundheit anderer nicht schaden, sind zuerst Privatsache und gehen niemanden etwas an. Wenn aber die zerstörerischen Kräfte der sexualisierten Destruktivität anfangen, sich zusammenzubrauen, ist das keine Privatsache mehr. Dann betreffen sie uns alle.

Begriffe zur Perversion

Wie schon gesagt: Ob etwas als pervers bezeichnet werden kann oder nicht, hat teilweise auch mit dem Zeitgeist zu tun, mit der Kultur, mit der Religion, mit den Bräuchen, ja auch mit der persönlichen Einstellung. Einige definieren Perversion sehr rigide: Alles was nicht mit einem herkömmlichen sexuellen Verkehr zwischen einem erwachsenen Mann und einer erwachsenen Frau zu tun hat, sei pervers.

Wie benennt man es nun, wenn Sexualität sich nicht so abspielt, wie es für normal gehalten wird. Viele kritisieren den Begriff Perversion als ungenau. Es gibt eben keine feste Grenze zwischen Normalität und Anomalität. Andere kritisieren ihn, weil sie in den verschiedenen Variationen sexuellen Lebens eine Bereicherung menschlichen Erlebens sehen und nichts Krankhaftes. Anderen wiederum erscheint er zu biologistisch oder – im Gegenteil – zu psychologisierend. Es scheint, daß kaum jemand mit diesem Begriff zufrieden ist. Daher wurden verschiedene Bezeichnungen vorgeschlagen, um entweder den Begriff der Perversion abzulösen oder ihn zu ergänzen oder einzuschränken. Man spricht von »Paraphilie«, »sexueller Deviation« und in Anlehnung daran von »sexuell deviantem Verhalten« (deviant kommt aus dem Lateinischen und bedeutet auf deutsch »abweichend«. Infolgedessen spricht man auch von »abweichendem« oder »ungewöhnlichem Sexualverhalten«).

Der Begriff *Paraphilie* kommt aus dem Griechischen (para = neben, daneben, anders, abweichend und philia = Neigung, Liebe). Er ist theorieneutral. Das ist der Grund, warum die international anerkannten diagnostischen Systeme, wie etwa das der Weltgesundheitsorganisation oder das offizielle amerikanische diagnostische System den Begriff ›Paraphilie‹ verwenden. Mit diesem Begriff wird die Störung beschrieben, unabhängig vom psychologischen oder biologischen Hintergrund. Diese Vorgehensweise ist für die unvoreingenommene medizinische, psychologische und juristische Annäherung an das Problem notwendig. Deshalb verwenden einige Sexualforscher, Psychiater und Psychologen den Begriff »Perversion« nur dann, wenn eine eindeutige psychische Konfliktsituation erkennbar ist. Ist dies nicht der Fall, verwenden sie den Begriff der Paraphilie.

Die Diagnose »Paraphilie« setzt voraus, daß die Person tatsächlich ihren Impulsen entsprechend handelt oder deutlich unter ihnen leidet. Es muß darauf aufmerksam gemacht werden, daß paraphile Phantasien auch bei Personen ohne Paraphilie sexuelle Erregung erzeugen können. So wirken z.B. Unterwäsche, Sexbilder, Sextexte usw. auf viele Menschen sexuell erregend, ohne daß das als Paraphilie zu bezeichnen ist. In diesem Falle leidet man nicht darunter, man befriedigt sich auch nicht *nur* oder vorwiegend mit Unterwäsche, Sexbildern, Sextexten usw.

Der deutsche Sexualforscher Klaus Beier kritisiert, daß all diese Begriffe das Sozialverhalten und die eventuelle Verletzung von sozialen Normen nicht berücksichtigten. Er versucht, auch die sozialen Aspekte abweichenden Sexualverhaltens zu berücksichtigen und empfiehlt vier Begriffe für die Störungen, über die wir hier reden. Diese sind:

- Dissexualität,
- Sexualdelinquenz,
- Devianz und
- Perversion.

Dissexualität ist eine Wortschöpfung aus Sexualität und dem lateinischen ›dis‹, das etwas Negatives bedeutet, im Sinne des ›gegen etwas‹, ›abweichend von etwas‹, ›entzweit von etwas‹. Mit dem Begriff Dissexualität wird eine negative soziale Abweichung

beschrieben, die sich in sexuellen Handlungen ausdrückt. Es ist ein soziales Handeln gemeint, bei dem die sexuellen Interessen des Täters einen anderen Menschen zum Opfer machen. Dieser Begriff der Dissexualität ist in enger Verbindung mit dem Begriff der *Dissozialität* zu verstehen. Dissozialität bedeutet eine fortgesetzte und allgemeine negative Abweichung von sozialen Normen, also einen Verstoß gegen die sozialen Normen. Dissexualität ist damit Dissozialität im Bereich des Sexualverhaltens. Das dissexuelle Handeln kann vom einfachen Voyeurismus (unbemerktes Betrachten eines anderen Menschen mit sexuellem Lustgewinn) bis zur Tötung gehen. Es sind sexuelle Handlungen, welche die Unversehrtheit und Individualität eines anderen Menschen verletzen. Dafür setzt der Täter keine Zustimmung des Betroffenen voraus. *Sexualdelinquenz* bezeichnet strafbare Handlungen. Sie ist eine Untergruppe der Dissexualität.
Der Begriff der *sexuellen Devianz* oder sexuellen Deviation zielt auf die äußere Beschreibung eines sexuellen Verhaltens, während der Begriff der *Perversion*, wie wir gesehen haben, psychologisch besetzt ist und darauf zielt, die psychodynamischen Hintergründe mitzuerfassen. Beide Zustände jedoch, die sexuelle Deviation und die sexuelle Perversion, sind nur dann strafbar, wenn sie andere Menschen in ihrer sexuellen Selbstbestimmung verletzen. Sexuell deviante oder perverse Handlungen sind kein Vergehen, wenn sie die Akzeptanz des Partners haben, z.B. verschiedene sadomasochistische Handlungen, die später besprochen werden, Analverkehr oder die sogenannten autoerotischen Handlungen.
Welchen Begriff wählen wir in dieser Erzählung als Verständigungsbegriff aus all diesen dargestellten Erklärungen und Bezeichnungen? Ich schlage vor, wir bleiben bei dem Begriff Perversion. Nicht weil er vollständig richtig ist, nicht weil er alles abdeckt, sondern weil wir uns damit verständigen können. Perversion ist der Begriff, den zur Zeit die meisten verstehen.

Formen der Perversion

In den psychiatrischen Untersuchungsberichten, Gutachten und Gerichtsurteilen über die Menschen, deren Geschichten ich hier erzähle, tauchen Begriffe auf wie Sadismus, Masochismus, Urophilie und andere. Ich werde versuchen, einige zu erklären.

Der Sadismus

Sexuelle Gewaltakte werden manchmal mit *Sadismus* in Verbindung gebracht, etwa bei Bernd oder bei Richard. Als Sadismus bezeichnet man ein Phänomen, bei dem sexuelle Erregung und Befriedigung an Schmerzzufügung, Mißhandlung oder Nötigung anderer gebunden sind. Der Begriff hat sich erweitert, so daß man darunter auch Freude am Quälen und Demütigen anderer Menschen versteht. Der Begriff Sadismus wurde vom Namen des Franzosen Marquis de SADE abgeleitet und wurde durch Richard von KRAFFT-EBING in die deutschsprachige Literatur eingeführt. Marquis de SADE, der von 1740-1814 lebte, verfaßte mehrere Erzählungen und Kurzromane, in denen er entsprechende Szenen beschrieb. Die sadistischen Rituale reichen von Demütigungen, Beschimpfungen, Beißen, Kratzen, Schlagen, Auspeitschen, Zerschneiden bis hin zur Tötung. Andere Autoren berichten auch über das Quälen von Tieren, das der Sadist als Lust empfindet. Einige sehen im Sadismus eine Steigerung der normalen Suche nach Lustgewinn durch Beißen, Kneifen u.ä. bei nicht sadistisch orientierten Partnern. Die Psychoanalytiker sehen im Sadismus die Abwehr von unbewußten Kastrationsängsten – Entmannungsängste also – aus der Vorreifungszeit des Kindes. Das, was der Betroffene in seinem Unbewußten befürchte, vollziehe er in einer symbolischen Form an anderen.

Für die Beurteilung sadistischer Gewaltakte sind die Ausführungen von Eberhard SCHORSCH von Bedeutung: Sadismus wird von Fachleuten als sexualisierte Destruktivität betrachtet, das heißt, als Zerstörung durch und über die Sexualität. Die zerstörerische Dynamik ist auf einen anderen gerichtet, und ihre Entladung ist für den Aktiven lustvoll. Sadismus ist dann eng und unmittelbar an Sexualität gebunden. Die sadistischen Absichten in der Phantasie oder in der Realität gehen über Aggressivität und über Grausamkeit hinaus: Sie zielen auf die Beherrschung des anderen.

Der Sadismus kann in der Form der Perversion lebenslang existieren, ohne bedrohlich für andere zu werden. Diese Perversion wird u.a. in der sogenannten sadomasochistischen Subkultur oder Szene ausgelebt. Sie drängt nicht nach außen. Sie verletzt und zerstört andere nur selten.

Den Psychiatern ist auch eine andere Form des Sadismus bekannt, bei der vorübergehend und für kurze Zeit ein zerstörerischer Wunsch entsteht, sei es in einer Phantasie oder, und noch schlim-

mer, als sexuell orientierte Handlungen mit bedrohlichem und gefährlichem Ausgang.
Psychoanalytiker vermuten, daß der Sadismus mit sehr frühen Störungen in der Persönlichkeitsentwicklung im Zusammenhang steht. Wo Selbstunsicherheiten und Ängste bestehen, bilden die sadistischen Symptome eine Art der Abwehr. Es findet eine Sexualisierung der Abwehr statt. Verhaltenstheoretiker erklären es mit der mehr oder weniger zufälligen Kopplung von Lust und Gewalt.

Der Masochismus

Erscheinungsbildlich gesehen ist der Gegenpol zum Sadismus der *Masochismus*. Masochismus ist der sexuelle Lustgewinn durch eigenes Erleiden von Schmerzen, Folter, Demütigungen, Beschimpfungen, Erniedrigungen. Man spricht in diesem Zusammenhang von Subordination, d.h. aus dem Lateinischen übersetzt Unterwerfung. Die Bezeichnung Masochismus geht ebenfalls auf den hier häufig zitierten Psychiater Richard von Krafft-Ebing zurück. Er leitete diese Bezeichnung aus den Romanen des österreichischen Schriftstellers Leopold von Sacher-Masoch ab. Dieser beschrieb, vor allem in seinem Roman »Venus im Pelz«, in eindrucksvoller Weise den Lustgewinn durch Erniedrigungen, Demütigungen und physischen Schmerz sowie durch komplizierte Rituale. Später bestätigte sich dann, daß Sacher-Masoch selber diese Rituale bevorzugte.
In der sadomasochistischen Subkultur werden Rituale praktiziert in der Form von Arrangements wie Herrin und Sklave, Lehrerin und Schüler, Folterknecht und Gefangene, Vergewaltiger und Opfer. In den letzten Jahren nimmt sowohl die seriöse Literatur zu, die Gewohnheiten, Rituale und Regeln dieser Subkultur beschreibt und ihre soziologischen und psychologischen Aspekte untersucht wie auch, nach übereinstimmender Meinung der Experten, der Konsum der pornographischen sadomasochistischen Literatur.
Man kann also davon ausgehen, daß das Interesse an sadistischen und masochistischen Ritualen viel größer ist, als allgemein zugegeben wird.
Der reine Masochismus beschäftigt uns in der Forensik kaum. Der reine Masochist kann – mehr oder weniger zufällig – Opfer sein, aber nicht Täter. Die Dinge liegen allerdings anders bei der kombinierten Form, nämlich dem Sadomasochismus. Da kann es dann

sehr wohl zu strafbaren Handlungen kommen, und zwar aufgrund der sadistischen Komponente.
Da wir bei Bernd und bei Otto eine relativ seltene Form der Perversion, die einige als Unterform des Masochismus bezeichnen, kennenlernen werden, möchte ich diese Form kurz darstellen. Es handelt sich um die sogenannte *Asphyxiophilie*, den Lustgewinn durch Ersticken. Menschen, die diese Neigung haben, kommen kurz vor dem Verlust des Bewußtseins durch selbst provoziertes Ersticken zum Orgasmus. Es ist jedoch nicht ganz eindeutig geklärt, ob es sich tatsächlich um eine Form von Masochismus handelt, oder ob nicht die kurz vor Eintreten der Bewußtlosigkeit ausgeschütteten körpereigenen Substanzen den sexuellen Lustgewinn verursachen.

Von Pädophilie und Kindesmißbrauch

Eine andere Form der Perversion, die sowohl die klinische als auch die forensische Psychiatrie häufig beschäftigt, ist die sogenannte *Pädophilie*. Pädophilie setzt sich aus den griechischen Worten Pädion = Kind und Philia = Liebe, Neigung zusammen. Pädophilie hat allerdings in der griechischen Sprache eine schöne Bedeutung, es bedeutet die einfache Kinderliebe. Trotzdem wird diese Bezeichnung dafür gebraucht, um die sexuelle Neigung zu kleinen Kindern zu benennen. Richtiger wäre, von »sexueller Pädophilie« zu sprechen. Viel präziser ist der Begriff *Päderastie* (auch aus dem Griechischen Pädion = das Kind und Erastes = der Liebhaber im erotischen Sinne). Einige Autoren differenzieren zwischen Pädophilie und Päderastie insofern, daß Pädophilie die Neigung zu Kindern beiderlei Geschlechts umfaßt, während mit Päderastie die sexuelle Neigung von Männern zu Knaben bezeichnet wird. Dies hat historische Gründe und kommt aus der altgriechischen Tradition, wonach die Päderasten nur mit Knaben eine Beziehung hatten.
Unabhängig davon wird mit beiden Begriffen die sexuelle Neigung zu kleinen Kindern bezeichnet. Pädophilie bzw. Päderastie galten nicht immer als etwas Verbotenes. Einige Sexualforscher meinen, wenn eine gegenseitige Neigung besteht und wenn Liebe und Schutz damit verbunden sind, dann sollte die Pädophilie nicht strafbar sein. Dieses Thema bleibt sehr umstritten, denn es gibt auch viele Argumente, die gegen diese Haltung sprechen.
Tiefenpsychologisch orientierte Forscher erklären das Phänomen der Pädophilie damit, daß Pädophile die Rückkehr in die eigene

Kindheit und ein Wiedersehen der Kindlichkeit suchen und gleichzeitig ihre Identität als Erwachsener ablehnen.

Eins muß ganz klar dargestellt werden: *Nicht jeder, der Kinder für seine sexuellen Bedürfnisse mißbraucht, ist ein Pädophiler.* Viele Begutachtungen, die meine Mitarbeiter und ich in Sachen Sexualdelikte gemacht haben, betreffen den Mißbrauch von Kindern. Wir haben dabei echte Pädophile gesehen mit einer nicht-aggressiven Form der Pädophilie, solche mit deutlichen aggressiven Impulsen und Techniken und andere mit einer progredienten Verlaufsform der Pädophilie. Diese begann mit harmlosem Anschauen von Kindern und führte bis zum Einsatz von Messern oder gar bis zur Tötung des Kindes. Wir haben auch Pädophile gesehen, bei denen der tragische Tod des Kindes nicht geplant, sondern eher »zufällig« eine Folge der pädophilen Handlung war.

Wir haben aber auch Täter begutachtet, die zwar Kinder mißbraucht haben, die jedoch keine Pädophilie im engeren Sinne aufwiesen. Etwa Alkoholiker, die im betrunkenen Zustand nach dem Krach mit der ebenfalls alkoholabhängigen Partnerin das Stiefkind vergewaltigten. Wir haben intelligenzgeminderte Menschen gesehen, die in dem Kind den »leichteren« Ausweg für ihre sexuelle Befriedigung suchten, oder auch aufgrund ihrer mangelnden Reife in dem Kind den Partner suchten. Wir haben auch Hirngeschädigte gesehen, die vor der Hirnschädigung nie sexuell mit Kindern zu tun hatten, weder in der Phantasie noch in der Realität, dann aber gelegentlich, auch eher zufällig, Kinder mißbrauchten.

Je jünger das Kind ist, desto pathologischer ist die Beziehung und desto auffälliger ist die Persönlichkeit des Erwachsenen, der diese Taten begeht. Je jünger das Kind ist, desto »unemotionaler« ist die Beziehung.

Von »Pädophilie« als sexueller Deviation kann man nur dann sprechen, wenn eine vorwiegende oder ausschließliche Fixierung auf Kinder vorliegt. Betrachtet man die Statistik, dann erkennt man, daß sich eine pädophile Deviation – definiert im obigen Sinne – nur bei etwa der Hälfte der sexuellen Handlungen mit kleinen Kindern vor der Pubertät findet. Das zentrale pädophile Erleben betrifft das Empfinden, daß die Welt des Kindes der des Pädophilen angemessen ist. Das ist einer der Gründe, warum sich Pädophile häufig an Kinderspielplätzen, auf der Kirmes, in Sportklubs usw. aufhalten. Ein anderer Grund ist natürlich der viel rationalere, daß es dort viele Kinder gibt, die potentielle sexuelle Partner sein könnten.

Kindesmißbrauch ist nicht immer Pädophilie. Man versucht (wie etwa Schorsch und Pfäfflin) deswegen, verschiedene Typen zu unterscheiden, z.B.:

1. Der erste Typ hat wegen seiner Selbstunsicherheit, Kontaktarmut, Retardierung oder sexuellen Unerfahrenheit Schwierigkeiten, Anschluß an das andere Geschlecht zu finden.

2. Der zweite Typ ist sozial randständig, wenig intelligent, aggressiv und neigt zu Alkoholexzessen. Er vergreift sich an Kindern, weil er keine sozialen Bindungen hat. Diesem Typ fehlt in der Regel das pädophile Erleben in oben genanntem Sinne.

3. Als dritter Typ wird derjenige mit erotisierenden pädagogischen Beziehungen genannt. Hier findet man die leidenschaftlich an Kindern engagierten, pädagogisch interessierten Lehrer, Gruppenleiter, Erzieher, Sportaktiven, Priester u. a. Es handelt sich meist um intelligente, phantasiebegabte, emotional-gesteuerte, kontaktbereite, extravertierte Persönlichkeiten mit vielseitigen Aktivitäten. Sie genießen großes Vertrauen bei den Kindern, weil sie in der Lage sind, sich durch ihre Phantasiebegabung in die Welt des Kindes zu versetzen.

4. Die nächste Gruppe stellen die Alterspädophilen. Hier findet man Männer mit – häufig klinisch relevanter – hirnorganischer Abbausymptomatik. Oft sind es Menschen, die durch den Verlust von sozialen Bindungen und Interaktionssystemen in eine zunehmende Vereinsamung geraten.

5. Der letzte Typ ist der instabile und sozial desintegrierte Pädophile des mittleren Lebensalters. Charakteristisch für diesen Typus sind Züge von sozialer und psychischer Desintegration. Die Lebensführung dieser Leute ist unstet, sie sind häufig arbeitslos und haben oftmals Vorstrafen wegen Nicht-Sexualdelikten. Nicht selten spielt Alkohol eine Rolle; häufig kommen die Opfer selber auch aus einem randständigen, einem Alkoholikermilieu.

Urophilie und Koprophilie

Wenn ich die Geschichte von Christian erzähle, tauchen Begriffe wie *Urophilie*, *Urolagnie*, *Uropotie*, *Koprophilie*, *Koprolagnie* und *Koprophagie* auf. Ich versuche, sie zu erklären. Urophilie und Urolagnie werden weitgehend gleichbedeutend benutzt. Beide Bezeichnungen stammen aus den Griechischen (uron = Urin und Philia = Liebe, Neigung, bzw. Lagnia = Lustgewinn). Beide bedeuten Erzielung von sexuellem Lustgewinn durch die Beschäftigung mit dem Urin anderer, etwa durch Schmecken, Berühren oder auf den Körper gießen bzw. von einem Partner auf sich urinieren lassen und umgekehrt. Wenn man den Lustgewinn durch Urintrinken erzielt, etwa wie bei Christian, spricht man von Uropotie (vom Griechischen Potia = das Trinken). Einige Sexualforscher sehen hier eine Sonderform oder Unterform des Masochismus, andere des Fetischismus – darüber später –, andere sehen einen übriggebliebenen Reiz-Reaktion-Reflex auf frühkindliche Erlebnisse. Urophilie und Urolagnie sind manchmal mit *Koprophilie* und *Koprolagnie* (aus dem Griechischen Kopros = Fäkalien, Exkremente) gekoppelt, so auch bei Christian. Einige Male findet man auch die Bezeichnung *Skatophilie* und *Skatolagnie*, dies bedeutet das gleiche (es kommt auch aus dem Griechischen: Skaton bedeutet ebenfalls Fäkalien). Es beinhaltet dasselbe wie die Urophilie und die Urolagnie, nur werden hierbei Fäkalien benutzt. Christian mußte die Fäkalien von jungen Frauen essen, um Lustgewinn davon zu haben. Dieses Phänomen ist eine besondere Form der Koprolagnie und heißt *Koprophagie* (aus dem Griechischen Kopros heißt Exkremente, Fäkalien und Phagia = essen). Manchmal findet man für das gleiche Phänomen die Bezeichnung »Skatophagie«. Die Erklärungen für ihre Entstehung entsprechen der Urolagnie und der Urophilie.

Kannibalismus

Bei Anton, Bernd und Christian wurde von Fachleuten wie auch von Laien die Diagnose *»Kannibalismus«* gestellt. Von Kannibalismus spricht man, wenn menschliches Fleisch von Menschen gegessen wird. Zu Beginn der Geschichte war dies kein seltenes Phänomen. Im Lauf der Zivilisation entwickelte sich der Kannibalismus zurück.

In unserer Gesellschaft wird der Kannibalismus als eine sexuelle Abweichung verstanden, die in der Regel am Ende einer langen Entwicklung aggressiv-sadistischer Phantasien steht. Bei manchen beginnt der starke Wunsch, menschliches Fleisch zu essen, schon in der Kindheit, wie etwa bei Anton im 10. Lebensjahr. Bei ihm folgte ein jahrzehntelanger Kampf bis zu der Kapitulation in seinem 25. Lebensjahr. Fälle von sexuell bedingtem Kannibalismus sind in der Fachliteratur auch unter der Bezeichnung *Anthropophagie* (vom Griechischen Anthropos = Mensch und Phagia = essen) beschrieben. Sigmund Freud leitet seine Erklärung für den psychologisch-sexuell motivierten Kannibalismus aus dem kulturell bedingten Kannibalismus der Naturvölker ab. In seinem Werk »Totem und Tabu« schreibt er, daß Kannibalen glauben, daß sie so die Eigenschaften der gegessenen Person annehmen können. Wird ein tapferer Feind verzehrt, wird der Verzehrende ebenfalls tapfer im Denken und Gebaren. Unbewußte Konflikte und Absichten werden auch beim sexuell motivierten Kannibalismus unterstellt; so soll die Einverleibung eines anderen Menschen die Verschmelzung mit dem gemeinten »Objekt« auch symbolisch bzw. stellvertretend darstellen – in der Regel die Mutter.

Anton, Bernd und Christian haben alle versucht, Stücke der eigenen Haut zu essen. Es gibt dafür die Fachbezeichnung *Dermotophagie* resp. *Auto-Dermatophagie* (Auto = das Eigene, Derma = die Haut, Phagia = essen). Einige meinen, daß es sich hierbei um eine besondere Subform des Masochismus oder des Kannibalismus handelt. Bei der Exploration von Anton, von Christian und von Bernd habe ich einen anderen Eindruck gewonnen, nämlich daß es die Befriedigung einer Neugier war, wie die Haut eines Menschen schmecken würde. Ein direkter Lustgewinn war damit nicht verbunden, dieser entstand erst über den Umweg der Phantasie: daß man nämlich die Haut eines anderen Menschen esse. Es blieb bei einmaligen Ereignissen.

Vergleichbar war bei Bernd seine Neigung, den eigenen Samen zu essen. Das nennt man *Spermatophagie* (Sperma = Samen und Phagia = essen). Es gibt Berichte, daß dies bei nicht wenigen Menschen (vor allem wenn sie oralen Verkehr bevorzugen und dadurch Sperma zu sich nehmen) als Bestandteil der gesamterotischen Aktivitäten zu sehen ist. Bernd und sein Freund praktizierten es gemeinsam. Für Bernd schien es eine Art Ersatz für seine kannibalistischen Phantasien zu sein. Auch das Essen des eigenen Samens verstand er so.

Eng mit dem Kannibalismus verbunden ist der Wunsch einiger Leute, das Blut anderer Menschen zu trinken. So etwa bei Christian. Das ist das Phänomen des *Vampirismus*, das zu den Kategorien der sadistischen Rituale gehören soll. Es scheint, daß der berühmt-berüchtigte Hannoveraner Massenmörder der 20er Jahre, Haarmann, auch eine Neigung zum Vampirismus hatte: Er biß in die Schlagader seiner homosexuellen Partner. Wahrscheinlich tötete er auf diese Weise 24 junge Männer. Die nachfolgende Zerstükkelung der Leichen war im Sinne der Leichenbeseitigung zu verstehen. Bei Yvonne, deren Geschichte ich Ihnen erzählen werde, finden wir eine umgekehrte Form, nämlich die des *Autovampirismus*. Sie nahm sich selbst mit einer Spritze Blut ab, trank es und spürte dabei sexuelle Erregung.

Andere Formen sexueller Perversion

Yvonne hatte noch viele andere Neigungen. Unter anderem wollte sie immer mit einer »lieben, süßen Leiche« schlafen. Es wurde vermutet, daß sie ihren sehr viel älteren Mann getötet hat, um mit seiner Leiche sexuell zu verkehren. Dies ist das Phänomen der *Nekrophilie* (Nekros = tot, Leiche). Damit wird der perverse Wunsch bezeichnet, sich mit Leichen sexuell zu befriedigen. Diese seltene Form der Perversion finden wir am ehesten bei Männern. Bei Frauen ist sie eine Ausnahme. Viele Nekrophile befriedigen ihren Sexualtrieb mit »Scheinleichen«, wenn etwa der sexuelle Partner im Sarg liegt, entsprechend gekleidet und geschminkt. Einige meinen, daß die Nekrophilie eine Sonderform des Fetischismus ist. Es scheint, daß diese Vorliebe nicht so selten ist, wie man bislang angenommen hat. Immerhin gibt es Eros-Center, die spezielle Räume und Arrangements für die Befriedigung nekrophiler Neigungen von Kunden eingerichtet haben!

Der *Fetischismus* ist eine sexuelle Perversion, bei der die sexuelle Erregung und Befriedigung an den Anblick, an Berührung, Riechen oder Fühlen von Gegenständen gebunden ist, die im allgemeinen bekannte oder unbekannte Personen getragen haben. Dies können Strümpfe, Schlüpfer, Stiefel, Schuhe, aber auch Haare und andere Dinge sein. Im Grunde genommen kann jeder Gegenstand zu einem Fetisch werden. Als Fetisch wird in der Sprache der afrikanischen Naturvölker (auch der karibischen Völker afrikanischer Herkunft) ein Gegenstand bezeichnet, dem magische Kräfte zugeschrieben werden und der deshalb angebetet wird. Es gibt die merkwürdigsten Formen des Fetischismus, etwa den Lustgewinn bei der Beschäftigung mit scharfen Gegenständen (*Aichmophilie*, aus dem Griechischen Aichme = Klinge). Bei Yvonne werden wir sehen, daß sie eine Vorliebe für Friedhofskreuze, Särge, rohes Fleisch, Maschinenteile usw. hatte.

Einige sprechen auch dann von Fetischismus, wenn bestimmte Teile des menschlichen Körpers Anlaß zu erotischer Erregung geben. So sprechen sie etwa vom »Po-Fetischismus«, »Ohr-Fetischismus«, »Lippen-Fetischismus« usw. Das ist nicht ganz richtig, denn jeder Teil eines menschlichen Körpers ist in der Lage, erotische Assoziationen zu erzeugen. Es handelt sich dabei vielmehr um ein Phänomen, das man als *»Partialismus«* bezeichnen muß (vom lateinischen Pars = Teil). Partialismus bedeutet also erotische Erregung durch spezielle Körperteile. Abweichend ist dies aber nur, wenn man ausschließlich oder vorwiegend auf diese Weise sexuelle Erregung und Befriedigung findet.

Ich habe nunmehr versucht, die häufigeren Formen der sexuellen Perversionen, die wir in dieser Erzählung antreffen, zu erklären. Andere Formen, die sporadisch auftreten, werde ich an der entsprechenden Stelle erklären.

B Die bizarre Phantasiewelt der Perversion

Bernd: Ein bizarres Leben

Über seine Tat habe ich in der Zeitung gelesen. Es stand als Schlagzeile mit großen Buchstaben in allen Zeitungen, was der »Schlächter« gemacht hat: *Er hat Emanuel, einen jungen Mann, mit dem er sporadisch homosexuelle Beziehungen hatte, getötet, zerstückelt und versucht, von seinem Fleisch zu essen.*
In diesen drei Zeilen fasse ich zusammen, was sich in fünf Stunden abgespielt hat, was in Dutzenden von Seiten meines 120seitigen Gutachtens beschrieben worden ist. Es ist ja nicht Zweck dieser Erzählung, die sensationelle furchtbare Dramaturgie darzustellen. Bestimmte Leser wollen wir nicht haben. Wir wollen nur Leser, die uns verstehen.
Mit dieser Geschichte möchte ich Ihnen – unter anderem – folgendes erzählen: Bernd hat viele Ähnlichkeiten mit Anton, es finden sich aber auch gravierende Unterschiede. Sein Bildungsniveau, seine Umgebung, seine Interessen sind anders als die von Anton. Er hat nicht seine Differenziertheit und nicht seine Introspektionsfähigkeit. (Damit bezeichnet man die Fähigkeit, sich in sich zu kehren, Zusammenhänge des eigenen Denkens und Handelns zu erforschen, eigene Schuld zu erkennen. – Diesen Begriff werden wir häufiger treffen.) Seine Sprache ist unstrukturierter als die von Anton. Sein Vokabular ist begrenzt, sein Horizont ebenfalls. Beim Sprechen stottert er häufig, fast in jedem dritten Satz. Bernd berichtete bereitwillig über alles, in allen Einzelheiten und ohne große Nachfrage. Er vermittelte weder mir noch dem anwesenden Psychologen das Gefühl, daß er darunter sehr litt. Er war offen und gleichzeitig verschlossen. In den vielen Stunden, die wir zusammengesessen haben, schilderte er seine Tat fast mechanisch, als ob jemand anderes sie begangen hätte, als ob sie ihn nichts angehe. Das Gefühl, das Anton vermittelte, unter der Last der Phantasiewelt und der Tat zusammenzubrechen und von ihr zerquetscht zu werden, hat Bernd nicht in uns erweckt. Er äußerte auch kein Mitleid mit dem Opfer, sondern Wut. Bernd war anders als Anton und ihm doch ähnlich.

Wer ist Bernd?

Als er seinen 19jährigen homosexuellen Partner tötete, war er 36 Jahre alt. Bernd ist der Sohn eines Beamten und einer Hausfrau. Inzwischen sind beide Eltern tot. Zu seinen Eltern und Geschwistern hatte er nie innige Beziehungen. In unseren Gesprächen war er nicht in der Lage, seine Eltern genauer zu beschreiben. Er hat sie als neutral erlebt: »Ich habe mich nicht um meine Eltern gekümmert«, sagte er mir. Ob sich seine Eltern um ihn gekümmert haben, konnte er nicht mit Bestimmtheit sagen. Er ist seinen Eltern jedoch dankbar, daß sie ihn in Ruhe gelassen haben. Er konnte tun und lassen was er wollte. Seine Eltern haben nie etwas mit ihm unternommen, etwa Ausflüge o.ä. Sie haben niemals mit ihm gespielt, Geschichten hat er von seinen Eltern nie gehört. Auch in dem Garten, wo sich die Familie häufig aufhielt, war er ein Einzelgänger und hat alleine gespielt. Fragen und Probleme hat er nie mit seinen Eltern besprochen, seine Eltern auch nicht mit ihm.
Er spielte kaum mit seinen Geschwistern, obwohl es keine großen Altersunterschiede zwischen ihnen gab. Er wurde nicht von den anderen gemieden, sondern er wollte es selbst so. Er berichtete mir, daß er keine Lust auf Spiele mit den anderen hatte. Er hat nie Kontakt zu seinen Geschwistern gesucht, wurde aber auch nicht dazu aufgefordert. Die Distanzierung war gegenseitig.
Während seine Geschwister gemeinsam spielten, saß er nicht alleine zu Hause herum, sondern er ist hinausgegangen; »in die Wildnis«, wie er sagte. Das hat er bei jeder Wetterlage gemacht, Schnee und Regen störten ihn dabei nicht. Meistens war er ganz allein; auch schon als kleines Kind. Nur ganz selten hat er den einen oder anderen Schulkameraden auf diese Expeditionen mitgenommen.
Nach dem Kindergarten besuchte Bernd wegen seines Stotterns eine Sprachheilschule. Dort war er drei Jahre lang. Da sein Erleben und Verhalten während der Schulzeit eng mit seiner späteren Tat zusammenhängt, lasse ich Bernd selbst erzählen. Er beginnt mit den drei Jahren in der Sprachheilschule:

> »Ich kann sagen, daß ich in diesen drei Jahren sehr häufig die Schule geschwänzt habe. Mit ›sehr häufig‹ meine ich fast jeden Tag. Zwar bin ich morgens normal zum Unterricht erschienen, jedoch ging ich zwischendurch einfach wieder, wenn es mir zu langweilig wurde. Zu Anfang haben die Lehrer deswegen noch mit mir geschimpft, aber später ließen sie mich ohne Beanstandungen gehen. Ich bin heute der

Ansicht, daß sich die Lehrer damals wohl gedacht haben, daß sie mich lieber gehen lassen sollten, da ich sowieso unverbesserlich sei. Terror habe ich in der Schule nicht gemacht, es gab auch keinen Krach. Ich bin einfach still aufgestanden, habe meine Sachen genommen und bin dann gegangen.

Gesprochen habe ich in der Schule selten. Es gab sogar Zeiten, in denen ich tagelang gar nichts gesagt und nicht einmal einen Pieps von mir gegeben habe. Über mehrere Tage bin ich jedoch nicht so still gewesen, da habe ich manchmal ein bißchen erzählt, aber nicht sehr viel.

Während ich die Schule geschwänzt habe, bin ich meist auf Dächern herumgeklettert. Ich habe immer diesen Drang zum Klettern gespürt, andere Dinge habe ich auf diesen Dächern nicht unternommen, war immer bloß des Kletterns wegen dort. Einen Drang zum Gehen habe ich nicht, nur zum Klettern. Ich habe ständig das Bedürfnis, immer höher zu wollen. Daher bin ich auch ständig auf Bäume geklettert. Heruntergefallen bin ich bisher noch nicht. Außer dem Klettern ist eine weitere Leidenschaft von mir das Besichtigen alter, baufälliger Häuser von innen gewesen. Meist habe ich dort nach alten Geheimgängen oder ähnlichem gesucht. In jedem Schuppen oder in jedem kleinen Verschlag, der schon etwas älter ausgesehen hat, habe ich nach etwas Geheimen gesucht. Dabei hatte ich Phantasien, in denen ich Schätze finde. Ich dachte dabei nicht an Piraten- oder Nazischätze, sondern ich wußte, daß das alte Schloß in der Nähe noch viel Verborgenes, wie alte Waffen usw., in seinen unterirdischen Gängen versteckte. Da suchte ich nach Schätzen. In diesen Situationen bin ich mir immer wie ein großer Entdecker vorgekommen.

In meinen Phantasien hatte ich jedesmal einen Begleiter bei mir, keine Sie, sondern immer einen Er. Diese Phantasien hatte ich bereits als kleinerer Junge. Ich habe als diese zweite Person, meine eigene Begleitperson, immer mich selbst gesehen. Ich sah diese Phantasien in der Regel wie einen Film vor mir, bei welchem meine Begleitperson immer das tat, was ich selbst gern einmal tun möchte. Zuerst mußte diese zweite Person mir selbst behilflich sein, dann war es aber immer die andere Person, welche eigentlich den Ton angab und alles fand. Ich fand nie etwas, da ich immer an zweiter Stelle ging. Mein Begleiter lief demnach vornweg, was er auch freiwillig tat. Bei meinen jetzigen Phantasien ist es ebenfalls so, daß es eigentlich meine Begleitperson ist, die diese Dinge in meinen Vorstellungen vollzieht, und diese Begleitperson bin ich selbst.

Diese Phantasien zogen sich noch über die Zeit in der Sprachheilschule hinaus. Nach drei Jahren, als ich also zehn Jahre alt war, mußte ich die Sprachheilschule verlassen, da diese lediglich bis zur dritten Klasse unterrichtete. Hiernach mußte ich für ein Dreivierteljahr zur Beobachtung in eine psychiatrische Klinik. Grund war mein ständiges Schuleschwänzen. Nach meiner Entlassung aus dieser Klinik bin ich wieder in die Schule gekommen, in welcher ich wie gehabt und ohne eine Besserung weiter die Schule schwänzte, wenn mir die Lust vergangen war.

Weder zu meinen Erziehern noch zu den anderen Heimkindern hatte ich eine gute Beziehung. Während dieser Zeit ist die Sexualität von sehr großer Bedeutung für mich gewesen, aber ich habe keine sexuellen Erfahrungen mit den Heimkindern gemacht. Ich habe mich ständig zurückgezogen und mich allein beschäftigt, auch wenn ich dort, bezüglich meiner Neigung zu Jungen, die Gelegenheit hatte, sehr viele Jungen auf einmal zu finden. Weil mich die anderen immer gehänselt haben, entwickelten sich Kontaktschwierigkeiten meinerseits gegenüber diesen Jungen. Daher habe ich sie einfach links liegen lassen und bin meiner eigenen Wege gegangen. Außerdem hätte ich mit Sicherheit noch viel mehr Schwierigkeiten bekommen, als ich bis dahin schon hatte, wenn jemand herausbekommen hätte, daß ich mit den anderen Jungen sexuellen Kontakt habe oder ähnliches. Das wollte ich auf jeden Fall vermeiden.

In diesem Erziehungsheim habe ich mich bereits drei- bis viermal am Tag und zusätzlich noch zwei- oder dreimal während der Nacht selbst befriedigt. Damals brauchte ich jedoch noch nicht so lange dafür, nur ungefähr 15 bis 20 Minuten, es ging eben schneller. Meist habe ich mich nicht in meinem Zimmer, sondern draußen in der freien Natur selbst befriedigt. Dazu bin ich in der Regel in ein Gebüsch gegangen. Nachts habe ich es unter meiner Bettdecke gemacht, aber erst wenn meine fünf Zimmergenossen schliefen. Da ich mich bei dieser Tätigkeit nicht erwischen ließ oder eben sehr selten, haben es die anderen nicht bemerkt. Zwischendurch habe ich ungefähr eine Stunde benötigt, um mich wieder zu erholen. Da schon um 20.00 Uhr die Nachtruhe begann, war es möglich, im Höchstfall vier Stunden am Abend für Selbstbefriedigung und das folgende Erholen zu nutzen, ohne meinen Schlaf zu beeinträchtigen. Sexuell mißbraucht wurde ich in diesem Kinderheim von niemandem. Auch vor dieser Zeit, also während meiner Kindheit, wurde ich von niemandem sexuell mißbraucht.

Mit 17 Jahren habe ich das Heim verlassen. Schreiben und Lesen kann ich, das habe ich gelernt. Nachdem ich das Kinderheim verlassen hatte, habe ich eine Lehre als Schweinezüchter begonnen. Damals hat dieser Beruf noch eine Zukunft versprochen, heute nicht mehr. Diese Tätigkeit hat mir viel Spaß gemacht, da ich sehr tierlieb bin. Die Schweine haben jedoch in meinen sexuellen Phantasien keine Rolle gespielt. Ich habe in dieser Beziehung keine Neigung zu Tieren. Während meiner Lehre habe ich einen Teilabschluß der 10. Klasse gemacht. Ich war über zehn Jahre als Schweinezüchter tätig. Freunde habe ich während dieser Zeit nicht gehabt, lediglich ein paar Saufkumpane. Mit diesen drei oder vier Leuten, mit denen ich bereits die Lehre gemacht hatte, habe ich manchmal zusammen Bier und Schnaps getrunken, meist fünf oder sechs Stunden. Das ist bereits eine große Veränderung in meinem Leben gewesen, da ich ja bisher allein für mich gelebt hatte. Diese Kumpels hatten aber nichts mit meiner Sexualität zu tun, obwohl ich in der Lehre meine ersten sexuellen Kontakte zu anderen männlichen Personen geknüpft habe. Wenn ich meine »Spielchen« betrieben habe, bin ich allein gewesen oder habe mich in dunkle Ecken zurückgezogen, wo mich niemand stören konnte.
Nach den zwölf Jahren, die ich in der Schweinezucht tätig war, mußte ich meinen Job aufgeben. Morgens bin ich erst aus dem Bett gekommen, wenn ich meine Befriedigung hatte. Daher erschien ich oft sehr spät zur Arbeit, wo ich als Ausrede Verschlafen vorgab. Manchmal bin ich gar nicht zu meiner Arbeit erschienen, weil ich mich selbst befriedigen mußte, so daß ich wegen Arbeitsbummelei gefeuert wurde. Meine Kraft hat hierbei keine Rolle gespielt, die hat mir noch zur Genüge zur Verfügung gestanden.

Nach dieser Tätigkeit als Schweinezüchter hat mich unsere Gemeinde als Gemeindearbeiter beschäftigt. Von der Gemeinde bin ich aus denselben Gründen entlassen worden, wie damals in der Schweinezucht. Auch hier kam ich oftmals verspätet zur Arbeit oder auch gar nicht, da ich zu Hause andere Dinge zu tun hatte, nämlich »das Spielen«. Es war für mich wie ein Zwang bzw. eine Sucht. Während meiner Arbeitslosigkeit habe ich von Unterstützungen wie Arbeitslosengeld oder Arbeitslosenhilfe gelebt. Ich habe zusätzlich diese kleine Nebentätigkeit auf dem Sportplatzgelände angenommen, wo ich lediglich dreißig Mark verdient habe.«

Wie hat alles angefangen?

Wie Anton hatte auch Bernd schon in der Kindheit ungewöhnliche Phantasien. Diese Phantasien hätten bereits vor der Einschulung angefangen, so ungefähr mit sechs Jahren. Es waren Phantasien über Quälereien von anderen Menschen. Dann begann er, diese Phantasien zu provozieren, wie er sagte, als Gute-Nacht-Geschichten, um einschlafen zu können! Im Alter von zehn Jahren hat er bemerkt, daß sich während der Beschäftigung mit diesen Phantasien sein Penis »veränderte«, etwas größer wurde und »wie geschwollen« aussah. Er hat angefangen, damit zu spielen. Dann provozierte oder produzierte er diese Phantasien selbst, um die »Veränderungen« an seinem Glied zu erleben, die für ihn angenehmer Natur waren. Die Beschäftigung mit den Phantasien führte zum ersten Mal im Alter von zwölf Jahren zu einem Samenerguß, was er mit großer Freude aufnahm. Seitdem sind diese Phantasien Motor und ständige Begleiter seines Sexuallebens, vor allem beim Onanieren.

Er erzählte:

> »...Während der Selbstbefriedigung kommen mir solche Phantasien. Es ist mir dabei gleichgültig, ob ich in Gedanken Männer, Frauen oder Kinder vor mir habe. Der gewisse Unterschied zwischen Frauen und Männern macht meiner Meinung nach nicht viel aus. Ich sehe währenddessen auch keine bekannten Leute vor mir, sondern gesichtslose Personen in unbestimmten Positionen.
>
> Unterschiede zwischen Kindern oder Erwachsenen mache ich auch nicht. Kinder, ob Mädchen oder Knaben, kommen genauso dran wie Erwachsene. Das Alter der Kinder spielt keine Rolle, es können auch Babys bzw. Säuglinge sein, egal welchen Monats. Hinterher kommen sie ohnehin alle in die Bratpfanne. Bevor ich die Kinder brate, nehme ich sie aus. Hinterher kommen sie in einem Stück in die Bratpfanne. Ich gehe davon aus, daß es noch kleine Kinder sind, für welche ich nur eine kleine Pfanne benötige. Ich esse das menschliche Fleisch, umsonst kommen ja die Personen nicht in die Bratpfanne. Bei Erwachsenen verwende ich nur deren Zunge und die Geschlechtsteile zum Braten, die restlichen Körperteile kommen weg. Es kommt mir nämlich vor, als seien Zunge und Geschlechtsteile unter anderem das zarteste Fleisch. Von den Frauen nehme ich nur die Scheide, von innen verwende ich nichts ...
>
> Ich habe schon einmal probiert, ein Stückchen meiner eigenen Haut

zu essen. Was ich noch für erwähnenswert halte, ist, daß ich meinen eigenen Samenerguß leckend zu mir nehme, also esse ...
In diesen Phantasien während meiner Heimzeit hat die zweite Person einen König eines anderen Planeten dargestellt, welcher auf die Erde gekommen ist, um Menschen zu fangen und mitzunehmen. Zum Schlachten und Fressen. Es sind dabei keine fremden Außerirdischen auf die Erde gekommen, sondern die zweite Person, die Begleitperson meiner Phantasien, ist deutlich dieser Außerirdische gewesen, der die Menschen der Erde gefangen hat. Auch er machte keinen Unterschied zwischen Männern und Frauen, er hat alle gefangen und sie dann als Nahrungsmittel verwendet. Bei diesen Phantasien, die ich also schon damals gesehen habe, habe ich onanieren können. Nach dem Samenerguß ist die Geschichte zu Ende gewesen, meine Phantasien verschwanden.
Heute ist diese Art der Phantasien noch immer so stark wie damals. Ich habe alles in Farbe vor mir, natürlich auch das Blut. Was mir aufgefallen ist, ist, daß bei diesen Phantasie-Personen keine normalen Gesichtspartien, sondern nur Mundpartien vorhanden sind. Der obere Teil des Gesichtes ist nicht zu sehen. Sonst sind alle Glieder komplett, der Körper ist vorhanden und auch der Kopf. Ebenfalls habe ich eine Andeutung der Augen erkennen können, aber es ist kein deutliches oder klares Bild. Ich nehme immer nur wahr, daß sie ihren Mund aufreißen und schreien. Einen Ton kann ich nicht registrieren. Die Schreie kann ich also nicht hören, ich sehe sie lediglich. Meistens stehen sie direkt vor mir oder um mich herum, aber niemals hinter mir.
Die Phantasie-Personen unterhalten sich hierbei nicht direkt, sondern ich sehe die Bilder vor mir und spreche selbst flüsternd dazu. Da ich sie nicht höre, vermute ich, über was sie sich unterhalten. Dabei verstelle ich meine Stimme, wenn ich für die anderen Personen spreche, die lediglich die Lippen bewegen sollen. Ihre Körper sind meistens nackt. Vordergründig sehe ich dabei ihre Körper grundsätzlich von vorn.«

Zuletzt brauchte Bernd seine Phantasien auch, um während des sexuellen Verkehrs mit seinen homosexuellen Partnern Befriedigung zu finden. Ohne die Phantasien ging es nicht mehr. Während des sexuellen Aktes stellte er sich vor, daß er seinen Partner zerstükkelte, das Fleisch gebraten und gegessen hat. Nie hat er aber mit ihm darüber gesprochen. Den Partner hat er nicht eingeweiht. Bis das Opfer in den Fluten verschwand.

Von Schuld und Unschuld

Das Prinzip der Schuldfähigkeit
Das Problem der Schuldunfähigkeit

Wie Sie sehen, ist Bernd ganz anders als Anton und ihm trotzdem so ähnlich. Sexuelle Perversion ist eingebettet in die Gesamtpersönlichkeit eines Menschen, die trotz aller Typologien ihre Individualität wahrt. Sie wird durch Familie, soziales Umfeld und Bildung mitgeprägt. Die Perversion selbst, das Erleben der Perversion sowie der Umgang mit ihr sind in dieses Gefüge eingebettet. Anton wirkt zerquetscht und gebeugt von der Last seiner Erlebnisse, seiner Phantasien, seines Andersseins. Bernd wirkt nicht so. Er wirkt oberflächlich, als ob er überhaupt nicht darunter leide.
Ist das so? Oder kann er das nicht äußern? Kann er vielleicht nicht mitteilen, was ihn quält? Ist die Erschütterung bei ihm tief unter einer täuschenden Oberfläche, ist es ihm nicht gegeben, sie äußern zu können?
Bernd ist anders als Anton, aber es gibt eine ähnliche tiefgreifende Problematik der Persönlichkeit, des Gefühlslebens, der Kontaktfähigkeit, eine sehr ähnliche zerstörerische Dynamik. Wie stark wirkt diese Dynamik, die andere zerstört hat, auf die eigene Person? Setzt sie den eigenen Willen außer Kraft? Macht sie den Menschen zum Spielzeug ungebundener animalischer Kräfte? Macht sie den Menschen zur Marionette? Macht sie ihn schuldunfähig? War Bernd schuldunfähig?

Was heißt schuldunfähig?

»Wenn man ohne Schuld handelt« lautet die Antwort des Gesetzes. Paragraph 20 des Deutschen Strafgesetzbuches sagt folgendes: *»Ohne Schuld handelt, wer bei Begehung der Tat wegen einer krankhaften seelischen Störung, wegen einer tiefgreifenden Bewußtseinsstörung oder wegen Schwachsinns oder einer schweren anderen seelischen Abartigkeit unfähig ist, das Unrecht der Tat einzusehen oder nach dieser Einsicht zu handeln.«*
Das Gesetz kennt auch die verminderte Schuldfähigkeit. Im Paragraph 21 des Deutschen Strafgesetzbuches heißt es: *»Ist die Fähigkeit des Täters, das Unrecht der Tat einzusehen und oder dieser Einsicht zu handeln, aus einem der im Paragraph 20 bezeichneten*

Gründe bei Begehung der Tat erheblich vermindert, so kann die Strafe nach Paragraph 49 Absatz 1 gemildert werden«.

Zunächst zu der nicht so einfachen Formulierung »Ohne Schuld handelt«: Was Schuld ist, beschäftigt die Menschheit seit Beginn ihrer Geschichte. Religionen und Philosophien, Rechtswissenschaft und Soziologie, Medizin und Psychologie befassen sich damit. Viel wurde darüber weltweit geschrieben, auch im Zusammenhang mit der Strafrechtsreform in Deutschland zu Beginn der 70er Jahre. Es scheint eine endlose Diskussion zu sein. Die rechtswissenschaftlichen Argumente hat unter anderem der Göttinger Juraprofessor Hans-Ludwig SCHREIBER hervorragend zusammengefaßt. Von der psychiatrischen Seite hat sich z.B. der Heidelberger Psychiatrie-Professor Werner JANZARIK, einer der bekanntesten Vertreter der theoretischen Psychopathologie, damit beschäftigt.

Ich werde versuchen, den »Streit um die Schuld« für Sie verständlich darzustellen. Ich stütze mich dabei vor allem auf Fachbeiträge der genannten Fachleute. Sie sagen:

Der »Streit um die Schuld« ist umfassend, hochdifferenziert. Werner JANZARIK macht darauf aufmerksam, daß die theoretische Diskussion vor einem philosophischen Hintergrund ein hohes Niveau erreicht hat. Im erfahrungswissenschaftlichen Bereich jedoch, das heißt in der Praxis, sind noch große Lücken. Viele Begriffe im Gesetz, wie etwa »Einsicht«, »Irrtum«, »Handeln«, »Tun«, »Unterlassen«, haben einen psychologischen Kern. Die Prüfung der Fähigkeit eines Menschen zu Einsicht oder zu steuerbarem Handeln wird deswegen auch der Psychiatrie und Psychologie überlassen. Die psychiatrischen und psychologischen Diagnosen sind aber dem Wandel unterworfen, so daß die Auseinandersetzung um die »richtige Diagnostik« kein Ende findet. Mit anderen Worten: Was heute richtig ist, kann morgen falsch sein. Was heute so ist, kann morgen anders werden. Damit ist auch die Frage der Schuldfähigkeit vom Wandel der Gesellschaft, vom Wandel der Wissenschaft betroffen.

Das Prinzip der Schuld bildet die Basis unseres Strafrechts. »Keine Strafe ohne Schuld« verlangt das Bundesverfassungsgericht. Strafe darf nur verhängt werden, wenn dem Täter sein Tun vorzuwerfen ist. Das heißt auch: Wenn er für sein Tun »nichts kann«, wäre seine Bestrafung ein Unrecht.

Wie hat Anton mir damals gesagt?: *»... ich weiß, ich bin eine Bestie ..., aber was kann ich dafür?«.*

»Was kann ich dafür?« Das ist die Frage, die den Psychiater und den Psychologen in diesen Fällen beschäftigt und die das Gericht von ihnen beantwortet haben will. Es ist auch die Frage, die die Gesellschaft sich selbst stellt und worauf sie Antworten sucht. Eine Frage, die nicht immer leicht zu beantworten ist.
Von juristischer Seite wird betont, daß die Strafrechtsreform ausdrücklich am Schuldprinzip festhält als Bekenntnis zur Würde des Menschen als verantwortliche Person. Das Schuldprinzip ist die Grenze des staatlichen Strafrechts, insbesondere im Unterschied zum nationalsozialistischen Staat, der das Strafrecht zum Instrument unmenschlicher Abschreckungs- und Ausgrenzungsmaßnahmen gemacht hatte, so Hans-Ludwig Schreiber. Bedenken wir: Opfer des nationalsozialistischen Staates waren nicht nur Juden, Roma und Sinti, Kommunisten und Sozialisten, Widerstandskämpfer und Freiheitskämpfer, sondern auch Homosexuelle, psychisch gestörte Menschen und Behinderte.
Das Schuldprinzip ist aber nicht unumstritten. Kritiker meinen: Das Schuldprinzip diene gesellschaftlichen Beruhigungsinteressen und Stabilisierungstendenzen. Es behindere die Einsicht in die sozialen Entstehungsgründe eines Verbrechens. Das Schuldprinzip isoliere die Straftat vom sozialen Zusammenhang ihrer Entstehung und vom Täter, sie isoliere gleichermaßen das Gericht vom Angeklagten und die Öffentlichkeit von Abweichlern. Trotzdem bleibt »Ohne Schuld keine Strafe« ein fundamentaler Grundsatz unseres Strafrechts.
Der Streit um die Schuld erschwert manchmal auch die Zusammenarbeit zwischen Richter und Psychiater, wenn es um die Klärung der Frage geht, was unter Schuld und Schuldfähigkeit verstanden werden soll. Der Bundesgerichtshof sieht die inneren Gründe des Schuldvorwurfs darin, daß der Mensch zu freier, verantwortlicher und sittlicher Selbstbestimmung fähig ist und sich deshalb für das Recht und gegen das Unrecht entscheiden kann. Dies kann er jedoch erst, wenn er die sittliche Reife erlangt hat, und das ist für uns wichtig: nur soweit die Anlage zu freier, sittlicher Selbstbestimmung nicht durch krankhafte Vorgänge gelähmt oder auf Dauer zerstört ist, wie es § 20 StGB festhält. Das setzt also voraus, daß der Täter aufgrund eigener Entscheidung auch anders hätte handeln können, als er gehandelt hat. Daß er die Freiheit hatte, anders zu entscheiden und anders zu handeln. Damit ist die Freiheitsfrage von zentraler Bedeutung.

Die schon theoretisch unlösbare Frage der Freiheit der Entscheidung sollen jetzt der Psychiater, der Psychologe und der Richter praktisch für einen einzelnen Täter rückblickend beantworten! Und zwar für die ganz konkrete Situation, für die ganz konkrete Tat. So viele Faktoren aber spielen dabei eine Rolle, etwa die psychische Verfassung des Täters, seine Absichten, seine Ziele, seine moralischen Vorstellungen, seine Lebenserfahrungen, seine Reaktionsmuster, seine Intelligenz sowie seine körperliche und psychische Gesundheit. Hat er Alkohol oder Medikamente zu sich genommen? Kannte er das Opfer? War da möglicherweise eine Provokation, eine Eskalation der Situation mit Gefühlen der Bedrohung, Angst vor Konsequenzen usw. usw.
Die Bürde, die dem Psychiater und dem Gericht damit aufgeladen wird, ist erkannt. Doch wie löst man das Problem?
Mit einem Kompromiß! Er liegt im »pragmatischen sozialen Schuldbegriff«. Der besagt: Normabweichendes Verhalten – gesetzverletzendes Verhalten – macht schuldig! Voraussetzung aber ist ein »Dafür-Können«, daß ein »Anders-handeln-Können« überhaupt möglich ist. Dieses »Anders-handeln-Können« wird nach bestimmten Merkmalen beurteilt – nach pragmatisch orientierten und allgemeinen wissenschaftlichen Erfahrungen. Diese Merkmale sind – mit vielen Für und Wider – die vier Merkmale, die im Paragraph 20 des Strafgesetzbuches (StGB) genannt werden:
»Ohne Schuld handelt, wer bei Begehung der Tat
a) wegen einer krankhaften seelischen Störung,
b) wegen einer tiefgreifenden Bewußtseinsstörung oder
c) wegen Schwachsinns oder
d) einer schweren anderen seelischen Abartigkeit
unfähig ist, das Unrecht der Tat einzusehen oder nach dieser Einsicht zu handeln.«

Der Psychiater hat also die Aufgabe, für das Gericht zu klären, ob die Schuldfähigkeit des Angeklagten zum Zeitpunkt der Straftat entweder voll aufgehoben oder erheblich vermindert war. Auch wenn die Merkmale des Gesetzes zutreffen und sie das Tun und Lassen des Täters bestimmten – determinierten, wie es in der Fachsprache heißt – *entscheidet nie der Psychiater, ob jemand schuldfähig ist oder nicht!* Das entscheidet ausschließlich das Gericht! Es ist falsch, wenn man in der Presse liest, daß »der Psychiater den Täter als schuldunfähig bezeichnet hat«. Das kann allein der Richter, der Psychiater kann nur eine Empfehlung aussprechen. Eine

Empfehlung, die allerdings nicht unbedeutend, nicht ohne weiteres zu ignorieren ist. Die Empfehlung des Psychiaters stützt sich auf das Vorhandensein oder das Nichtvorhandensein psychischer Störungen, die entweder die Einsichtsfähigkeit eines Menschen in das Unrecht seiner Tat oder seine Fähigkeit, sein Tun und Lassen zu steuern, beeinträchtigen können. Der Psychiater muß diese Gründe erfassen, eine Diagnose stellen und diese gegenüber dem Gericht und allen Prozeßbeteiligten begründen können.

Es müssen allgemein gültige wissenschaftliche Kriterien sein. Die Methode des Psychiaters muß überprüfbar sein. Er muß erläutern, wie er zu der Diagnose gekommen ist. Trotz der Individualität jedes Falles, trotz der Besonderheiten, die ein Individuum kennzeichnen, müssen die diagnostischen Kriterien verständlich und nachvollziehbar sein.

Diagnostische Kriterien in der gerichtlichen Praxis werden häufig als pauschalisierend, verallgemeinernd kritisiert. Aber sie sind notwendig. Ohne sie wäre der Schritt zur »Privatdiagnose« nicht weit, der Willkür Tür und Tor geöffnet, mit allen möglichen Konsequenzen. Der Psychiater muß kontrollierbar bleiben, weil er viel Macht besitzt und ausüben kann. Deswegen ist es im Sinne der Allgemeinheit, im Sinne der Demokratie und im Sinne der Freiheit jedes Menschen, daß sein Handeln überprüfbar bleibt.

Die Diagnose ist aber nur der erste Schritt. Er reicht nicht zur Beurteilung aus, ob ein Mensch bei der Begehung seiner rechtswidrigen Tat schuldfähig bzw. vermindert schuldfähig war oder nicht. Es erübrigt sich zu sagen, daß man nicht beurteilt, ob jemand generell schuldfähig oder -unfähig sei. Es wird lediglich die Schuldfähigkeit oder -unfähigkeit eines Menschen in bezug auf eine bestimmte Tat beurteilt.

Ich vergleiche die Beurteilung der Schuldfähigkeit eines Menschen mit einem *zweistöckigen Gebäude*: Das erste Stockwerk stellt die Diagnose dar, man könnte es die psychische Ebene nennen, manchmal ist es auch die biologische. Ob die diagnostizierte psychische Störung mit der aktuellen rechtswidrigen Tat in Verbindung zu bringen ist oder nicht, muß noch geklärt werden. Ein und derselbe psychisch gestörte Mensch kann für eine bestimmte Tat voll schuldunfähig und für eine andere voll schuldfähig sein.

Für die Beurteilung der Schuldfähigkeit benötigt man also ein zweites Stockwerk, die sogenannte »normative Ebene«. Das heißt, daß man beurteilen muß, ob die rechtswidrige Tat eines Menschen durch den ersten Stock des Gebäudes getragen wird, ob also die diagnostizierte Störung die rechtswidrige Tat bestimmt. Diese zweite Stufe ist häufig die schwierigste der ganzen Beurteilung. Nicht selten sind die Schlußfolgerungen aus der ersten Ebene umstritten. Auf der zweiten Ebene liegt dann der Schwerpunkt der Diskussionen vor Gericht. Gerade deswegen muß die psychiatrische Beurteilung sehr überzeugend dargestellt werden.

Was kann die Schuldfähigkeit eines Menschen beeinträchtigen?

In der Öffentlichkeit entsteht manchmal der Eindruck, daß die Gerichte sehr großzügig mit der Anerkennung von Schuldunfähigkeit oder verminderter Schuldfähigkeit sind. Dieser Eindruck entsteht wahrscheinlich, weil viele dieser Fälle spektakulär sind. Brandstiftungen, Totschlag, Mord, Sexualdelikte sind Straftaten, auf die die breite Öffentlichkeit neugierig ist. Eben dies sind häufig die Fälle, wo man die Frage der Beeinträchtigung der Schuldfähigkeit untersuchen und diskutieren muß. Aber der allgemeine Eindruck täuscht. Die Fälle, bei denen das Gericht Schuldunfähigkeit anerkennt, betreffen eine verschwindend geringe Minderheit von Straftätern, ca. 0,1 Prozent. Auch die verminderte Schuldfähigkeit wird selten anerkannt: Es sind 2,5 Prozent der Straftäter in den letzten Jahren. Eine kleine Minderheit, die jedoch häufig Furore macht und im Zentrum des öffentlichen Interesses steht.

Wenn das Gesetz also sagt: »Ohne Schuld handelt, wer bei Begehung der Tat wegen einer krankhaften seelischen Störung, wegen einer tiefgreifenden Bewußtseinsstörung oder wegen Schwachsinns oder einer schweren anderen seelischen Abartigkeit unfähig ist, das Unrecht der Tat einzusehen oder nach dieser Einsicht zu handeln«, heißt das, daß der Psychiater das erste Stockwerk der Schuldfähigkeit auf alle vier im Gesetz genannten Merkmale prüfen muß:

a) die krankhafte seelische Störung,
b) die tiefgreifende Bewußtseinsstörung,
c) der Schwachsinn und
d) die schwere andere seelische Abartigkeit.

Was versteht man darunter? Was haben Menschen, die das betrifft? Wie leben, wie denken sie, wie erleben sie, wie leiden sie, wie handeln sie?

Erklärungen darüber machen den Weg verständlicher, den wir zusammen gehen.

Die »krankhafte seelische Störung«

In der Praxis werden unter *»krankhaften seelischen Störungen«* die sogenannten endogenen Psychosen und die körperlich begründbaren psychischen Störungen verstanden. Ich werde wieder einige psychiatrische Begriffe erläutern und wichtige Kriterien nennen, um das Handwerk des Psychiaters verständlich zu machen. Psychosen werden in der Regel schwere psychische Störungen genannt, die das Erleben, den Willen, die Gefühle, das Denken und den Antrieb eines Menschen vorübergehend oder dauerhaft beeinträchtigen und verändern.

Als *»endogen«* (vom Griechischen – »von innen verursacht«) bezeichnen wir Störungen, deren Ursache wir zwar nicht genau kennen, jedoch aufgrund des heutigen Wissensstandes annehmen, daß wir eine biologische Störung vermuten dürfen. Viele diagnostische Systeme verwenden die Bezeichnung »endogen« nicht mehr, weil sie die Diskussion über die mögliche Entstehung der Störung vermeiden wollen. Aber für unsere Erzählung ist der alte Begriff »endogen« geeignet. Unter der Bezeichnung »endogene Psychosen« werden die sogenannten Schizophrenien, die Manien, die krankhaften Depressionen, die schizoaffektiven und die sogenannten atypischen Psychosen, aber auch psychoseähnliche Zustände, wie etwa bestimmte Formen von Wahnsyndromen, zusammengefaßt.

Zuerst die *Schizophrenie*: Der Name Schizophrenie kommt aus dem griechischen schizo = spalten und Phrenon = Verstand also »gespaltener Verstand«. Ihr Namensgeber, der Schweizer Psychiater Eugen BLEULER, nannte sie zu Beginn dieses Jahrhunderts so, weil er ausdrücken wollte, daß die Menschen, die an so etwas erkranken, zwischen Realität und Irrealität nicht unterscheiden können und unter der »Spaltung« von verschiedenen psychischen Funktionen leiden.

Die Diagnose ›Schizophrenie‹ stellt der Psychiater anhand bestimmter Kriterien, bestimmter Symptome fest. Die wichtigsten davon sind die sogenannten »produktiven« oder »positiven« Symptome. Sie heißen so im Unterschied zu den negativen und sind im normalen psychischen Leben nicht anzutreffen. Sie werden lediglich in bestimmten krankhaften Situationen »produziert«. Solche Phänomene sind *Wahn, Halluzinationen und Ich-Störungen.*

Als *Wahn* wird die unkorrigierbare Überzeugung über oder von etwas bezeichnet. Der Wahn kann die verschiedensten Formen annehmen, wie etwa Verfolgungswahn, Vergiftungswahn, Beobachtungswahn, Größenwahn, Schuldwahn. Der Inhalt gibt den Namen. Derjenige, der Wahnvorstellungen hat, ist absolut überzeugt von der Realität ihres Inhaltes, egal wie absurd er erscheinen mag. Jemand will ihn also mit absoluter Sicherheit vergiften, verfolgen oder beobachten. Nichts und niemand kann den Wahnkranken vom Gegenteil überzeugen. Dies ist wichtig zu wissen, auch für die Gerichte.

Schizophrene Menschen leiden häufig an *Halluzinationen*. Halluzinationen sind Wahrnehmungen, die ein Mensch ohne entsprechende Sinnesreize hat. Er hört z.B. Stimmen, ohne daß jemand gesprochen hat. Oder er sieht etwas, ohne daß tatsächlich etwas da ist. Oder er riecht, schmeckt oder spürt etwas, ohne daß ein entsprechender auslösender Reiz vorhanden ist. Für die Diagnose ›Schizophrenie‹ sind die sogenannten akustischen Halluzinationen von Bedeutung, und zwar in der Form von Rede und Gegenrede. Ebenfalls wichtig sind die sogenannten imperativen Halluzinationen, also die Befehlshalluzinationen. Sie sind bei der Schizophrenie häufig und spielen gerade bei der Beurteilung der Schuldfähigkeit eines Menschen eine wesentliche Rolle: Manchmal besitzen sie so eine Macht über einen Menschen, daß er alles tut, was die Halluzinationen befehlen: »Bring dich um«, »Bring die anderen um« (was aber erfreulicherweise sehr selten ist), und der Mensch tut es!

Auch wichtig für die Diagnose der Schizophrenie sind die sogenannten *Ich-Erlebnis-Storungen*. Darunter werden Symptome verstanden, die die Grenzen des eigenen Ichs scheinbar auflösen. Das heißt, daß der Mensch in seinen eigenen Grenzen nicht geschützt ist. Einige erklärende Beispiele: Man ist überzeugt, daß die eigenen Gedanken nicht mehr die eigenen Gedanken sind, sondern manipuliert werden; sie werden von draußen gelenkt, abgezapft, ausgebreitet, entzogen. Man spricht von Gedankenentzug, Gedankeneingebung, Gedankenausbreitung. Ebenso können die eigenen Gefühle oder der eigene Körper als von außen manipuliert erlebt werden. Diese Störungen haben immer den Charakter des Gemachten. Von draußen gemacht, von anderen gemacht.

Wenn schizophrene Menschen rechtswidrige Taten begehen, dann in der Regel unter dem Einfluß der Symptome, die ich schon genannt habe. Vor allem unter dem Einfluß von Wahnphänomenen und Halluzinationen. Jedoch muß noch einmal betont werden:

Nicht mehr schizophrene als gesunde Menschen werden gewalttätig!

Nicht nur die Merkmale, die ich vorhin beschrieben habe, lassen eine Schizophrenie vermuten, sondern auch viele andere. Die Diagnose ›Schizophrenie‹ kann auch gestellt werden – allerdings unter viel größeren Schwierigkeiten und Vorbehalten – wenn nur die sogenannten »negativen« bzw. »aproduktiven« Symptome vorhanden sind. Diese werden so genannt, weil sie als Defizit oder Minderung von normalen psychischen Funktionen erscheinen: Darunter versteht man etwa Veränderungen des Denkens im Sinne von Zerfahrenheit, von Sperrung der Gedanken, große Konzentrationsschwierigkeiten, sozialer Rückzug, schwere Veränderungen der Affekte, des Antriebes, des Verhaltens, der allgemeinen Leistungsfähigkeit sowie weitere Defizite und Störungen. Wie leicht zu erkennen ist, sind diese Symptome sehr unspezifisch. Sie können von normalen bis zu schwer krankhaften Zuständen auftreten. Einzeln haben diese Symptome kaum eine diagnostische Bedeutung. Sie müssen in bestimmten Gruppierungen auftreten, damit die Diagnose ›Schizophrenie‹ auf sie gestützt werden kann.

Schizophrene Menschen, die nur negative Symptome haben, sind in der Regel viel weniger gefährdet, aufgrund ihrer Erkrankung eine rechtswidrige Tat zu begehen, als jene mit sogenannten produktiven Symptomen. Wenn Halluzinationen befehlen, wenn wahnhafte Überzeugung von einer Gefahr zur vermeintlichen »Notwehr« zwingen ... dann handelt der Mensch, dann setzt er sich zur Wehr. Auf Gesunde wirkt dies wie Einbildung, für den Kranken ist alles Realität.

Sexuell motivierte Delikte werden von schizophrenen Patienten selten begangen, wie wir später sehen werden.

Zu den schweren krankhaften seelischen Störungen gehört auch die schwere krankhafte Depression. Man nennt sie noch *»endogene Depression«*. Die Amerikaner nennen sie »major depression« – also »große Depression«, obwohl sie damit auch andere depressive Zustände bezeichnen. Die sogenannte »endogene Depression« ist eine schwere krankhafte traurige Verstimmung mit Lustlosigkeit, Freudlosigkeit, Antriebslosigkeit, Initiativlosigkeit, Appetitlosigkeit, Schuldgefühlen oder gar Schuldwahn, und auch Suizidalität. Menschen mit einer schweren Depression sind in der Regel selbst gefährdet durch Suizidhandlungen, gefährden jedoch selten Fremde. Es gibt allerdings eine Ausnahme bei suizidgefährdeten depressiven Patienten. Das ist der »erweiterte Suizid«. Von erweitertem Suizid sprechen wir, wenn ein Mensch die Entscheidung trifft, sich selbst umzubringen und gleichzeitig jemand anderen, in der Regel eine geliebte Person, mitzunehmen. Der depressive Mensch will die geliebte Person nicht alleine auf der vermeintlich schlechten, dunklen Welt der Traurigkeit zurücklassen.

Mit Ausnahme des erweiterten Suizids, der erfreulicherweise sehr selten ist, sind schwer depressive Menschen wie gesagt nicht gewalttätig. Sexualmotivierte Gewaltakte sind aufgrund der depressiven Erkrankung ausgeschlossen.

Eine weitere Form »endogener« Psychosen ist die sogenannte *Manie*. Die Manie ist relativ leicht zu diagnostizieren. Sie ist das Gegenstück zur Depression. Patienten, die an einer Manie leiden, zeigen eine gehobene Stimmungslage, die entweder euphorisch oder gereizt sein kann. Darüber hinaus zeigen sie eine Beschleunigung des Denkens, so daß man von »Ideenflucht« spricht. Sie sprechen ununterbrochen und schnell, so daß der Zuhörer Schwierigkeiten hat mitzukommen, man spricht in diesem Zusammenhang von »Redefluß«.

Diese Patienten zeigen viele Aktivitäten, die jedoch unkoordiniert sind, und deswegen auch kaum zu einem Ziel führen. Sie geben in der Regel sinnlos große Geldbeträge aus, sie schließen Verträge ohne entsprechenden Hintergrund oder ohne Berücksichtigung der Konsequenzen ab. Sie kaufen Sachen, auch teure, wie etwa kostspielige Autos, ohne die entsprechenden Mittel zu besitzen. Sie sind überzeugt davon, daß sie das Geld haben, machen leichtsinnig Schulden und nehmen Kredite auf. Manische Menschen zeigen Enthemmung im sozialen Umgang, auch im Sexualbereich. Das Schlafbedürfnis ist sehr vermindert, das heißt, sie schlafen drei oder höchstens vier Stunden in der Nacht, ohne eine Beeinträchtigung zu spüren. Am nächsten Morgen sind sie wieder fit und überaktiv. Das Selbstwertgefühl ist unangemessen gestiegen und kann bis zum sogenannten Größenwahn reichen.

Manische Patienten beschäftigen unter Umständen die Gerichte, jedoch selten wegen der mit ihrer Gereiztheit verbundenen Gefahr der Körperverletzung; auch kaum wegen der Enthemmung und der damit verbundenen Gefahr, die sexuelle Selbstbestimmung anderer Menschen zu verletzen. Häufig stehen sie jedoch in finanziellen Angelegenheiten, also wegen ihrer Schulden vor Gericht.

Die sogenannten *»schizoaffektiven Psychosen«* zeigen eine Mischung von Symptomen, die die Schizophrenie charakterisieren, und von Symptomen, die entweder zu der Depression oder zu der Manie gehören. Schizoaffektive Patienten können die Gerichte beschäftigen wie ein schizophrener, ein depressiver oder ein manischer Patient. Auch Patienten mit einer der vielen Formen sogenannter atypischer Psychosen gehören in diese Gruppe. Es gibt viele davon mit verschiedenen Bezeichnungen. Deren Darstellung ist an dieser Stelle nicht angebracht.

Als *»psychoseähnliche Zustände«* werden vor allem verschiedene Wahnsyndrome, auch paranoide Syndrome genannt, bezeichnet. Es sind in der Regel langandauernde, sogenannte »monothematische« Syndrome, also solche mit nur einer Form von Wahn. Man spricht von Eifersuchtswahn (unangemessene, unkorrigierbare Eifersucht), von Liebeswahn (nicht begründbare Überzeugung, von jemandem – in der Regel einem höherstehenden Menschen – geliebt zu werden), Querulantenwahn (unangemessene Überzeugung und kämpferische Einstellung für vermeintliche Rechte oder gegen vermeintliche Verletzung eigener Rechte) u.a. Diese und andere seltene Formen von Wahnsyndromen können mit den damit verbundenen aggressiven Elementen die Gerichte beschäftigen. In Abhängigkeit von dem Inhalt und der Intensität des Eifersuchts-, des Liebes- oder des Querulantenwahns kann es zu gewalttätigen Handlungen gegen Personen kommen, die im Wahnsystem eingeschlossen sind.

Die sogenannten *»exogenen Psychosen«* oder auch *»organischen Psychosen«* sind Störungen, die auf eine körperliche Erkrankung oder auf eine andere bekannte Ursache, wie etwa eine Vergiftung (z.B. Alkoholvergiftung) oder auf eine Gehirnerkrankung zurückzuführen sind. Der Begriff »exogen« – aus dem Griechischen = »von außen verursacht« –, der in der internationalen Literatur nicht mehr gebräuchlich ist, wird häufig mißverstanden. So auch von Medizinstudenten, die meinen, exogene Psychosen würden durch die soziale Umgebung hervorgerufen. Das ist falsch. Das bezeichnen wir als »reaktiv«. Eine »reaktive Depression« ist eine Depression, die als Reaktion auf eine Enttäuschung, eine Niederlage oder einen Verlust zurückzuführen ist. Eine »exogene« oder, wie sie meistens bezeichnet wird, »organische Depression« dagegen ist eine Depression, die auf bestimmte körperliche Erkrankungen, bestimmte Medikamente oder bestimmte andere Substanzen zurückzuführen ist.

Diese körperlich verursachten psychischen Störungen erscheinen in vielen Formen. Sie können einer Schizophrenie ähneln oder einer Depression oder einem psychoseähnlichen Zustand. Wenn sie akut sind, weisen sie in der Regel eine Bewußtseinstrübung als Hauptsymptom auf. Sind sie chronisch, dann sind sie vorwiegend durch Störungen des Gedächtnisses, der Kritikfähigkeit, des Urteilsvermögens, der Einsichtsfähigkeit, also der intellektuellen Funktionen charakterisiert, auch durch Störungen der Affektivität, des Antriebes, der Fähigkeit, Impulse zu kontrollieren u.ä.
Um eine organische psychische Störung feststellen zu können, braucht der Psychiater nicht nur die Psychopathologie, also die Erfassung von Symptomen und Phänomenen, sondern auch die Hilfe von apparativen Methoden, wie etwa das Elektroencephalogramm (Ableitung der Hirnströme), Röntgenaufnahmen, vor allem des Schädels, und die Computertomographie des Gehirns (Röntgen-Schicht-Aufnahme) oder weitere Untersuchungen.
Mit organischen oder exogenen Störungen, vor allem wenn sie alkoholbedingt sind, haben die Gerichte sehr häufig zu tun, vorwiegend im Rahmen von Gewalttätigkeiten. Viele Sexualstraftaten – Vergewaltigung, Kindesmißbrauch, sexuelle Nötigung, Exhibitionismus – werden unter der Wirkung von Alkohol begangen.

Die »tiefgreifende Bewußtseinsstörung«

Das zweite gesetzlich festgehaltene Merkmal, das eine Schuldunfähigkeit begründen kann, ist die *tiefgreifende Bewußtseinsstörung*. Diese Bezeichnung ist sehr umstritten, weil das Gesetz über den medizinischen Begriff der Bewußtseinsstörung hinausgeht. Die Bewußtseinsstörung ist in der Regel ein organisches Phänomen, das auf akute körperliche Erkrankungen oder Vergiftungen – sogenannte Intoxikationen – zurückzuführen ist. Man spricht von organisch - oder im zweiten Fall – von toxisch bedingter Bewußtseinstrübung.
Die wichtigsten Merkmale der Bewußtseinsstörung sind die Minderung bzw. der Verlust der Fähigkeit, die Umwelt bewußt wahrzunehmen sowie Veränderungen des Erinnerungsvermögens. Das Spektrum reicht von der vollständigen Erinnerungslosigkeit über die schwere Erinnerungsschwäche bis zur pathologischen Verfälschung des Gedächtnisses, die vorwiegend auf Umwelt-Verkennungen basiert.
Solche Zustände können aber auch aus psychologischen Gründen

entstehen, z.B. durch heftige Affekte. Hier spricht man von den sogenannten Affektdelikten. Da starke Affekte oder andere psychische Faktoren die Bewußtseinslage nur kurzzeitig verändern, ist man häufig allein auf die Angaben des Täters angewiesen. Die nachträgliche Diagnose der tiefgreifenden Bewußtseinsstörung, wenn sie nicht organisch oder toxisch bedingt ist, ist also schwierig und wird nicht selten angezweifelt. Die sogenannten Affektdelikte führen daher zu den umstrittensten forensischen Gutachten. Henning Sass, der Psychiatrie-Ordinarius aus Aachen, hat einige Kriterien erarbeitet, wie Affektdelikte und die damit verbundenen Bewußtseinsveränderungen zu beurteilen sind. Diese Kriterien basieren vor allem auf dem plötzlichen, zerstörerischen Ausbruch der Affekte, der plötzlichen Beendigung des Affektzustandes, der Einengung des Bewußt-Wahrnehmens und der darauf folgenden Erinnerungslosigkeit. Trotz der Hilfe, die solche Kriterien bieten können, bleibt die Beurteilung der Affektdelikte schwierig. Gelegentlich wird vor Gericht diskutiert, ob eine sexuell motivierte Gewalttat im Zustand der tiefgreifenden Bewußtseinsstörung stattgefunden hat.

Der »Schwachsinn«

Wenn jemand *»schwachsinnig«* ist, kann er im juristischen Sinne vermindert schuldfähig oder voll schuldunfähig sein.

Wenn also eine verminderte intellektuelle Kapazität den Menschen daran hindert, das Unrecht seiner Tat einzusehen oder nach dieser Einsicht zu handeln, dann ist er schuldunfähig bzw. vermindert schuldfähig.

Die Diagnose eines »Schwachsinns« ist für den Psychiater relativ leicht. Er verwendet die klinische Exploration, die, wie wir uns erinnern, das Bemühen des Psychiaters beschreibt, durch ein Gespräch etwas über den Patienten zu erfahren, etwas aus ihm »herauszuholen«. Weiter werden auch verschiedene anerkannte Intelligenztests verwendet. Diese ermöglichen es, den sogenannten IQ, den Intelligenzquotienten, zu bestimmen. Es wird angenommen, daß der durchschnittliche IQ zwischen 85 und 115 liegt. Als pathologisch verändert bezeichnet man die Intelligenz, wenn der IQ unter 70 liegt. Der IQ gilt jedoch nur als Orientierungsgröße. Von viel größerer Bedeutung ist die Exploration, die Verhaltensbeobachtung, die vertiefte Analyse der Lebensgeschichte, der sozialen Entwicklung des Menschen und seiner Persönlichkeit.

Leider finden wir bei den »Schwachsinnigen« nicht selten Sexualdelikte, vor allem in der Form von Kindesmißbrauch oder Vergewaltigung, die auch mit Tötung enden kann. Kompliziertere Formen sexueller Abweichung in Form von Perversionen sind – mit Ausnahme der Pädophilie – bei schwachsinnigen Menschen nicht so häufig. Sie werden es sehen, wenn ich die Geschichten von Ludwig, Jonas und Manfred erzähle.

Die »schwere andere seelische Abartigkeit«

Die vierte Kategorie, die das Gesetz für die Bewertung der Schuldfähigkeit nennt, ist die sogenannte *»schwere andere seelische Abartigkeit«*. Der Gesetzgeber hat mit dieser unschönen Bezeichnung versucht, die vielen anderen psychischen Abweichungen von der Norm zu berücksichtigen. Unter dieser Bezeichnung versteht das Gesetz, was die Psychiater als Neurosen, als Persönlichkeitsstörungen oder auch als sexuelle Abweichung diagnostizieren. Die Neurose oder nach der modernen Nomenklatur die dissoziative Störung ist auf unbewältigte innere Konflikte zurückzuführen. Als Persönlichkeitsstörungen bezeichnen wir eine schwere Abweichung von der Norm, unter der entweder der Betroffene selbst oder seine Umgebung leidet. Häufig ist es so, daß Neurose, Persönlichkeitsstörung und sexuelle Abweichung zusammenkommen. Bei den meisten Sexualgewalttätern wird eine Diagnose gestellt, die Merkmale der »schweren seelischen Abartigkeit« einschließt ohne daß dadurch bereits etwas über die Schuldfähigkeit gesagt ist. Dies werde ich im Verlauf der Erzählung erläutern.

Wie schon oben gesagt wurde: Wenn der Psychiater eines dieser Merkmale des Gesetzes beim Angeklagten diagnostiziert und diese Diagnose begründet, hat er damit auf der psychisch-biologischen Ebene ein erstes Stockwerk für die Beurteilung der Schuldfähigkeit gebaut. Nun muß er auf der sogenannten normativen Ebene das zweite Stockwerk errichten. Nur so kann er die Frage beantworten, ob der Beschuldigte, der ein oder mehrere der genannten vier Merkmale des Gesetzes erfüllt, dadurch in seiner Schuldfähigkeit beeinträchtigt war oder nicht.

Dabei reicht es nicht aus, daß der Psychiater den psychischen Zustand des Beschuldigten zum Zeitpunkt seiner Tat beurteilt. Er muß auch Tatvorfeld und Tathergang genau betrachten und unter psychiatrisch-psychologischen Aspekten auswerten. Darüber hinaus ist das »postdelinquente« Verhalten, also das Verhalten des Beschul-

digten nach der Tat, zu berücksichtigen. Wichtig für die Beurteilung der Schuldfähigkeit sind ebenfalls die Sexualvorgeschichte, die Täter-Opfer-Beziehung und die Persönlichkeitsentwicklung und -struktur des Beschuldigten. Seine sogenannten Abwehrmechanismen und Abwehrstrategien (das heißt, wie er Konfliktsituationen bewältigt) müssen ebenso beachtet werden wie seine sonstigen lebensgeschichtlichen und sozialen Aspekte. Auch der körperliche Gesundheitsstatus und ein möglicher Substanzmißbrauch, insbesondere von Alkohol, sind zu untersuchen.
Die Rückführung der Tat auf eine psychische Störung ist oft schwieriger als die Stellung der Diagnose selbst. Der Psychiater muß vor Gericht überzeugend argumentieren, warum der Beschuldigte nicht »anders handeln konnte« als so, wie er gehandelt hat. Er muß begründen können, warum seine Tat durch die psychische Störung bestimmt wurde.

Bernd:
Die Beurteilung und das Urteil

Wie war es also bei Bernd? Wurde eine psychiatrische Diagnose gestellt? Wie wurde sie begründet? Und wie stand es um seine Schuldfähigkeit?
Die Beantwortung dieser Fragen muß im Gerichtssaal stattfinden. Alle Voruntersuchungen sind wichtig und unentbehrlich. Gültigkeit aber besitzen nur die Informationen, die im Gerichtssaal oder bei einer richterlichen Vernehmung gewonnen oder bestätigt worden sind.
Bernd bot während der Hauptverhandlung ein sehr trauriges Bild. Er vermittelte das Gefühl einer unendlichen Einsamkeit. Er saß allein neben seinem Verteidiger, ohne während der vielen Tage der Verhandlung mit ihm oder anderen mehr als ein paar Worte zu wechseln. Er schaute die Gerichtsbeteiligten zwar abwechselnd an, aber die meiste Zeit schaute er ins Leere. Als ob diese Verhandlung ihn nichts anging. Er beschrieb dem Gericht seine Tat bereitwillig in allen Einzelheiten, so wie er es bei der Exploration getan hatte. Aber wie bei der Exploration vermittelte er auch hier den Eindruck, als ob diese Tat von jemand anderem begangen worden sei und nicht von ihm. Bernds scheinbares Unbeteiligtsein, seine scheinbare Emotionslosigkeit bei der Schilderung des Tatablaufs, das ratlose Schweigen der Richter, die hilflos wirkende Verlegenheit des Staatsanwaltes, das leise »keine Fragen« der Verteidigung, all dies

schaffte eine eigenartige, eine gespenstische Atmosphäre im Gerichtssaal.
Ich habe die Richter der verhandelnden Kammer in vielen Prozessen erlebt. Ganz besonders beobachte ich ihren Vorsitzenden Richter Blau. Manche Prozesse in seiner Kammer sind eine intellektuelle Herausforderung, eine Herausforderung zu intellektueller Akribie, was die Gutachtertätigkeit in seiner Kammer besonders interessant macht. Hinzu kommt seine besondere Art der Verhandlungsführung. Es gibt Momente, in denen er den Eindruck eines biblischen Richters vermittelt: streng, unnachgiebig, den Zorn Gottes personifizierend. Momente, in denen seine durch Prinzipien geleitete Konsequenz bis an die Grenze der Härte reicht. Und es gibt Momente, in denen Polizisten mit schlampiger Ermittlungsarbeit, Zeugen mit tendenziösen Aussagen und schlecht vorbereitete Anwälte ihn fürchten. Ich habe ihn immer in Verdacht, daß er es genießt, wenn ein Schuldiger eine gerechte Strafe – im Namen des Volkes – bekommt.
An diesem Tag aber, als er im Gerichtssaal Bernd zur Tat vernahm, wurde seine Stimme immer leiser, kamen die Fragen immer zögernder. Der blitzende Richter Blau – der Zeus des Gerichtssaals – wurde weich, war betroffen und hatte auch kein Interesse, es zu verbergen. Mein Eindruck war, daß er nicht nur vom Grauen über das, was mit Emanuel geschehen war, berührt war, sondern auch von Bernd selbst. Von seinem Schicksal, von seiner Einsamkeit, von der Tragik seiner Lebensgeschichte. Der Vorsitzende Richter Blau war heute anders: betroffen, leise, langsam, weich. So, als ob er die Distanz zwischen ihm und Bernd überwinden wollte. Als ob der Höhenunterschied zwischen Richterstuhl und Anklagebank ihn heute störte. Alle Richter der Kammer waren heute anders. Nicht nur der Vorsitzende Richter Blau.
Bernd erzählte bereitwillig alles, scheinbar unbeteiligt. Manchmal hatte ich den Eindruck, daß er ungeduldig war, daß er den Prozeß irgendwie lästig fand, nach dem Motto »wann kommt alles zu Ende?«. Manchmal hatte ich auch den Eindruck, er will reden, reden, nur reden. Wenn auch stotternd.
Aufgrund der Kriterien zur Festellung einer psychischen Störung, wie ich sie vorher beschrieben habe, wurde ausgeschlossen, daß Bernd an einer Erkrankung litt, die man als »krankhafte seelische Störung« bezeichnen kann. Schwachsinn wurde bei ihm ebenfalls ausgeschlossen, ebenso eine tiefgreifende Bewußtseinsstörung. Sie

denken sicherlich: Aber die andere schwere seelische Abartigkeit, die trifft doch zu? Doch wie kann man diese Frage beantworten? Ich stelle hier die Vorgehensweise des psychiatrischen Sachverständigen am Beispiel Bernds etwas ausführlicher dar. Um die Frage »der schweren seelischen Abartigkeit« beantworten zu können, braucht der Psychiater eine Menge von Informationen:

- die Familien- und die Lebensvorgeschichte, insbesondere die der sozialen Entwicklung;
- die Art der Beziehung mit anderen Menschen oder Gruppen von Menschen (das sind die sogenannten Interaktionssysteme und Interaktionsstrategien eines Menschen), ganz besonders die Sexualvorgeschichte, insbesondere die Fähigkeit eines Menschen zur Entwicklung und Pflege von stabilen partnerschaftlichen Beziehungen;
- die Art der inneren Konfliktbewältigung, also die sogenannten Abwehrmechanismen oder auch Abwehrstrategien;
- die Täter-Opfer-Beziehung und
- alle psychopathologischen und psychologischen Befunde.

Da die Straftat von Bernd zweifelsohne sexuell motiviert war, stelle ich Ihnen als ersten möglichen mitbestimmenden Faktor der Tat seine Sexualvorgeschichte dar.

Einiges hat er uns schon vorher erzählt. Versuchen wir jetzt, es in eine Reihenfolge zu bringen: Bernds sexuelles Leben begann früh, zuerst in der Form von Phantasien. Die Gewaltphantasien fingen schon im Alter von ca. sechs Jahren an. Er entwickelte zuerst Folterphantasien mit Bestrafungsinhalten bzw. Quälereien mit mittelalterlichen Folterinstrumenten. Diese Phantasien hatten zunächst keinen sexuellen Zweck oder sexuellen Inhalt, sie brachten deswegen auch keinen eindeutigen sexuellen Lustgewinn. Sie übernahmen in den ersten Jahren die Funktion einer »Gute-Nacht-Geschichte«. Etwa im Alter von zehn Jahren merkte er, daß er bei der Beschäftigung mit diesen Phantasien ein angenehmes körperliches Gefühl und sexuelle Erektionen hatte. Er begann dann in Verbindung mit den Folterphantasien an seinem Penis zu manipulieren.

Im Alter von etwa zwölf Jahren erlebte Bernd unter dem Einfluß solcher Phantasien seine erste sexuelle Befriedigung. Seit dieser Zeit wurden die Folterphantasien Voraussetzung und fester Bestandteil seines Sexuallebens. Die Selbstbefriedigung, die er intensiv betrieb und noch betreibt, gelingt ihm seit dem 12. Lebensjahr vorwiegend unter dem Einfluß der genannten sexuellen Phantasien. Die Personen, die in seinen Phantasien Opfer seiner Folter und Quälereien sind, können Männer, Frauen oder Kinder sein. Es sind keine ihm bekannten Leute, sondern gesichtslose Personen mit einem offenen Mund, die aufschreien. Diese gesichtslosen Personen werden zuerst gequält und danach geschlachtet. Zum Schlachten hängt Bernd sie an den Beinen auf und nimmt sie auseinander, das heißt, sie werden zerschnitten bzw. »total« zerstückelt. Die Phantasiepersonen werden vorher nicht getötet, sondern müssen von Anfang an bis zum Ende alles bei vollem Bewußtsein durchstehen. Unterschiede zwischen Kindern oder Erwachsenen, Mädchen oder Knaben gibt es in seinen Phantasien nicht, es kommen auch Säuglinge vor. Nach der Zerstückelung der Opfer werden sie in einer Bratpfanne gebraten. Säuglinge und kleine Kinder werden als Ganzes gebraten, bei Erwachsenen nur die Zunge und die Geschlechtsteile. In Bernds Phantasien stellen diese menschlichen Körperteile das zarteste Fleisch dar. Diese Phantasien sind auch heute noch die Voraussetzungen seiner Selbstbefriedigung.

Unabhängig von der Selbstbefriedigung entwickelte Bernd vor allem während seiner Kindheit und Jugend andere Phantasien, die ebenfalls zunächst keinen sexuellen Charakter oder sexuellen Zweck hatten. Diese Phantasien betrafen die Rolle des sogenannten »imaginären Spielkameraden«, also die eines Phantasiespielkameraden. Das heißt, daß Bernd in engem Zusammenhang mit seinem Einzelgängertum und seinen Isolierungstendenzen Phantasien entwickelte, welche die durch seine Eigenschaften entstandene soziale Isolierung ausgleichen sollten. In lebhafter Art und Weise, wirklichkeitsnah und mitwirkend erlebte er Expeditionsphantasien, in denen er zusammen mit anderen, in der Regel außerirdischen Personen, Schätze entdeckte. Häufig hatten diese Erlebnisse den Charakter von Größenphantasien in dem Sinne, daß er die zentrale, erfolgreiche und unbesiegbare Figur darstellte.

Im Verlauf der Zeit wurden auch diese zuerst harmlos klingenden Phantasien brutalisiert und sexualisiert: Die außerirdischen Gestalten, in der Regel gesichtslos mit Ausnahme des großen, zum Schrei geöffneten Mundes, massakrierten die Menschen und fraßen ihr Fleisch. Während dieser Phantasien erlebte Bernd eine große sexuelle Erregung und befriedigte sich selbst.

Im Laufe der Zeit reichten ihm die bloßen Phantasien nicht immer, um zu einer Selbstbefriedigung zu gelangen. Er entwickelte deswegen verschiedene Methoden, um die Selbstbefriedigung herbeizuführen. Einige Beispiele: Er zog sich eine Plastiktüte über seinen Kopf und schnürte sie am Hals zu, bis er kurz vor der Ohnmacht stand, dann öffnete er plötzlich die Plastiktüte und bekam gleichzeitig einen Orgasmus. Eine andere Methode war die Einführung von Gegenständen wie etwa Besenstiele oder Flaschen in seinen After. Einige seiner Methoden waren kompliziert und lebensgefährlich. So band er etwa eine Schnur um seine Penis, wikkelte sie um seine Lenden, führte sie über den Rücken um den Hals herum und versuchte, sich zu würgen, bis er einen Zustand kurz vor der Bewußtlosigkeit erreichte. Kurz vor dem Verlust des Bewußtseins kam es zum Orgasmus, und er ließ die Schnur los. Dies ist auch eine Form der Asphyxiophilie.

Sexuelle Beziehungen zu einer Frau – heterosexuelle Beziehungen also – hat Bernd nie gehabt. Homosexuelle Beziehungen dagegen hatte er seit seinem 19. Lebensjahr.

Aus den Beschreibungen seiner ersten homosexuellen Beziehung geht hervor, daß er die kannibalistischen Gewaltphantasien für die homosexuellen Praktiken nicht benötigte. Auch entstanden sie dabei nie spontan. Er hatte jedoch von Anfang an einige abweichende Erlebnisse. Diese betrafen sowohl optische als auch und vorwiegend taktile Reize. Er nahm etwa den Kopf seines Sexualpartners als den Kopf eines Kindes wahr, in dem Sinne, daß dieser kleiner war und eine weichere und jüngere Haut besaß. Auch wenn er zunächst »komischerweise nicht solche Gedanken oder Phantasien« hatte, was er selbst als unverständlich bezeichnete, waren die homosexuellen Beziehungen doch nicht in der Lage, seine Phantasien zu dämpfen. Wenn er allein war, begann er wieder zu onanieren mit Hilfe der Phantasien von der Zerstückelung und dem »Fressen« menschlichen Fleisches.

Allmählich aber änderte sich das Bild. Im Alter von 28 oder 29 Jahren beherrschten die sexuellen Gewaltphantasien seine erotischen Aktivitäten auch dann, wenn er mit einem Partner zusammen war. Das heißt, ohne die Gewaltphantasien war er nicht mehr in der Lage, sexuellen Verkehr zu haben. Seinen Partnern sagte er aber nichts davon.

Bis Bernd den später getöteten Emanuel kennenlernte, hatte er nur kurz andauernde sexuelle Beziehungen mit drei Männern gehabt. Diese Beziehungen waren nicht durch gefühlsmäßige Annäherung, geschweige durch Liebe gekennzeichnet, sondern es waren rein sexuelle, »mechanische« Beziehungen. Als er Emanuel kennenlern-

te, der damals 13 Jahre alt war, reichte ihm die gegenseitige Animation für die sexuelle Erregung nicht mehr aus. Um eine Erektion in seiner Anwesenheit zu bekommen, brauchte er nun seine kannibalistischen Phantasien. Sie kamen in der Regel spontan, aber manchmal mußte er sich auch darauf konzentrieren, sie aktiv in Gang zu setzen. Im Verlauf der Zeit praktizierte er mit seinem Sexualpartner auch die Gewaltpraktiken, die er bis dahin nur an sich selbst während des Onanierens angewendet hatte, wie etwa die Methode mit der Plastiktüte bis kurz vor Erreichen der Bewußtlosigkeit oder das Herumspielen mit einem Tuch oder einer Schnur um den Hals des Partners bis kurz vor dessen Bewußtlosigkeit.
Zum Zwecke der Selbstbefriedigung benutzte er in dieser Zeit eine lebensgroße Puppe aus einem Sex-Shop, vor allem für die Nachahmung des oralen Verkehrs. Die Puppe hatte einen Vibrator im Mund, der Zungenbewegungen imitierte. Er hatte die Puppe »geköpft« und benutzte nur den abgeschnittenen Kopf, während er den Rest des Körpers aufbewahrte. Er erklärte, daß der Rest des Körpers unappetitlich wirkte.
Ich habe die Entwicklung von Bernds Sexualleben so ausführlich dargestellt, um Ihnen zwei Aspekte zu zeigen: den Aspekt des »Fortschreitens«, der *»Progredienz«* also, und den der *»Süchtigkeit«*. Der Aspekt der Progredienz ist deutlich geworden, den Aspekt der »Süchtigkeit« möchte ich noch etwas ausführen:
Bernd benutzte selbst die Bezeichnung »es war wie eine Sucht bei mir«. Direkt nach dem Aufwachen befriedigte er sich mit Hilfe seiner Phantasien selbst und wiederholte dies fünf- bis sechsmal im Verlauf des Tages. Dafür verwendete er eine Menge Zeit, weil das Ritual der Selbstbefriedigung jedesmal im Durchschnitt etwa eine Dreiviertelstunde dauerte. Er vernachlässigte seine Arbeit und verlor deswegen wiederholt seinen Arbeitsplatz. Wenn irgendwelche ungünstigen Faktoren seiner Lieblingsbeschäftigung, der Selbstbefriedigung, im Wege standen, etwa die Schule oder die Verpflichtungen am Arbeitsplatz, war er unruhig, hektisch, aufgeregt und reizbar. Dieser suchtähnliche Charakter führte dazu, daß Bernd die Selbstbefriedigung so häufig praktizierte, daß, wie er sagte, sein Penis sogar »wund« wurde.
Die sexuelle Perversion von Bernd steht in engem Zusammenhang mit einer *Persönlichkeitsstörung*. Die wurde vor Gericht wie folgt begründet:
Bernd war ein Kind, bei dem das Erlernen oder Aneignen von so-

zialen Normen gestört und dessen emotionales Leben nicht ausreichend entwickelt war. Er zeigte sich abwechselnd autistisch (d.h. Ich-bezogen), passiv-aggressiv und egozentrisch. Er war unfähig, normgerechte soziale Verhaltensweisen zu entwicklen. Schon in sehr früher Kindheit begann bei ihm ein psychosozialer Rückzug. Eine Auseinandersetzung mit den Eltern wurde vermieden, als Bezugspersonen wurden sie sehr früh aufgegeben. Auch in der späteren Kindheit fehlte die Auseinandersetzung mit dem sozialen Bezugssystem, der massive Rückzug wird bevorzugt. Die nicht stattfindende Auseinandersetzung transformiert in vernichtende, zerstörerische und aggressive Phantasien.

Ein Bündel von sadistischen und kannibalistischen Phantasien und Größenphantasien ersetzt Bernd die reale Welt und die realen Auseinandersetzungen. Die Phantasien werden für ihn zur Zuflucht und später auch zur Quelle des Lustgewinns. Sie beherrschen allmählich vollständig sein Leben. Das Ausleben seiner Zerstörungs- und Vernichtungslust, der Lust an Überwältigung und der Beherrschung von anderen hat gleichzeitig eine stabilisierende, eine stützende und schützende Wirkung, weil sie ihn von seiner psychischen Problematik entlastet (Entlastung des Ichs, wie es in der Fachsprache heißt) und zunächst eine unauffällige soziale Anpassung möglich macht.

So wird Bernd zu einem weichen, ängstlich-unsicheren Menschen, der nicht auffällt, der Auseinandersetzungen vermeidet und der unfähig zu offener Aggressivität ist. Er kann sich nicht wehren, obwohl er darunter leidet, daß alle ihn ausnutzen und in seiner Phantasie ein Komplott gegen ihn schmieden. Er braucht den Rückzug, die Zuflucht in die Phantasien, um dort gewalttätig, überlegen und beherrschend zu werden. Wenn er real von jemand beleidigt oder ungerecht behandelt wird, »schlägt« er nicht zurück. Er zieht sich zurück, stellt sich vor, daß der Sessel oder die Kissen die Person, die ihn beleidigt hat, darstellen. Und dann nimmt er mit dem Messer Sessel und Kissen auseinander. Bis er sich wieder beruhigt hat. Niemand merkt etwas davon.

Darüber hinaus herrscht in seinem Inneren eine große Gefühlsarmut – fast bis zu einer Gefühlsleere – und ein hoher Egozentrismus mit fast vollständiger Abwehr und Ablehnung jeder zwischenmenschlichen Beziehung. Seine soziale Anpassung besteht vorwiegend in einem passiven »Sich-Einfügen«. So ist Bernd weder durch Kriminalität noch durch andere Handlungen, die soziale oder

rechtsstaatliche Gesetze verletzen, aufgefallen. Der körperlich unauffällige, eher jünger aussehende Mann mit der leisen Stimme und dem stotternden Sprechen tritt auch in seinem sozialen Rahmen als farblose Randfigur auf.
Eng verbunden mit Bernds Persönlichkeitsmerkmalen ist seine sexuelle Perversion. Zwar hat er eine polymorph-pervers geprägte Störung (also eine Perversion mit vielen Erscheinungsformen) entwickelt, die durch sadistische, kannibalistische, pädophile, homophile und ansatzweise auch uro-koprophile Elemente gekennzeichnet ist, aber das beherrschende Merkmal ist das sadistisch-kannibalistische. Das eigentlich Aufregende für ihn ist das Überwältigen des anderen, das Foltern, Treten und Schlagen, Schlachten, Zerstückeln, das Braten in der Pfanne, das Essen von Gliedern kleiner Kindern oder von Genitalien und Zungen erwachsener Männern und Frauen. Die sadistisch-kannibalistische Perversion ist eng mit Bernds Persönlichkeitsstruktur und seinen psychischen Abwehrmechanismen verbunden. Sie gehört zu ihm, zu seiner Persönlichkeit. Sie ist eine Art Bewältigungsmethode, ein Ausgleich für fehlende menschliche Wärme, ein Ersatz für menschliche Beziehungen.
Versucht man die bei Bernd diagnostizierten Abweichungen von der Norm und die Persönlichkeitseigenschaften in eine international anerkannte Typologie der Persönlichkeitsstörungen einzuordnen, etwa in die der Weltgesundheitsorganisation (WHO), dann stellt man fest, daß Bernd Merkmale und Symptome verschiedener Persönlichkeitsstörungen zeigt. Am deutlichsten jedoch sind Merkmale, die vom Erscheinungsbild her der Diagnose einer *»schizoiden Persönlichkeitsstörung«* in Verbindung mit einer *»sexuellen Perversion«* nahekommen.
Bevor ich das begründe, meine ich, ist es an der Zeit näher zu erläutern, was das ist – eine Persönlichkeitsstörung. Welche Formen davon kennen wir? Wie sehen sie aus?
Aber lassen Sie mich erst die Frage der Schuldfähigkeit von Bernd abschließen: Daß die sexuelle Perversion psychodynamisch durch seine Persönlichkeitszüge und psychischen Abwehrmechanismen bestimmt ist und einen festen Bestandteil seiner pathologisch-gestörten Persönlichkeit darstellt, habe ich ausführlich erläutert. Die bei Bernd festgestellte schwere Persönlichkeitsstörung kann somit uneingeschränkt in die vom Gesetz vorgesehenen Kategorie »andere schwere seelische Abartigkeit« eingeordnet werden.

Erinnern wir uns nochmal an das zweistöckige Gebäude der Schuldfähigkeit. Die Frage, ob die auf der psychischen Ebene diagnostizierte schwere andere seelische Abartigkeit für die Straftat von Bernd auf der »normativen« Ebene des zweistöckigen Schuldfähigkeitsgebäudes bestimmend war, wurde bejaht. Von Bedeutung für das Gericht war

- die Betrachtung der festgestellten Perversion als psychische Symptombildung,
- die mit Sicherheit festgestellte progrediente Verlaufsform und
- die ebenfalls mit Sicherheit festgestellte »sexuelle Süchtigkeit« sowie
- der damit verbundene Drang und Zwang.

Das Gericht hat die Ausführungen des psychiatrischen Sachverständigen als überzeugend anerkannt, ist seiner Empfehlung gefolgt und hat bei Bernd eine verminderte Schuldfähigkeit anerkannt. Ich habe einen ungünstigen Verlauf prognostiziert. Aufgrund der gestellten Diagnose konnte ich eine Wiederholung der Tat nicht ausschließen. Eine psychiatrische Behandlung wurde dringend empfohlen. Das Gericht beschloß die Unterbringung von Bernd zu Zwecken der *»Besserung und der Sicherung«* in eine geschlossene Anstalt des Maßregelvollzuges.

Bevor ich einiges über Persönlichkeitsstörungen erzähle, soll an dieser Stelle noch etwas zum *»Wissen des Gutachters«* ausgeführt werden.

Das Wissen des Gutachters

Es ist die Pflicht des Sachverständigen, sich in möglichst einfachen Worten unparteiisch und nach bestem Wissen und Gewissen mitzuteilen. Die vielen griechischen und lateinischen Fachbezeichnungen muß er auf deutsch übersetzen – auch wenn das irgendwie »vulgär« klingt. Tut er das nicht, wird er im Gerichtssaal fremd wirken, weil seine Sprache künstlich klingt, »elaboriert«, wie man sagt. Er selbst empfindet das nicht. Das ist ja seine Sprache. Aber es wird von denjenigen, die Entscheidungen zu treffen haben, so empfunden. Eine künstliche Sprache erweckt bei den Beteiligten Reaktionen, bewußte oder unbewußte, in der Regel jedoch schädliche. Theoretisch war mir das schon immer klar. Aber nach vielen Gesprächen mit Richtern und Staatsanwälten, vor allem mit dem schon genannten Vorsitzenden Richter Blau, wurde mir das auch von der praktischen Seite bestätigt.
Der Richter, der seine eigenen Reaktionen und sein Erleben reflektiert, befindet sich dann in einem Teufelskreis: Er versteht nicht immer, was der Sachverständige sagen will und dieser kann es ihm nicht immer erklären. So entwickelt sich eine innere Abwehr gegen den Sachverständigen, gegen dessen Sprache und gegen dessen schwer verständliche Aussage. Diese ablehnende Haltung droht auch den Angeklagten zu umschlingen.
Dieser differenzierte und reflektierende Richter bekommt Angst vor seinen eigenen inneren Reaktionen, zumindest bemerkt er sie. Um nicht dem Angeklagten zu schaden, entsteht eine Art der Überidentifikation. Es kann zu einer unüberzeugten Akzeptanz der Aussagen des Sachverständigen kommen. Wird der Richter sich dieser Überidentifikation und der unüberzeugten Akzeptanz bewußt, beginnt er, seine Richtung zu korrigieren. Dann spürt er, daß er in die andere Richtung geraten ist und ... und ...
Ein Teufelskreis: Keine gute Atmosphäre im Gerichtssaal. Keine gute Voraussetzung für das Verfahren. Für niemanden.
»Nach bestem Wissen und Gewissen!« So soll der Psychiater sein Gutachten erstatten, denn: »Der Arzt ist zu affektiver Neutralität verpflichtet«. In diesem Falle heißt das, daß trotz der Erschütterung durch die Tat, trotz der Mitleidsgefühle und Sympathie für Opfer und Angehörige, trotz der Mitleidsgefühle für Bernd der

einzige Weg, den man gehen darf, der des Verstandes ist und nicht der des Herzens.
Ich weiß, wie schwer dies ist, Hirn und Herz gehören ja zu ein und demselben Menschen. Sie machen zusammen den Menschen aus. Das heißt, daß der Psychiater zu seinen Beurteilungen hauptsächlich aufgrund *seines* (nicht nur *des*) Wissens kommt. *Das* Wissen in der Psychiatrie ist nicht absolut und wie in anderen Wissenschaften auch, abhängig von den Fortschritten verwandter Disziplinen, etwa der Biologie, der Endokrinologie, der Neurowissenschaften, der Pharmakologie, der Epidemiologie, der Psychologie und der Soziologie. Auch die Psychiatrie wartet, bis die »Grundlagenwissenschaften« ihre Ernten liefern, so daß sie daraus Brot machen kann.
Aber selbst, wenn die Forschung Fortschritte macht, bleibt das psychiatrische Wissen gering. Das hat mit der Natur der Sache zu tun. Die Psychiatrie beschäftigt sich mit Störungen der menschlichen Psyche. Und wenn schon die Schwierigkeiten groß sind, die Psyche eines Menschen im normalen Zustand zu erfassen, wie ungleich schwieriger ist es dann, einen Menschen im »nicht-normalen« Zustand zu verstehen. Zu verstehen, warum er erkrankt, abweicht, leidet, manchmal sogar zerstört.
Auf jeden Fall ist der sachverständige Psychiater verpflichtet, *das* psychiatrische Wissen bei seinen Beurteilungen anzuwenden. Aber es ist unvermeidlich, daß er auch *sein* Wissen einfließen läßt. Es ist nicht nur so, daß der eine mehr weiß als der andere. Es ist auch so, daß der eine anderes weiß als der andere. Sie sollten sich den Sachverstand eines Psychiaters so vorstellen: Sein Wissen steht nicht in einem leeren, sterilen Raum. Es steht vielmehr in einem eng gedrängten Raum, zusammen mit seiner Persönlichkeit, mit seinen Lebenserfahrungen, mit seinen sozialen Orientierungen, mit seinen Überzeugungen, mit der Schule, aus der er kommt, mit der Praxis, die er hinter sich hat.
Die Pflicht des sachverständigen Psychiaters ist es, den anderen Bewohner dieses Raumes bei der Erstattung seines Gutachtens die Tür zu weisen. Und die Tür zuzumachen, so daß der Raum nur für das objektive Wissen zur Verfügung steht. Das ist nicht immer möglich. Der Sachverständige muß aber mindestens versuchen, alle anderen Bewohner des Raumes in die Ecke, dicht an die Wand zu treiben, so daß viel, viel Raum für das Wissen bleibt. *Sein* Wissen soll mit *dem* Wissen möglichst identisch sein. Wie schwierig das

ist, erkennt man an den kritischen Stimmen. Manchmal sind sie übertrieben. Manchmal ist die Kritik gegen den Sachverständigen selbst von Ideologie getragen. Manchmal reflektiert die Kritik nur das *eigene* Wissen des Kritikers, der durch eine ganz bestimmte Brille sieht. Trotzdem darf die Kritik nicht ignoriert werden, da sie zutreffen kann.

Nach bestem Wissen und Gewissen also, mit affektiver Neutralität! *Die forensische psychiatrische Gutachtertätigkeit ist – unter anderem – auch eine Mission.* Sie bietet die Möglichkeit gesellschaftlicher Gestaltung. Sie kann Menschen schützen, an beiden Ufern des Stromes. Sie kann helfen, menschliches Handeln verständlich zu machen. Sie kann zu Gerechtigkeit beitragen, und sie kann auf wahrscheinliche Folgen menschlichen Handelns aufmerksam machen, um Leben, Gesundheit und Würde von Unschuldigen zu schützen. Um Gestörten zur Besserung zu verhelfen.

Manchmal versagen wir, und die Mission wird nicht erfüllt. Nicht immer hat das Versagen seine Wurzeln in unserer Schuld; wie einige Geschichten, die ich noch erzählen werde, zeigen, kann es doch so sein.

Gehen wir jetzt weiter, um die Persönlichkeitsstörungen kennenzulernen.

Persönlichkeit und Persönlichkeitsstörungen

Versuch einer Annäherung an das ungelöste Problem

Ich habe Ihnen versprochen, Persönlichkeitsstörungen zu erklären. Bei Anton wurde eine »Borderline-Störung« diagnostiziert. Bei Bernd eine »schizoide Persönlichkeit«. Bei anderen wurden andere Persönlichkeitsstörungen festgestellt. Was ist eine Persönlichkeitsstörung? Welche Beziehung hat sie zu den Taten, vor allem zur Tötung von Menschen? Wie wirkt sie sich auf die Sexualität des Gestörten aus? Wieviel Freiheit läßt sie dem Menschen für ein Anderskönnen? Gibt es ähnlich der *»Diktatur der Sexualität«* auch eine *»Diktatur der Persönlichkeit«*?

Wir haben gesehen, daß die Möglichkeiten des Betroffenen, anders zu handeln, geringer werden, je stärker die Perversion ausufert, je schneller die Schutzdämme brechen. Ist das auch so bei den Persönlichkeitsstörungen? Die Beantwortung dieser Frage ist oft viel schwieriger. Was eine Persönlichkeitsstörung ist, müssen wir fragen, ja, was ist überhaupt die Persönlichkeit eines Menschen?

Mindestens seit Beginn dieses Jahrhunderts versucht man, diese Fragen wissenschaftlich zu beantworten. Aber bis vor kurzem blieben die Persönlichkeitsstörungen ein vernachlässigtes Gebiet der Psychiatrie. Ein Grund dafür mag die herrschende Meinung sein, daß diese Störungen schwer – wenn überhaupt – behandelbar sind. Sie weckten also kaum therapeutisches Interesse bei den Psychiatern und Psychologen. Angeblich gibt es noch einen Grund: Patienten mit Persönlichkeitsstörungen seien nicht so beliebt bei Psychiatern und Psychologen, weil sie häufig schwierig und manchmal unangenehm wären. Deshalb habe man sich auch nicht um die Persönlichkeitsstörungen gekümmert. In den letzten Jahren ist jedoch eine Umkehrung zu beobachten. Psychiater und Psychologen bemühen sich nun intensiver um die Persönlichkeitsstörungen. Vor kurzem schrieb der Heidelberger Psychologie-Professor Peter Fiedler ein großes Werk über Persönlichkeitsstörungen. Daraus möchte ich Ihnen einiges referieren, weil darin in ausgezeichneter Weise der ganze Weg verfolgt werden kann, den Psychiatrie und Psychologie zur Erfassung und zum Verstehen von Persönlichkeitsstörungen bereits zurückgelegt haben. Dieses Buch beschreibt außerdem ausdrucksvoll die Wegstrecke, die wir noch zurücklegen müssen. Zwar sind wir in der Lage, relativ sicher eine Persönlichkeitsstörung festzustellen, aber wir wissen wenig darüber, wie eine solche entsteht. Und wir wissen sehr wenig darüber, wie wir sie effektiv behandeln können.

Von Persönlichkeit sprechen wir alle, fast jeden Tag. Aber wenn wir gefragt werden, was Persönlichkeit sei, haben wir Schwierigkeiten, diese Frage genau zu beantworten. Auch den Experten fällt es sich schwer. Das hängt damit zusammen, daß Persönlichkeit keine Funktion ist, wie etwa das Gedächtnis. Sie ist auch kein Merkmal. Persönlichkeit ist ein Konstrukt. Das heißt, daß verschiedene Merkmale oder Eigenschaften ein Gerüst bilden, das man Persönlichkeit nennt. Die Erklärungen, wie dieses Gerüst aufgebaut wird, hängen von den persönlichen Ansichten und vom theoretischen Hintergrund der jeweiligen Fachleute ab. Auf jeden Fall gilt, daß die Persönlichkeit einer Person eine unverwechselbare Individualität verleiht. Ihre Persönlichkeit ist mit meiner nicht verwechselbar, und meine ist nicht mit der Persönlichkeit eines anderen verwechselbar. Trotz dieser Individualität, also der Einzigartigkeit, gibt es einige Kernmerkmale, die viele Menschen gemeinsam haben. Sie erlauben eine gewisse Typologisierung der Persönlichkeit. Dies klingt unvereinbar mit der erwähnten Individualität. Aber, wie gesagt, die Beschreibung von Persönlichkeitstypen stützt sich auf Kernmerkmale; viele andere Nebenmerkmale gestalten die individuelle Persönlichkeit und verleihen ihr Einzigartigkeit. *Persönlichkeit also kann bezeichnet werden als eine Summe von Verhaltensweisen, Gestaltungsmustern und Erlebensweisen zwischenmenschlicher Beziehungen, und sie zeigt sich im Umgang mit den gesellschaftlichen Anforderungen und Erwartungen.*

Jede Gesellschaft hat ihre eigenen Regeln, wie zwischenmenschliche Beziehungen generell aussehen sollen, wann ein Verhalten akzeptabel oder nicht akzeptabel, also konform oder nicht konform ist, und wie den Anforderungen einer Gesellschaft begegnet werden soll. Weichen die Eigenschaften einer Person von den Erwartungen der jeweiligen Gesellschaft ab, dann spricht man von abweichendem Verhalten und infolgedessen von abweichenden Merkmalen einer Persönlichkeit. *Leidet die Person selbst oder leiden andere Leute darunter, spricht man von einer Persönlichkeitsstörung.*

Man findet dafür auch die Bezeichnung *»abnorme Persönlichkeit«*.

Früher nannte man diese Störung *»Psychopathie«* und denjenigen, der sie hatte, »Psychopathen«. Diese Begriffe wurden aufgegeben, weil sie stigmatisieren und wissenschaftlich nicht richtig sind. Sie werden heute nur noch als Schimpfworte gebraucht.
Um die Geschichte zu verstehen, die ich Ihnen erzähle, ist es wesentlich, folgendes festzuhalten: *Bei Persönlichkeitsstörungen sind das innere Erleben und das Verhalten eines Menschen dauerhaft gestört.* Gestört in dem Sinne, daß Erleben und Verhalten von den gesellschaftlichen Erwartungen abweichen. Die Affekte, das Denken, das Erleben, die zwischenmenschlichen Beziehungen und die Fähigkeit, Impulse zu kontrollieren, sind – mal mehr, mal weniger – in Mitleidenschaft gezogen. Die Persönlichkeitsstörung beeinträchtigt den Menschen in seinem Befinden, im beruflichen und allgemeinen sozialen Leben und in seinen persönlichen Beziehungen. Persönlichkeitsstörungen sind hartnäckige Störungen. Sie erscheinen in jungen Jahren und ihre Anfänge können bis in die Kindheit zurückverfolgt werden. Sie dauern lange, oft existieren sie lebenslang. Sie sind in der Regel auch schwer therapierbar.
Wenn also diese abweichenden Denk-, Erlebens- und Verhaltensmuster in solchen Maßen vorhanden sind, daß die eigene Person oder die anderen darunter leiden, dann sprechen wir von einer krankhaften Störung der Persönlichkeit. Die krankhaften Merkmale treten nicht immer in der gleichen Form auf, sondern in verschiedenen Kombinationen. Aufgrund der jeweiligen Kombination sprechen wir dann von einer *spezifischen Persönlichkeitsstörung*. Ich werde Ihnen von Personen mit folgenden Persönlichkeitsstörungen erzählen:

- Schizoide Persönlichkeitsstörung,
- Emotional-instabile Persönlichkeitsstörung (Borderline-Persönlichkeitsstörung),
- Dissoziale bzw. antisoziale Persönlichkeitsstörung,
- Selbstunsichere und ängstliche Persönlichkeitsstörung,
- Narzißtische Persönlichkeitsstörung,
- Infantile und unreife Persönlichkeitsstörung.

Aber wie viele Persönlichkeitsstörungen gibt es denn? Unendlich viele! Es kommt darauf an, welche Kombinationen von Merkmalen man wählt, von welchem Standpunkt aus man sie betrachtet. Peter Fiedler berichtet von über 200 Bezeichnungen. Wenn wir alle möglichen Merkmalskombinationen einzeln benennen würden, würde das Konzept ausufern. Die offiziellen diagnostischen

Systeme beschränken sich heute auf 11 bis 16 Kategorien von Persönlichkeitsstörungen. Die Vielzahl der Möglichkeiten zeigt aber, daß die Individualität des Menschen auch im Störungsbereich erhalten bleibt.

Die Frage, was Persönlichkeitsstörung ist, hängt auch mit der Frage zusammen, was krankhaft ist und was nicht. Wo liegen die Grenzen zwischen Normalität und Störung? Die Frage stellt sich ähnlich wie bei den Perversionen, und sie ist nur eine der vielen schwierigen Fragen, auf die wir in dieser Erzählung treffen.

Die Antwort auf die Frage nach der Normalität basiert auf einem Kompromiß. Es wird, bildhaft gesprochen, aufgrund von Lebenserfahrungen, gesellschaftlichen Anforderungen und Vorstellungen, von psychologischem und medizinischem Wissen u.a. eine Linie gezogen. Alles, was über dieser Linie liegt, wird als krankhaft bezeichnet – alles was darunter liegt, als normal. Wenn die Persönlichkeitsmerkmale deutlich über der Linie liegen (also im krankhaften Bereich), sind die Schwierigkeiten geringer, sie als abweichend oder krankhaft zu bezeichnen. Je näher die Merkmale aber an der Linie zum Normalen liegen, desto größer sind die Beurteilungsschwierigkeiten. Da liegt vieles im Bereich des Ermessens. Das ist eine der Schwächen im der diagnostizieren von Persönlichkeitsstörungen. Wie vieles andere in der Psychiatrie und Psychologie leidet auch der Bereich der Persönlichkeitsstörungen vor allem unter den unscharfen Grenzen. Grenzfälle bereiten immer Schwierigkeiten.

Wie entstehen Persönlichkeitsstörungen?

Es gibt eine Vielzahl von Theorien über die Entstehung von Persönlichkeitsstörungen. Es gibt die tiefenpsychologisch orientierten Theorien, die soziologischen, verhaltenstheoretischen, biologischen und genetischen (also erbbiologischen). Alle diese Theorien beleuchten jedoch nur einige Aspekte des Problems. Man ist sich heute einig, daß keine der vorhandenen Theorien das Problem der Persönlichkeitsstörung vollständig erklären kann. Trotz alledem werde ich versuchen, zusammenfassend, annäherungsweise und tastend, jene Persönlichkeitsstörungen und ihre Entstehung zu beschreiben, die uns in dieser Erzählung interessieren.

Die schizoide Persönlichkeitsstörung

Das Wort schizoid kommt aus dem Griechischen: ›schizo‹ = spalten, die Endung ›id‹ heißt ähnlich. Der Begriff ›schizoid‹ ist entstanden, weil man früher dachte, daß zwischen diesen Personen und Personen, die an einer schizophrenen Erkrankung leiden, fließende Übergänge bestehen.

Was kennzeichnet Menschen, die eine schizoide Persönlichkeitsstörung haben? Sie leben sehr zurückgezogen, fühlen sich in der Gesellschaft anderer unwohl. Sie wirken sehr isoliert und einsam. Sie haben kaum Freunde, wollen auch keine intensiven zwischenmenschlichen Beziehungen, weil sie keine Freude daran finden. In der Regel suchen sie sich Unternehmungen aus, die man allein machen kann. Sie hinterlassen einen kalten, unnahbaren Eindruck. Affekte äußern sie kaum. Ihnen fehlen warme, zärtliche Empfindungen für andere. Es herrscht eine Gleichgültigkeit gegenüber Emotionen. Personen mit einer schizoiden Persönlichkeitsstörung zeigen wenig oder kein Bedürfnis nach sozialer Anteilnahme, gewöhnlich sind sie Einzelgänger und haben, wenn überhaupt, nur wenige, enge Freunde. Sie erscheinen reserviert, verschlossen, zurückhaltend, farblos und verfolgen gewöhnlich ausgefallene Hobbys und Interessen (auch im sexuellen Bereich). Diese Personen sind meist humorlos, langweilig, zeigen wenig Anteilnahme, gelten als kalt, egozentrisch und distanziert. Schizoide Personen sind häufig unfähig, Aggressivität oder Feindseligkeit auszudrücken. Stattdessen erleben sie diese oft in Phantasien. Sie sind mit sich selbst beschäftigt, abwesend und losgelöst von ihrer Umgebung. Extensive und intensive Tagträume und Phantasien sind sehr häufig. Wegen des Mangels an sozialen Fertigkeiten sind diese Menschen nur passiv in die soziale Umgebung eingebunden, und in der Regel heiraten sie deswegen auch nicht.

Erkennen Sie jetzt Bernd wieder, wenn Sie all diese Merkmale hören?

In seinem Buch verwendet Peter Fiedler ein Zitat von Franz Kafka, das zu diesen Personen gut paßt:

> »Unfähig, mit Menschen zu leben, zu reden. Vollständiges Versinken in mich. Stumpf, gedankenlos, ängstlich. Ich habe nichts mitzuteilen, niemals, niemanden«.

In der Entstehung der schizoiden Persönlichkeitsstörung sehen die *tiefenpsychologisch orientierten Theorien* eine Form der Abwehr

gegen zwischenmenschliche Nähe und intime Beziehungen. Es wird auch eine Unfähigkeit vermutet, Ärger und Feindseligkeit auszudrücken, obwohl Angst und Wut subjektiv erlebt werden können. Eine sehr frühe Beeinträchtigung der Mutter-Kind-Beziehung, durch die dem Kind Erfahrungen von Intimität, Zuneigung und Liebe nicht oder nicht vollständig ermöglicht wurden, soll eine Voraussetzung dieser Störung sein.
Die *Verhaltenstheorien* sehen dagegen in der ablehnenden Grundhaltung des Betroffenen eine gelernte Strategie, Streß, Konflikte und Belastungserfahrungen zu vermeiden. Das heißt aber, daß der Mensch allmählich seine Fähigkeit verliert, differenziert mit Gefühlen, mit positiven und negativen zwischenmenschlichen Beziehungen, umzugehen. Der Betroffene gerät so in eine Selbstisolierung und Vereinsamung, aus der er nicht heraus findet. Bei einigen Patienten mit schizoiden Persönlichkeitsstörungen ersetzen Phantasien die Realität – bei Bernd wurde das eindrucksvoll deutlich. Wenn jemand eine schizoide Persönlichkeit hat, bedeutet das nicht, daß er automatisch bei einem Vergehen oder gar Verbrechen als vermindert schuldfähig gilt. Keineswegs! Erst muß bewiesen werden, daß die rechtswidrige Tat aus dieser krankhaften Persönlichkeitsstörung ableitbar ist. Es ist selten, daß ein Delikt, vor allem solch ein schweres Delikt wie bei Bernd, nur und alleine aus einer schizoiden Persönlichkeitsstörung abzuleiten ist. In der Regel kommen andere krankhafte Erscheinungen dazu, etwa eine sexuelle Perversion oder andere schwere neurotische Störungen. Bernd oder Anton wurden nicht allein wegen der Persönlichkeitsstörung als vermindert schuldfähig bezeichnet. Dies geschah vielmehr aufgrund der festgestellten sexuellen Perversion, die wiederum aus der gesamtpsychischen Problematik ableitbar oder darin eingebettet war.

Die Borderline-Persönlichkeitsstörung

Diese Diagnose wurde bei manchen festgestellt, die in dieser Erzählung vorkommen: »Borderline« ist ein englisches Wort und bedeutet Grenzlinie. Die Bezeichnung hat inzwischen eine historische Bedeutung. Sie wurde eingeführt, um Störungen im Grenzbereich zwischen Persönlichkeit und Psychose zu beschreiben. Im Laufe der Zeit wurde diese Bezeichnung jedoch für eine bestimmte Persönlichkeitsstörung reserviert.
Wie erkennt man Menschen mit »Borderline-Persönlichkeit«?

Ihre zwischenmenschlichen Beziehungenzeichnen sich durch hohe Instabilität aus, sie haben große Zweifel an sich selbst und den eigenen Gefühlen. Darüber hinaus findet sich eine ausgeprägte Impulsivität, auch im Bereich der Sexualität. Man sieht bei diesen Menschen ein verzweifeltes Bemühen, das Alleinsein (real oder unbegründet) zu verhindern. Die zwischenmenschlichen Beziehungen sind zwar sehr intensiv, aber instabil und wechseln zwischen zwei extremen Polen: Überidealisierung und Abwertung der Beziehung. Die Identitätsstörungen sind sehr stark. Suizidgedanken oder sogar Suizidhandlungen finden sich nicht selten in der Vorgeschichte dieser Menschen. Es gibt starke Stimmungsschwankungen, die aber nicht lang dauern. So etwa starke Niedergeschlagenheit, Reizbarkeit, Angst. Diese Menschen haben fast ununterbrochen das Gefühl der Leere und Langeweile. Wutausbrüche oder Unfähigkeit, die Wut zu kontrollieren, gehören dazu. Häufig verdächtigen sie unbegründet andere Menschen oder erleben Situationen als extra für sie gestellt.

Die Borderline-Persönlichkeitsstörung ist eine besondere Form einer umfassenderen Störung, die man als *emotional-instabile Persönlichkeitsstörung* bezeichnet. Wenn das oben beschriebene Erscheinungsbild im Vordergrund steht, dann spricht man vom Borderline-Typus. Wenn aber die Impulsivität, die Unfähigkeit, Aggressionen und Reizbarkeit zu beherrschen, ganz im Vordergrund steht und alle anderen Merkmale in den Hintergrund drängt, dann spricht man vom *»impulsiven Typus«*.

Mit der Entstehung der Borderline-Störungen haben sich vor allem die Psychoanalytiker lange beschäftigt. Sie vermuten eine sogenannte Frühstörung als Ursache. Die Störung soll nach *psychoanalytischen Modellen* schon in den ersten Lebensjahren angelegt werden. Der Betroffene denkt und erlebt in »schwarzweiß«, »guten und bösen« Kategorien. Das ist ein psychischer Abwehrmechanismus, um Konflikte zu verarbeiten. Dieser Mechanismus, Spaltung genannt, hat die Funktion, reale oder irreale Bedrohungen abzuwehren. *Verhaltenstheoretische Modelle* sehen in den »Schwarz-Weiß-«, »Gut- und Böse-« Erlebens- und Denk-Kategorien einfach eine Unsicherheit im Bereich der zwischenmenschlichen Beziehungen und deren Abwehr.

Die Frage nach der Entstehung der sogenannten Borderline-Persönlichkeitsstörungen ist sicherlich noch längst nicht beantwortet. Es gibt inzwischen genetische Untersuchungen und

Familienstudien, die eine enge Verbindung zwischen der Borderline-Störung und depressiven oder anderen psychischen Erkrankungen sehen.
Auf jeden Fall können gerade wegen der Unfähigkeit dieser Menschen, Impulse zu kontrollieren, und wegen der hohen Identitätsstörung und der Störung der sozialen und sexuellen Orientierung, delinquente Handlungen – eben auch Sexualstraftaten – entstehen. Dann muß man ganz genau prüfen, ob die Fähigkeit des Patienten, anders handeln zu können, während der Tat beeinträchtigt war.

Die dissoziale Persönlichkeitsstörung

Eine andere Form der Persönlichkeitsstörung, die in dieser Erzählung vorkommt, ist die *dissoziale* oder auch *antisoziale Persönlichkeit*. Die Frage der strafrechtlichen Verantwortlichkeit ist bei Menschen, die diese Störung haben, schwer zu beantworten und zwar deshalb, weil die Grenzen zwischen dissozialer Persönlichkeitsstörung und Kriminalität sehr undeutlich sind. Obwohl es Kombinationen von antisozialer bzw. dissozialer Persönlichkeitsstörung und progredienter Form der Perversion gibt,sind andere Formen von sexuellen Gewaltakten bei dissozialen Persönlichkeitsstörungen häufiger. Die Tötung erfolgt als Impulsdurchbruch oder nach anderen Sexualgewaltakten, etwa nach Vergewaltigung oder Kindesmißbrauch. Sie ist zunächst nicht beabsichtigt, erfolgt dann aber ungeplant oder dient der Verdeckung.
Untersuchungen zeigen, daß viele Gefängnisinsassen eine dissoziale Persönlichkeitsstörung haben. Diese Störung alleine mindert bis heute nicht die strafrechtliche Verantwortlichkeit. Aber gerade Menschen mit dissozialer Persönlichkeit sind ungeliebte Kinder sowohl der Psychiatrie als auch der Justiz und der Gesellschaft insgesamt. Die Psychiatrie hat sie ein Jahrhundert lang als »degeneriert«, als von Anfang an »kriminell veranlagt« bezeichnet. Und dann vergessen. Erst Ende der achtziger Jahre begann man sich etwas differenzierter mit diesen Menschen zu beschäftigen. Heute weiß man, daß sich mehr Probleme hinter den kriminellen Handlungen einer dissozialen Persönlichkeit verbergen, als man früher annahm.
Die Diagnose einer dissozialen Persönlichkeitsstörung setzt laut der Weltgesundheitsorganisation folgende Symptome voraus: ein herzloses Unbeteiligtsein gegenüber den Gefühlen anderer, Verantwortungslosigkeit und Mißachtung von sozialen Normen und

Verpflichtungen und Unvermögen zur Beibehaltung längerfristiger Beziehungen; eine niedrige Schwelle für aggressives und gewalttätiges Verhalten, die Unfähigkeit, Schuldbewußtsein zu entwikkeln und aus Erfahrung zu Lernen, besonders aus Bestrafung; eine Neigung, andere zu beschuldigen oder vordergründige Erklärungen für sein Verhalten anzubieten. Keines dieser Merkmale allein reicht aus, die Diagnose einer dissozialen Persönlichkeit zu stellen. Es bedarf des Gesamtbildes.

Ich wiederhole noch einmal: Wenn ein Mensch eine dissoziale Persönlichkeitsstörung aufweist, bedeutet das keineswegs automatisch, daß er vermindert schuldfähig ist. In der Regel ist er es nicht. Im allgemeinen ist er in der Lage, das Unrecht der Tat zu erkennen und danach zu handeln. Es müssen noch andere psychische und situative Faktoren hinzukommen, um eine Beeinträchtigung der Schuldfähigkeit zu bewirken: etwa die Wirkung von Alkohol, aktuelle Konflikte, eine langandauernde Zermürbungssituation, Affekte, psychische Krankheiten u.ä.

Es ist schwer, die Taten von Menschen mit einer dissozialen Persönlichkeitsstörung »neutral« zu beurteilen. Die Ähnlichkeit mit gewöhnlichen Kriminellen ist so groß, daß die Unterscheidung ›Störung‹/ ›keine Störung‹ kompliziert, teilweise unmöglich ist. Es scheint, daß die dissoziale Persönlichkeitsstörung auf einem Zusammenwirken erbbiologischer, psychologischer und soziologischer Faktoren beruht. Viele dieser Menschen haben eine erbliche Belastung mit Persönlichkeitsstörungen oder anderen psychischen Störungen. Oder sie kommen aus zerrütteten Familien, aus einer sogenannten »broken-home-Situation«, das heißt, aus »zerbrochenen« Familienverhältnissen (früher Verlust der Eltern oder eines Elternteils durch Trennung, Scheidung oder Tod). Kriminalität und Alkoholsucht sind in den Familien solcher Kinder nicht selten anzutreffen. Man geht davon aus, daß viele Menschen mit einer dissozialen Persönlichkeitsstörung selbst Gewalt und Grausamkeit erfahren haben. Sie erlebten selbst, wie Gewalt zur Konfliktlösung eingesetzt wurde. Sie wuchsen in Familien auf, in denen das Erlernen von sozial akzeptiertem Verhalten und Konfliktlösungsstrategien nicht ermöglicht wurde. Auch die sonstige soziale Umgebung, in der diese Kinder aufwuchsen, bot dies in der Regel nicht.

Die ängstlich-selbstunsichere Persönlichkeitsstörung

Bei einigen Sexualstraftätern wird die Diagnose einer *ängstlich-selbstunsicheren Persönlichkeitsstörung* gestellt. Es klingt paradox, daß gerade bei Sexualstraftätern, und zwar Tätern mit aggressiven Sexualdelikten wie Sexualmord, so eine Persönlichkeit diagnostiziert wird. Aber Sie wissen inzwischen aus den Beschreibungen der Perversion, was für Ängste, was für Unsicherheiten, was für Minderwertigkeitskomplexe bei vielen Sexualstraftätern vorhanden sind.

Wie sieht eine ängstliche und selbstunsichere Persönlichkeit aus? Bei diesen Menschen findet man andauernde Gefühle von Anspannung und Besorgtheit, die mehrere Bereiche des Lebens umfassen. Sie sind selbst überzeugt, daß sie im Vergleich zu anderen sozial unbeholfen, unattraktiv und minderwertig sind. Sie haben Angst, in bestimmten Situationen kritisiert oder abgelehnt zu werden. So reduzieren sie ihre persönlichen Kontakte auf ganz wenige Menschen, um zu vermeiden, daß sie kritisiert oder ausgelacht werden. So entsteht ein eingeschränkter Lebensstil, auch intime Beziehungen zu anderen Menschen sind eingeschränkt. Durch diese großen Unsicherheiten und Ängste erscheinen diese Menschen oft als Einzelgänger wie z.B. Christian, dessen Geschichte hier bald erzählt wird.

Nach den anerkannten *psychologischen Theorien* entwickelt sich eine ängstlich-selbstunsichere Persönlichkeit bereits in der Familie. Eingeschränkter Erziehungsstil ohne Lob und Anerkennung, wenig einfühlendes elterliches Verhalten werden von den Psychologen als die wichtigsten Ursachen gesehen. Biologische Theorien vermuten auch eine durch Anlage und Funktion des Nervensystems vorhandene Bereitschaft zu ängstlichen Reaktionen.

Andere Persönlichkeitsstörungen

Eine andere Persönlichkeitsstörung ist die *narzißtische Persönlichkeitsstörung*. Da wir sie in dieser Erzählung nur bei Xavier antreffen werden, werde ich diese Störung dort beschreiben. Sie ist aufgrund seiner Lebensgeschichte besser zu verstehen.

Bei anderen finden wir einen Entwicklungsrückstand der Persönlichkeit. Man spricht auch von einer *infantilen* oder *unreifen Persönlichkeit*, die durch Tagträume, hohe Überidealisierung oder tiefe Abwertung, kindliche Verhaltensmuster u.ä. gekennzeichnet ist. Sie wird deutlich werden, wenn wir über Sven sprechen. Manchmal ist sie auch mit einer Intelligenzminderung verbunden.

Exkurs: Die multiple Persönlichkeit

Ich wurde häufig vom Richter gefragt, ob bei einem Angeklagten eine sogenannte *multiple Persönlichkeit* vorhanden sei. Vor allem wenn der Mensch vom Äußeren, von Beruf und Familie her unauffällig erschien, dann aber brutale Delikte beging. Der Richter wollte dann wissen, ob bei diesen Menschen zwei Persönlichkeiten vorhanden seien. Bis jetzt habe ich noch keinen Sexualgewalttäter kennengelernt, auf den das zutraf! Bei medizinisch-psychologischen Laien jedoch ist häufig die Rede von multipler Persönlichkeit.

Was ist eine multiple Persönlichkeit?

In der Fachsprache heißt diese Störung inzwischen *»dissoziative Identitätsstörung«*. Für diese Störung ist charakteristisch, daß eine Person von einem Persönlichkeitszustand in einen anderen hinüberwechseln kann. Sie denkt, fühlt und erinnert sich dann jeweils als eine Einzelpersönlichkeit. Die Persönlichkeit A kann sich an Taten, Gefühle und Gedanken der Persönlichkeit B überhaupt nicht erinnern und umgekehrt genauso. Personen, die an dieser Störung leiden, können über mehr als zwei »unterschiedliche Persönlichkeiten« verfügen. Peter FIEDLER berichtet, daß bei Erwachsenen die beobachtete Zahl von »verschiedenen Persönlichkeiten« zwischen zwei und hundert variiert. Interessanterweise verfügen die »unterschiedlichen Persönlichkeiten« über eigene Verhaltensmuster, eigene Prinzipien, eigene Erinnerungen, eigene Denkweisen. Häufig sind die »unterschiedlichen Persönlichkeiten« oder besser gesagt »Persönlichkeitszustände« abwechselnd präsent und haben wenig oder gar keine Kenntnis voneinander.

Früher wurde diese Diagnose vor allem in Europa sehr selten gestellt, weil die Kriterien dafür sehr streng waren. Inzwischen sind die diagnostischen Kriterien lockerer geworden, so daß die multiple Persönlichkeit etwas häufiger diagnostiziert wird. Da die meisten Beschreibungen jedoch aus den USA kommen, vermutet man auch eine Kulturspezifität.

Interessanterweise findet man bei Patienten mit multipler Persönlichkeitsstörung sehr häufig sexuellen Mißbrauch oder andere schwere traumatische Erfahrungen in der Kindheit. Daher wird die

Entstehung der multiplen Persönlichkeit oft als psychodynamische Abwehr der damit verbundenen Ängste und der traumatischen Erlebnisse gesehen.

Wir werden noch sehen, daß bei einigen Menschen, die wegen eines sexuellen Gewaltaktes vor Gericht standen und von denen hier berichtet wird, eine andere Persönlichkeitsstörung diagnostiziert wurde als eine der oben dargestellten. Zum besseren Verständnis werde ich deshalb erst in den jeweiligen Fällen die diagnostizierte Persönlichkeitsstörung beschreiben.

Mit dem, was bis jetzt über Persönlichkeitsstörungen gesagt worden ist, können wir weitermachen. Jetzt können wir das besondere Drama von Christian kennenlernen.

C Kannibalismus und Autokannibalismus

Ein bizarres Bündel von Perversionen

Christian: Von Selbstvernichtungsphantasien zur Fremdvernichtung

Die Geschichte von Christian ist eine ganz besondere Geschichte. Seine schwere Perversion führte wie bei Anton oder Bernd zu menschlichen Tragödien und Katastrophen. Sie ist auch von besonderem wissenschaftlichem Interesse, weil über einen langen Zeitraum selbstzerstörerische, *»auto-kannibalistische«* Aspekte existierten, die sich erst später in »fremdaggressive« und *fremdkannibalistische* Handlungen umkehrten.

Jahr für Jahr nahm Christians Perversion neue Dimensionen an. Jahr für Jahr wurde sie grotesker, bizarrer, abweichender. Dann wurde sie fremdvernichtend in einer Weise, die kaum zu begreifen ist. Die Wende war keine abrupte, keine plötzliche, sondern eine langsame: Die Selbstvernichtungs-Phantasien bekamen als Begleiter Fremdvernichtungs-Phantasien. Sie entwickelten sich nicht parallel nebeneinander her. Sie verhielten sich umgekehrt proportional: In dem Maße, in dem die Selbstvernichtungs-Phantasien abnahmen, nahmen die Fremdvernichtungs-Phantasien zu, bis sie Christians Hirn und Herz vollkommen besetzt hatten. Sie wurden Wunsch und Drang. Sie wurden Macht und Ohnmacht. Sie führten in die Katastrophe.

Dies war der Weg zur Tat:

Christian hatte nach vielen Jahren der Urophilie und der Koprophilie den Wunsch entwickelt, von einem jungen Mädchen getötet zu werden. Das Mädchen sollte mit ihrem nackten Hintern auf seiner Nase und seinem Mund sitzen, um seinen Erstickungstod herbeizuführen. Dann wollte er zerstückelt und in den Fleischwolf geworfen werden. Hackfleisch sollte aus ihm gemacht werden, um anschließend zubereitet und von dem Mädchen gegessen zu werden. Er fand eine Familie, die bereit war, dies für ihn zu tun. Er übernachtete bei dieser Familie, der Termin für seine Zerfleischung sollte der nächste Tag sein. Die Familie machte jedoch einen Rückzug, und der Plan wurde nicht verwirklicht. Von da an kehrte sich die Phantasie langsam um. Es entstand bei Christian der übermäch-

tige Wunsch, ein junges Mädchen zu fangen, es mit vielen Stichen zu töten, es anschließend zu zerstückeln und zu essen. Einige Monate später fuhr er zusammen mit seiner Frau zu der besagten Familie zurück und nahm die Tochter der Familie und eine zufällig anwesende 11jährige Freundin, Jola, mit. Sie fuhren alle zusammen aufs Land. Nachdem er seine Frau und das andere Mädchen weggeschickt hatte, tötete er die kleine Jola mit einem schweren Werkzeug und zerfleischte sie mit einem Messer. Dabei onanierte er. Dann versuchte er, vom Fleisch des Mädchens zu essen. Anschließend fuhren er und seine Frau zu einem See und warfen die zerstückelte Leiche ins Wasser. Das andere Mädchen ließen sie zurück in dem Wald, in dem sich das Drama abgespielt hatte.
Genug! Die Tat dauerte Stunden! Ihre Beschreibung umfaßt viele Seiten des 280seitigen Gutachtens.

Wer ist Christian?

Ich habe viele Stunden mit Christian verbracht. Er sprach fast ununterbrochen. Bei den Explorationen von Gutachtenpatienten mache ich nie Notizen, sondern nehme alles auf Tonbänder auf. Auch bei Christian. Ich möchte die Kommunikation zwischen mir und dem Betroffenen nicht stören, den Redefluß nicht durch Verständnisfragen oder weil ich mit dem Schreiben nicht mitkomme, unterbrechen. Darüber hinaus versuche ich im Gutachten die Sprachstruktur, den Wortschatz, die besonderen Ausdrücke des Betroffenen möglichst original wiederzugeben. Doch obwohl ich keine schriftlichen Notizen machte, sondern nur zuhorte, hatte ich Schwierigkeiten mitzukommen. Christian sprach schnell, viel, ununterbrochen, verlor sich in Einzelheiten. Er brachte vieles, das zunächst unwesentlich erschien, in Wesentliches ein und vermischte einiges.
Christian verhielt sich bei seinen Erzählungen anders als Anton und anders als Bernd. Er war nicht zerquetscht und verzweifelt wie Anton. Aber er war auch nicht eigenartig fremd wie Bernd. Er war überkommunikativ. Kein Zeichen der Bedrückung, kein Zeichen der Reue, kein Zeichen des Mitleids mit der getöteten Jola. Sein kindlich aussehendes Gesicht zuckte kein einziges Mal, seine Augen wurden nicht feucht. Er redete ununterbrochen. Er redete sich weg. Er ritt auf den Worten galoppierend davon. Seine verwirrte Psyche suchte diesen Ausweg, diesen Ausdruck.
So war es mitunter auch bei der Gerichtsverhandlung. Er kam mit

seinem Babygesicht. Doch das Babygesicht konnte nicht die innere Unruhe, die hohe Ängstlichkeit, die in seiner Brust tobte, widerspiegeln. Er sprach viel und ununterbrochen, ohne Konzentration auf das Wesentliche. Vor derselben Kammer, vor der Bernd sich verantworten mußte, mußte sich auch Christian verantworten, vor demselben Vorsitzenden Richter Blau.
Aber die Atmosphäre war anders. Vor dem Gerichtssaal drängten sich Dutzende von Reportern, Kameramännern, Fotografen. Von der Regionalpresse, von überregionalen Zeitungen, von fast allen Privatsendern, auch aus dem Ausland. Schon am Tag vorher war in den Medien zu lesen: »Schlächter«, »Bestie«, »Kannibale«, »Sex-Zwerg«. Seine Geschichte wurde im Frühstücksfernsehen serviert, mit dem vollen Namen von Christian, dem des Opfers, dem des kleinen Dorfes, wo die Familie von Christian lebt. Draußen vor dem Gerichtssaal rasten Reporter und manche andere. Ab und zu hörte man bis in den Gerichtssaal hinein den knallenden Ausbruch von Lachanfällen. Wahrscheinlich wurden irgendwelche Scherze gemacht. Währenddessen erzählte Christian über die Tötung von Jola, über seine Tötungsphantasien gegen andere, gegen sich selbst. Er erzählte von seiner eigenartigen, bizarren Welt. Über seine eigenartigen Praktiken. Schnell, ununterbrochen. Mit vielen unwesentlichen grotesken Details. Wieder redete er sich weg.
Die Verhandlung im Schwurgericht war anders als bei Bernd. Gefühle, wie sie Antons Verzweiflung auslösten, Gefühle, wie sie die Fremdheit und die Einsamkeit von Bernd erweckten, wurden von Christian nicht wachgerufen. Auch die Richter verhielten sich anders. Richter Blau verhielt sich anders als bei Bernd, wobei er sich auch damals anders verhielt als sonst. Er war nicht der biblische Richter, nicht der blitzende Zeus, nicht der herausfordernde Intellektuelle. Er war nicht weich, aber auch nicht hart. Er sprach nicht mit leiser, betroffener Stimme, wie bei Bernd, aber auch nicht zornig. Er war einfach korrekt. Er vermied bohrende Fragen. Wenn seine Sympathie für das Opfer auch von Mitleid für Christian begleitet war, dann geschah dies über und durch den Intellekt, meine ich. Man hatte den Eindruck, daß alle Beteiligten, nicht nur der Vorsitzende Richter Blau, alles bald hinter sich bringen wollten. Die ursprünglich vorgesehene Dauer des Prozesses von mehr als einem Monat schrumpfte auf drei Nachmittage. Angeklagter, Verteidigung, Staatsanwaltschaft und Gericht verzichteten auf Zeugen. Natürlich wurden die rechtsstaatlichen Prinzipien gewahrt. Aber der

Fall war klar. Alle waren ungeduldig. Alle wollten die Verhandlung so bald wie möglich hinter sich haben.
Christian redete und redete. Als ob seine Worte nicht ausreichten, skizzierte er mir auch noch, wie seine autokannibalistischen Phantasien und später die heterokannibalistischen Phantasien aussahen. Er brachte mir Skizzen und Frauenbilder mit, auf denen er mit rotem Kugelschreiber die Stelle markierte, wo er hineingebissen hatte, um das Fleisch von Jola zu essen. Die Worte reichten nicht ...
Sein Babygesicht mit den kurzen bürstenartigen Haaren verriet seine Emotionen und seine Verwirrung nicht.
Christian ist ein sehr kleiner Mann, nicht einmal 160 cm groß, sehr rundlich und mit eben diesem Babygesicht. Während der vielen Stunden der Exploration und der Gerichtsverhandlung hinterließen seine Hände bei mir einen bleibenden Eindruck: Sie waren schneeweiß. Anders als sein rosa Gesicht.
Zur Tatzeit war Christian gerade 28 Jahre alt und verheiratet. Er stammt aus einem kleinen idyllischen Dorf am Ufer eines Sees, mit einer großen Burg auf dem Hügel mitten im Dorf. Jeder kennt jeden. Sein Vater ist Handwerker. Seine Mutter, eine Hausfrau, starb, als er acht Jahre alt war. Sein Vater wird von ihm als ein sehr fleißiger Mensch beschrieben, der nur selten weniger als 14 Stunden am Tag arbeitet. Die Beziehung zu seinem Vater bezeichnet er weder als gut noch als schlecht, sondern mit seinen eigenen Worten als »irgendwo in der Mitte«. Er beschreibt den Vater als verschlossen, beherrscht, keinen Widerspruch duldend.
An die Mutter hat Christian nur wenige Erinnerungen. Er weiß, daß sie Alkoholikerin war und auch, daß sie deswegen in einem Psychiatrischen Landeskrankenhaus behandelt wurde. Er hatte mitgekriegt, wie der Vater sie zornig verprügelte, wenn er die leeren Flaschen entdeckte. In der letzten Zeit vor ihrem Tod war die Mutter oft betrunken. Die Ausbrüche des Vaters häuften sich und wurden immer stürmischer. Christian hörte mit, wie er in seiner Wut die betrunkene Mutter schlug. Er bekam auch mit, daß die Mutter im betrunkenen Zustand häufig einnäßte. Sein Vater reagierte auf das Einnässen der Mutter rabiat. Als Kind hat Christian sehr darunter gelitten.
Christian hat drei ältere Geschwister, zwei Brüder und eine Schwester. Der älteste Bruder starb im Alter von 40 Jahren an den Folgen übermäßigen Alkoholkonsums. Christians Beziehungen zu seinen Geschwistern während der Kindheit werden von ihm als

neutral, als weder übermäßig gut noch übermäßig schlecht bezeichnet. Nach seiner Heirat wurden die Beziehungen zu seinen Geschwistern und vorübergehend auch zu seinem Vater abgebrochen, weil die Familie seine Frau nicht akzeptierte. Sie wurde als Nutte beschimpft.

Christian war ein sehr ängstliches Kind. Er hatte Angst vor der Dunkelheit, vor Krach, vorm Alleinsein. Vom Kindergarten bis zur Lehre wurde Christian benachteiligt und gehänselt. Er beschreibt sich selbst als schüchtern und zurückhaltend, als jemanden, der sich immer als Außenseiter fühlte. Die Einschulung wurde ein Jahr zurückgestellt, weil er »zu schüchtern und viel zu ruhig« gewesen sei. In der Schule war er ein schlechter Schüler, »der Schlechteste«, wie er selbst sagt. Aber er blieb nie sitzen. Daß er der »Schlechteste« war, sei einer der wichtigsten Gründe gewesen, weshalb er in der Schule immer als »Depp« bezeichnet wurde.

Nach der Schulzeit machte er eine Lehre als Baufacharbeiter, die er mit viel Mühe und fremder Hilfe abschließen konnte. Nach der Lehre arbeitete er einige Jahre als Kesselmaurer, danach hatte er viele kurzzeitige Jobs.

Beginn und Höhepunkt der eigenartigen Welt der eigenartigen Perversionen

Ich habe es schon gesagt: Sexuelle Orientierung, sexuelle Präferenzen und sexuelle Praktiken sind Geschmackssache (in diesem Falle nicht nur metaphorisch, sondern auch in der Wirklichkeit); sie sind Privatsache und gehen niemanden etwas an, solange sie andere Menschen, deren Körper, deren Gefühle, deren Psyche nicht verletzen, nicht schädigen. Solange sie Privatsache bleiben, gehen sie niemanden etwas an, außer den Menschen, der das so will und seinen Partner. So auch bei Christian mit seinem für viele Menschen abwegigem, ja abstoßendem Sexualverhalten.

Wie erzähle ich Ihnen von Christians Welt der Perversion? Sie haben erkannt, daß sie abstoßend wirkt, den Geschmack der Menschen strapaziert und unappetitlich ist. Ich hatte in meinem Kopf verschiedene Vorstellungen, wie ich Ihnen diese Welt näherbringen könnte. Ich habe es mit übersetzten Fachbegriffen versucht. Ich habe versucht, sie zusammenfassend darzustellen. Ich habe versucht, sie abgemildert darzustellen. Ich kam aber immer zu dem Schluß, daß ich Ihnen so das Eigenartige im Leben von Christian nicht wiedergeben kann. Auch nicht die Atmosphäre, die ich in meinem Klinikzimmer und im Gerichtssaal erlebte. Also habe ich die Entscheidung getroffen, Christian doch einiges selbst erzählen zu lassen.

Wenn Sie meinen, das ist zuviel für Sie, für Ihren Geschmack, dann überspringen Sie die nächsten Seiten. Wenn Sie aber glauben, daß Sie sein Drama besser verstehen können, wenn Sie Christian ganz genau zuhören, dann fogen Sie dem, was Christian erzählt. Dies ist eine Zusammenfassung meiner Tonbandprotokolle in etwas veränderter Form:

»Mit ca. sieben Jahren habe ich bemerkt, daß ich durch Spielen mit meinem Geschlechtsteil angenehme Gefühle erzeugen kann. Etwas später entdeckte ich, mehr oder weniger durch Zufall, daß ich ähnlich angenehme Erlebnisse haben konnte, wenn ich mich von Mädchen bespucken ließ. Ich habe das beim Spielen mit anderen Kindern entdeckt. Von Anfang an konnte ich erkennen, daß diese angenehmen Gefühle beim Bespuckt-Werden nur mit Mädchen zu tun hatten, nicht mit Jungen. Allmählich habe ich begonnen, sie zu provozieren. Ich habe beim Spielen die Mädchen so festgehalten, daß sie sich nur durch Bespucken befreien konnten.

Wenig später entdeckte ich, daß auch das Gebissen-Werden durch Mädchen angenehme Gefühle bei mir erzeugen konnte, sogar viel stärkere als das Bespuckt-Werden. Ich fing also an, das Gebissen-Werden von Mädchen zu provozieren, in ähnlicher Weise wie das Bespuckt-Werden, in dem Sinne, daß ich die Mädchen beim Spielen solange festhielt, bis sie sich nur durch Beißen befreien konnten. Ich habe dies als eine Steigerung der angenehmen Gefühle im Körper erlebt, als ein Kribbeln in Bauch und Unterbauch. Eine sichtbare Erregung hatte ich dabei aber erst nach dem 13. oder 14. Lebensjahr. Um das 10. oder 12. Lebensjahr herum habe ich angefangen, mir Vorstellungen darüber zu machen, wie ich diese Erlebnisse steigern könnte. Ich überlegte, ob mir die Beschäftigung mit Urin und Fäkalien einen höheren Lustgewinn bringen könnte.

Während meiner Pubertät begann ich, Phantasien zu entwickeln, in denen ich von wilden Tieren gefressen wurde. Diese Phantasien waren für mich sexuell hoch erregend, und ich wollte sie realisieren, obwohl ich wußte, daß es die letzte sexuelle Phantasie in meinem Leben sein würde. Ich erhoffte damit eine Krönung meiner sexuellen Erlebnisse.

Als ich später hohe Schulden gemacht hatte und als einen möglichen Ausweg aus meiner fast aussichtslosen finanziellen Situation das

Spenden von Organen sah, machte ich mehr oder weniger zufällig die Entdeckung, daß die Vorstellung, daß meine Organe herausgenommen werden, eine sexuell hoch aufregende Sache für mich war. Ich habe verschiedene Krankenhäuser und Arztpraxen in verschiedenen Orten der Bundesrepublik aufgesucht und mich als Organspender angeboten, natürlich zu Lebzeiten. Ich habe immer als Grund angegeben, daß ich Geld brauche. Bei einem Gespräch mit einer jungen Ärztin habe ich entdeckt, daß mich das Erzählen über das Organspenden bzw. über das Herausnehmen meiner Organe in Anwesenheit der jungen Ärztin sexuell erregte.

Ich habe an den gewohnten Erlebnissen festgehalten; sie wurden ein Bestandteil meiner sexuellen Phantasien. Ich entwickelte sie in dem Sinne weiter, daß ich mir vorstellte, wie ein junges Mädchen mit ihrem nackten After auf meinem Gesicht sitzt, damit meine Nase und meinen Mund verstopft und ich daran ersticke. Anschließend sollte mich das Mädchen zerstückeln, meine Organe und mein Fleisch durch einen Fleischwolf drehen, meine Knochen bis zur Auflösung kochen und aus dem gehackten Fleisch Frikadellen oder ähnliches mit Gewürzen und anderen Zutaten zubereiten. Danach sollte mich die ganze Familie des Mädchens essen. Diese Phantasien waren mit hoher sexueller Erregung und anschließender Selbstbefriedigung verbunden. Natürlich wußte ich, daß auch dies meine letzte sexuelle Erregung sein würde, falls die Phantasien Realität würden, aber sie war die angestrebte und sehnsüchtig erwünschte Krönung und Vollendung meiner sexuellen Erlebnisse.

Schon in der Schule wurde bald bemerkt, daß ich gerne von Mädchen bespuckt und gebissen werden wollte. Die Kinder haben angefangen, mich zu hänseln. Als ich später keine Freundin hatte und schließlich mein einziger Freund auch eine Freundin fand und deswegen nur noch wenig mit mir zu tun hatte, haben die anderen angenommen, daß ich schwul bin. Deswegen habe ich versucht, mein Image zu retten, und begann, in Zeitungen zu inserieren, daß ich eine Partnerin suche. Der Inhalt der Annoncen war in einer unterwürfigen Form gehalten, wie etwa »Schüler sucht Lehrerin in der Liebe«. Ich habe sehr viele Antworten darauf bekommen. Meine spätere Frau hat auf eine solche Annonce geantwortet, und durch ihr energisches Auftreten hat sie mir mehr oder weniger eine Beziehung aufgedrängt. Es kam schon bald, also bereits am zweiten Tag, zu Zärtlichkeiten zwischen uns. Ich war damals ungefähr 23 Jahre alt, meine Frau ungefähr 20 oder 21 Jahre. Es war für mich jedoch nicht aufregend. Ich lag im Bett wie ein Brett und hatte auch Angst, weil ich ihr im sexuellen Bereich nicht geben konnte, was sie haben wollte. Erst nach vielen Tagen und viel Mühe, also nachdem mir meine damalige Freundin und spätere Frau das Alphabet des normalen Verkehrs beigebracht hatte, kam es ab und zu zu einem einigermaßen vollendeten sexuellen Verkehr. Vor zwei oder drei Jahren haben wir das eingestellt und ich habe versucht, meine Frau zum Fremdgehen zu überreden, so daß sie auch eine sexuelle Befriedigung haben konnte.

Zur Heirat zwischen uns kam es mehr oder weniger aus Not: Als wir nämlich einige Tage im Urlaub waren, hat meine Frau ihr Kind, das damals ca. ein Jahr alt war und von einem anderen Mann stammt, einer Freundin überlassen. Da jedoch der Urlaub länger dauerte, als er geplant war, hat die Freundin das Kind einem Kinderheim übergeben. Das Kinderheim bzw. das Jugendamt machte jedoch zur Voraussetzung der Zurückgabe des Kindes an die Mutter, daß sie entweder einer beruflichen Tätigkeit nachgeht oder heiratet. Wir haben uns beide entschlossen, deswegen zu heiraten.

Im vorigen Jahr haben meine Phantasien, daß ich auch etwas von meinem Fleisch und meinen Organen esse, stark zugenommen. Ich habe über Methoden nachgedacht, wie ich das praktizieren könnte. Zuerst habe ich meine Frau innig gebeten, dies zu machen, also mich zu töten, zu zerstückeln, mich in den Fleischwolf zu werfen, dann ein Gericht aus rohem Hackfleisch zu bereiten und dies schließlich zu essen. Meine Frau hat das jedoch vehement abgelehnt. Sie war aber eingeweiht, daß ich das gerne wollte und daß ich vorhabe, es zu praktizieren.

Seit ca. einem Jahr fuhr ich häufig ins Ausland unter dem Vorwand, daß dort angeblich einige Sachen viel billiger sind, aber in Wirklichkeit, um an Mädchenurin und Mädchenfäkalien zu kommen und um die Verwirklichung meiner Zerstörungs-Phantasien zu erreichen. So bin ich auch in das Dorf der später von mir getöteten Jola gekommen.

Im Dorf von Jola habe ich mich zuerst mit einer Familie bekanntgemacht, die aus der ca. 40jährigen Mutter, einer 14jährigen Tochter, einer anderen etwas 12jährigen sowie einem Sohn von acht bis neun Jahren bestand. Ich konnte der Familie in einem langen Gespräch meinen Plan erklären, von der jüngeren Tochter der Familie getötet zu werden, indem sie sich mit ihrem nackten After auf meine Nase und meinen Mund setzen sollte, um dann von allen Familienmitgliedern zerstückelt, gehackt und gegessen zu werden. Bei meiner Tötung wollte ich ganz nackt im Bett oder auf dem Boden liegen, am liebsten aber auf dem Bett. Schließlich konnte ich die Familie dafür gewinnen. Wir haben sogar einen Zeitpunkt für die Tötung vereinbart, nämlich den nächsten Tag um 9.00 oder 10.00 Uhr. Ich übernachtete bei der Familie und sah in hoher sexueller Aufregung und sehr erwartungsvoll dem nächsten Tag entgegen. Am nächsten Tag teilte mir jedoch die Familie mit, daß es für sie zu gefährlich wäre und sie es daher nicht tun würden. Wütend habe ich die Familie verlassen.

Irgendwann, ungefähr ein halbes Jahr vor der Tötung von Jola, kehrten sich bei mir die Phantasien um. Nun wollte ich jemanden töten, zerstückeln und das Fleisch essen. Meine Gedanken habe ich auch meiner Frau erzählt. Sie hatte jedoch Bedenken und meinte, daß ich das nicht machen könne. Einige Monate vor der Tötung konkretisierten sich jedoch meine Vorstellungen. In meiner Phantasie begann ich schon, Merkmale des künftigen Opfers zu erarbeiten. Das Opfer sollte ein junges Mädchen sein, älter als 14 Jahre, aber nicht älter als 25. Alle, die jünger als 14 Jahre waren, kamen nicht in Frage, die waren Kinder. Daß das jüngste Mädchen der Familie erst 12 Jahre alt war, habe ich nicht gewußt. Ich habe gedacht, sie sei 14 Jahre alt. Was ich später mit Jola gemacht habe, habe ich früher in meiner Phantasie häufig erlebt. Das ganze Ritual habe ich mir im Verlauf der Zeit in allen Einzelheiten in meiner Phantasie erarbeitet. Diese Phantasien waren immer mit sexueller Erregung verbunden. Im Verlauf der Zeit verloren sie jedoch an Wirkung. Ich spürte, daß ich das jetzt durchführen mußte. Dieser Gedanke gewann allmählich den Charakter der Bessenheit.

Nachdem ich meine Phantasien nicht mehr unter Kontrolle halten konnte, habe ich meine Frau, wie schon gesagt, eingeweiht und ihr meine Pläne ausführlich dargestellt. Meine Frau hat mir zwar zugehört, aber ich vermute, daß sie es zunächst nur geduldet hat. Ich meine aber, daß sie es, nachdem ich so häufig mit ihr über die Tötung und die Tötungsart gesprochen habe, endlich akzeptiert hat. Es gab auch Zeiten, wo wir jeden Tag darüber gesprochen haben. Diese Phantasien hatten Besitz von mir ergriffen, ich war fast ständig mit ihnen beschäftigt, und ich mußte mit meiner Frau darüber sprechen. Während dieser Gespräche hat meine Frau auch mal den Gedanken geäußert, ob ich vielleicht zum Arzt gehen soll. Hierauf habe ich sehr aggressiv reagiert. »Ich bin doch nicht bekloppt! Ich brauche keinen Arzt!« habe ich im Zorn geantwortet. Es kamen aber auch Äußerungen, die für mich irgendeine Zustimmung signalisierten, wie etwa die Frage: »Wie kann man das machen?« oder: »Meinst du, wir können das machen?« und ähnliches. Obwohl sie auch Kritik an meinen Plänen äußerte, wie etwa, daß ich das nicht machen oder daß es schief gehen könne, hat sie mich davon nicht abgehalten. Ich war der Überzeugung, letzten Endes akzeptierte sie das, was ich machen wollte. Zum letzten Mal habe ich mit meiner Frau nur drei Stunden vor der Tötung von Jola darüber gesprochen.«

Christian hat es gemacht. Christian hat seine furchtbaren Phantasien in die Realität umgesetzt. Und er beschrieb seine Tat in vielen, vielen Einzelheiten. Allein die Beschreibung seiner Tat und ihres Umfeldes umfaßte in meinem Gutachten mehr als 50 Seiten. Ich habe zu Beginn der Erzählung versucht, diese 50 Seiten umfassende Geschichte in wenigen Zeilen zusammenzufassen. Das genügt. Das ist entsetzlich genug.

Eine Interpretationsannäherung an das Drama, die Dramatik und die Dramaturgie

Auf 40 Seiten des Gutachtens versuchte ich in Zusammenarbeit mit Psychologen die Persönlichkeit von Christian zu beleuchten, die Tat zu erklären. Inzwischen wissen Sie, welche Schritte ein Psychiater unternimmt, um die Schuldfähigkeit eines Menschen zu beurteilen. Ich sage hier nur, was Sie sicherlich schon erkannt haben: Bei Christian wurde eine *schwere sexuelle Perversion* mit einer *schweren Persönlichkeitsstörung* festgestellt. Also eine *schwere andere seelische Abartigkeit* im Sinne des Gesetzes.

Man nahm an, daß für die frühkindliche Entwicklung von Christian die Mutter bzw. seine Beziehung zur Mutter von zentraler Bedeutung war. Man darf vermuten, daß die frühkindlichen Erlebnisse, die er in Zusammenhang mit seiner Mutter hatte, von tragender Bedeutung für seine spätere psychosexuelle Entwicklung waren. Durch Christians einfach strukturierte Persönlichkeit und seine geringe Differenziertheit ist leider die Erfassung der Bedeutung der Mutter für seine psychosoziale und speziell für seine sexuelle Entwicklung bzw. Fehlentwicklung sehr erschwert.

Die Beziehung zu seiner Mutter ist aus heutiger Sicht durch eine fast naiv anmutende Idealisierung gekennzeichnet. Bruchstücke der Mutter-Sohn-Beziehung werden aus der Erinnerung abgerufen und zum Bild einer idealen Beziehung zusammengefügt. Obwohl

Christian, als sich der Alkoholismus seiner Mutter mit allen negativen körperlichen, geistigen und sozialen Folgen zuspitzte, erst ca. drei bis vier Jahre alt war und er sich naturgemäß kaum an diese Zeit erinnern kann, beschreibt er eine Mutter-Sohn-Beziehung, die durch Warmherzigkeit, Verständnis und andere positive Aspekte bestimmt war. Sie habe ihn nie geschlagen, sondern mit ihm gesprochen oder »diskutiert«, und wenn er selbst einmal einen Fehler gemacht habe, habe sie ihm geraten, wie er es besser machen könne. Sie habe ihn in den Arm genommen und gedrückt. Kann ein jemand tatsächlich solche Erinnerungen aus der frühen Kindheit an die schwer alkoholkranke Mutter haben?

Schlimm in seinen Erinnerungen ist dagegen das Verhalten seines Vaters der Mutter gegenüber. Er hat uns ja erzählt, daß der Alkoholismus bzw. die Folge- und Begleiterscheinungen des Alkoholkonsums seiner Mutter dazu führten, daß sie häufig bettlägerig war, einnäßte und sich schmutzig machte. Er hat mitgekriegt, daß sein Vater sie saubermachte, die nasse Bettwäsche wegräumte und ihr die schmutzige Unterwäsche auszog. Er hat miterlebt, wie sein Vater den Urin der Mutter wegwischte bzw. das verschmutzte Bett säuberte. Dies ist in seiner Erinnerung jedoch nicht positiv besetzt, denn der Vater beschimpfte dabei die Mutter laut und schlug sie. Der kleine Christian erlebte sie als hilflos, als sehr krank, und er war sicher, daß sie nichts dafür konnte, daß sie eingenäßt hatte und schmutzig geworden war. Christian spricht davon noch heute so. Er kroch damals immer in sein Zimmer und betete, daß der Vater bald aufhören solle, die hilflose Mutter zu beschimpfen, zu schlagen, zu bestrafen. Er erlebte den Zorn des Vaters als ungerecht. Der Vater setzte seine Überlegenheit ein, um die kranke, hilflose Mutter zu bestrafen. Das tat ihm sehr weh.

Man darf annehmen, daß diese Erlebnisse für Christian Schlüsselerlebnisse waren. Obwohl wegen der schon erwähnten Einschränkungen jede Interpretation vorerst gewagt ist, kann man doch in diesen Erlebnissen eine der wichtigsten Wurzeln der späteren psychosexuellen Entwicklung von Christian sehen.

Der Tod der Mutter prägte die Kindheit von Christian außergewöhnlich stark. Seine Schwester lief ihm entgegen als er aus der Schule kam und sagte: »Du, es ist was Fürchterliches passiert! Die Mutter ist tot.« Er konnte am Anfang nichts damit anfangen bzw. nicht reagieren. Als jedoch die Leiche abtransportiert wurde, begann er zu weinen, stundenlang. Auch in den kommenden Mona-

ten waren die Erinnerungen an seine Mutter mit viel Weinen verbunden. Sein Verhalten änderte sich, wurde auffällig. Beispielsweise pflegte er abends lange den Kopf zu schütteln, bis er einschlief. Man sagte ihm, daß das Schütteln im Schlaf weitergegangen sei. Obwohl keine näheren Angaben darüber vorhanden sind, kann man davon ausgehen, daß es ein psychologisch ableitbares Verhaltensmuster war und nicht etwa ein epileptisches Geschehen. Als Kind war er sehr ängstlich, hatte vor allem Angst vor der Dunkelheit und vor dem Alleinsein. Nach dem Tod der Mutter wartete er stets, bis der Vater spät in der Nacht von der Arbeit nach Hause kam. Bis dahin konnte er nicht schlafen. Das »Nägelkauen« – Zeichen einer ängstlich-neurotischen Entwicklung – nahm in dieser Zeit zu und begleitete ihn lange. Ab und zu hat er das noch heute. Christian bestreitet, daß er Bettnässer war.
Seine Gedanken beim Abtransport der Leiche seiner Mutter berichtete er als ein Schlüsselerlebnis: *»Ich möchte nie in einen Sarg kommen. Ich werde auch nie da rein kommen. Ich werde alles tun, um das zu vermeiden!«*

Von Masochismus und Kontramasochismus

Sie haben sicherlich erkannt, daß viele Arten sexueller Perversionen, die ich vorher erklärt habe – und einige mehr – bei Christian vorhanden sind. Etwa folgende:
Die *Urophilie* (lustvolle Neigung zu Urin), sowohl in der Form der *Urolagnie* (lustvolle Beschäftigung mit Urin) als auch in der Form der *Uropotie* (also lustvolles Trinken von Urin), die *Koprophilie* (lustvolle Neigung zu Fäkalien) sowohl in Form der *Koprolagnie* (lustvolle Beschäftigung mit Fäkalien) als auch in der Form der *Koprophagie* oder *Skatophagie* (lustvolles Essen von Fäkalien), die *Algophilie* (lustvolle Neigung zum Schmerzenerleiden), vor allem in der Form des »Gebissen-Werdens« mit Steigerung zur *Thanatophilie* (lustvoller Wunsch, zu sterben, getötet zu werden) bis zur Vernichtung durch *autokannibalistische* Rituale.
Dieses Bündel von paraphilen (also sexuell abweichenden) Erscheinungen kann unter dem umfassenden Begriff des *Masochismus* zusammengefaßt werden. Eine Form davon ist der klinisch-manifeste sexuelle Masochismus, also die masochistische Perversion. Es gibt viele verschiedene Formen des Masochismus, von der harmlosen Subordination bis hin zum schmerzvollen Erleiden. Die masochistischen Kernphantasien von Christian reichen von leich-

tem Beschimpft-Werden über die Phantasie, von Tieren gefressen zu werden, bis zur Zerfleischung, Zerstückelung und Auflösung des eigenen Körpers nach kannibalistischen Ritualen. Die letzteren dominierten in zunehmender Weise seine sexuellen Phantasien.

Zur Entstehung des Masochismus gibt es einige Theorien, wie wir schon gesehen haben, als wir von Perversionen sprachen. Als Ergänzung zu dem schon Gesagten möchte ich sagen, daß tiefenpsychologisch-fundierte Interpretationen sich am ehesten dem Problem nähern. Hiernach scheint die Mutter-Kind-Beziehung die Kernproblematik zu sein, wie von Leon Wurmser in seiner großen Monographie von 1993 dargestellt. Er beginnt seine 570 Seiten umfassende Monographie »Das Rätsel des Masochismus« mit dem Satz: *»Was quälst Du, Mutter, meine Seele.«*

Die tiefenpsychologischen Theorien sehen als eine der möglichen Ursachen des Masochismus den starken Wunsch nach Verschmelzung mit der Mutter. Es scheint, daß in diesem Bereich auch die Wurzeln von Christians Masochismus zu suchen sind. Eine genaue Analyse der Ursachen ist im Rahmen einer Begutachtung nur schwer möglich. Eine Analyse setzt die Anwendung tiefenpsychologisch fundierter Techniken über einen längeren Zeitraum voraus. Aber selbst dann wäre es aufgrund der einfach strukturierten, wenig differenzierten und durch niedrige Intelligenz gekennzeichneten Persönlichkeit von Christian schwer, zu einem klaren Befund zu kommen.

Eine mögliche Interpretation könnte in den frühkindlichen Erfahrungen zu finden sein, als Christian erleben mußte, wie seine hilflose und unschuldige Mutter von seinem dominanten Vater beschimpft, geschlagen und gequält wurde. Man kann in der späteren Erniedrigung Christians einen Versuch sehen, stellvertretend für den Vater Buße zu tun, um eine Versöhnung zu erwirken. Dies ist ein häufiges Phänomen beim Masochismus, wie unter anderem Leon Wurmser dargestellt hat.

Die Frage nach der Entstehung der masochistischen Perversion bei Christian ist eine. Davon unabhängig stellt sich die Frage, wie es denn zur Umkehrung der jahrelang existierenden masochistisch-autokannibalistischen Phantasien in sadistische kam.

Masochismus und Sadismus haben vieles gemeinsam, sie können auch gemeinsam als Sadomasochismus auftreten. Das ist sogar die häufigste Form. Masochismus und Sadismus sind die beiden Seiten einer sexuellen Situation mit komplementären Rollen, wie auch Schorsch und Pfäfflin geschrieben haben. Beide Formen haben als gemeinsames Merkmal die sexualisierte Destruktivität, beim Masochismus als Auto-Destruktivität, beim Sadismus als Hetero-Destruktivität. Bei beiden geht es um ein sexualisiertes Herrschaftsverhältnis. Beide Formen – Masochismus und Sadismus – treten unter Umständen viele Jahre unter der Dominanz der Gegenform nicht gemeinsam in Erscheinung. Demnach können viele Mechanismen zum Ausbruch der Hetero-Destruktivität führen, etwa wenn die Auto-Destruktivität nicht mehr ausreicht, um psychodynamische Funktionen zu erfüllen, oder wenn die Erfüllung unerreichbar scheint, so daß sie durch eine gegengerichtete Ritualisierung das Endziel sucht. Ob man hier von Sadismus sprechen darf, ist für den jetzigen Fall nur theoretisch von Bedeutung. Handelt es sich um eine Identifikation mit dem Opfer und ist demzufolge gemäß Leon Wurmser eher von *»Kontramasochismus«* zu sprechen? Mit »Kontramasochismus« bezeichnet Leon Wurmser die Umkehrung der Passivität zur Aktivität ohne primäre sadistische Einstellung. Dies scheint bei Christian der Fall zu sein, ist für die forensische Fragestellung aber nicht wichtig, sondern nur psychiatrisch-psychologisch interessant. Wichtig ist die Tatsache, daß die Kernphantasien während ca. eines Jahres eine Parallelität zwischen Auto- und Hetero-Destruktivität zeigten. Die Hetero-Destruktivität nahm im Verlauf dieser Zeit an Intensität zu, und einige Monate vor dem tragischen Geschehen entwickelte sie das Merkmal der Zwanghaftigkeit. Christian *mußte* seinen kannibalistischen Plan verwirklichen, er war von dem Gedanken besessen. Er mußte häufig mit seiner Frau darüber sprechen. In den letzten Wochen tat er dies fast bei jeder Gelegenheit, nicht hilfesuchend, nicht mit Entsetzen, nicht um die Katastrophe zu verhindern, sondern um sie auszuleben, zu verwirklichen.

Christian wurde aufgrund seiner Perversion als vermindert schuldfähig bezeichnet. Er wurde zu 12 Jahren Freiheitsstrafe verurteilt. Gleichzeitig wurde die Unterbringung im Maßregelvollzug angeordnet.

Ein Brief von Christian

Am Tag der Urteilsverkündung schrieb mir Christian einen Brief. Er hat mir erlaubt, diesen Brief zu verwenden, um seine Situation zu beschreiben. Er hat mich auch ermächtigt, alle seine Skizzen und

Notizen zu verwenden, wovon ich aber hier keinen Gebrauch machen möchte. Durch den Brief wird einiges deutlich. Er spricht darin von der Verhandlung und den Fotos der zerfleischten Jola, die er in der Verhandlung gesehen hat. Es war das einzige Mal, daß ich ihn »mitgenommen« erlebt habe.
Alles, was nachfolgend kursiv gedruckt ist, ist im Originalbrief rot geschrieben. Alles andere ist unverändert, einschließlich der Schreibweise. Alle Namen und Ortsangaben wurden geändert.

»Sehr geehrter Herr Prof. Dr. Marneros,
Seid der Verhandlung, wo ich diese Fotos gesehen habe, habe ich zu nichts mehr Lust. Man liegt hier in der Zelle auf den Bett und überlegt und heult, da man gar nicht so recht das faßt was man gedahen hat.
Nun hatte ich einen *Albtraum – die Realität die mir als Albtraum erschien*, der mich in meine Vergangenheit versetzte. In diesen Traum, es war am *07.07.1984* war ich wie jeden (Schul-)Tag in die Schule gegangen wir hatten Deutsch und Mathe bei Frau »K.« – (ich hoffe der Name ist richtig geschrieben!), in A. Während der Pausen spielten wir auf den großen Pausenhof. Wir warfen Steine auf das Kirchendach was gleich neben der Schule war. Ich tauschte mit meinen Schulkameraden mein Schulbrot (in einer Pause) da ich keine Leberwurst aß. Um etwa halb eins, also 12.30 Uhr war Schulschluß, und wir fuhren mit den Bus nach hause. Wo ich zuhause ankam war mir meine Schwester entgegen gelaufen. Weinent sagte Sie zu mir »Du kannst jetzt nicht herein, (meine) bzw. Mutter ist etwas Passiert«. Sie schickte mich zu den gegenüberliegenden, von der Küche, wo meine Mutter lag. Nach einer weile kam Sie zu mir ins Zimmer und sagte mir »das meine Mutter Tot sei!« Sie ist zwischen 9.30 – 10.00 gestorben an Herzschlag. *Wie versteinert saß ich auf »mein« Stuhl.* Dann kamen zwei Männer in schwarzen Anzug mit einen *Sarg*. Nun stellte ich mich ans Fenster, *denn ich wollte meine Mutter noch eineinziges mal sehen.* Nach einiger Zeit kamen diese zwei Männer mit den Sarg wieder heraus, und an den Fenster vorbei wo ich stand. *Ich wollte nur Ihr Gesicht noch einmal sehen, doch es war halt ein schwarzer Kasten, ohne Fenster.* Danach habe ich so geheult, daß ich bald ohnmächtig würde. Nach einiger Zeit kam dann die *Urne* nach S. zu uns. Wo ich diese Urne sah, waren meine gedanken »dort soll meine Mutter sein? Niemals, das gibts gar nicht, vieleicht ist Sie gar nicht Tot. Mein Vater frug ich nicht. Kurze Zeit darauf war Beerdigung. An ein Samstag. Da der Herr F., der das *Kreuz* tragen

sollte nicht da war, weil Er Schicht hatte mußte ich das Kreuz tragen. Meine Geschwister, mein Vater, der Pfarrer Herr M. waren auf den Friedhof zusammen mit mir gegangen. Da ich das Kreuz trug, ging ich vornweck. In der »Leichenhalle« wurde bzw. hatten wir uns in Kreis um den Symbolischen Sarg gestellt. Mein Vater gab den Pfarrer die Urne und sie wurde vorn auf den Sarg abgestellt. Wo der Pfarrer mit seiner Predigt begann sand ich rechts neben der Eingangstür. Bei den Worten etwa *hier Ruht Sie jetzt in Frieden bis in alle Ewigkeit.* Fing ich an zu so zuweinen, gab meinen Vater das Kreuz. Und wo Sie dann zu Grabe getragen wurde und jeder Erde drauf warf (eine Hand voll). Wurde mir klar, dies kleine Ding, dort ist meine Mutter drin. **So Schwur** *ich mir, niemals, niemals, möchte ich* **in** *so einen* **Sarg** *und schon gar nicht in eine* **Urne**. *Warum überhaubt so etwas trauriges, lieber möchte ich von wilden Tieren gefressen werden, als ürgendein Grab. So gibt es mich nicht mehr und meine Verwanden brauchen nicht zu heulen.*
In mir brach eine Welt zusammen und in jeden Film den ich sah stellte ich mir vor halt von solchen Tieren wie Sie in Film waren gefressen zu werden oder wie ein Indianer in Krieg sterben auf ein Schlachtfeld. Diese Filme kamen ja sehr selten. so das ich so nach und nach vergaß warum ich von wilden Tieren gefressen werden wollte, auch waren halt diese Zeitabstände von sollch Pfantasien sehr auseinander.

...

Nach der Wende konnte man ja sehr viel Fernsehfilme schauen, da halt eine reichliche Auswahl da war von Sendern. Dort *begannen wieder diese Pfantasievorstellungen von wilden Tieren gefressen zu werden.* Ja, und wo es mit den Schulden bergab ging, stieg dieser Tötungstrieb an zum Lustgewinn. Da ich auch Kanibalenfilme sah und ab 1993 also nach dem ich das Gespräch mit der Frau bzw. Ärztin von H. hatte, wegen der Organspende. Hatte ich mir ein Tötungsritual erstellt. Zuerst weithe ich meine Frau ein und die erste war halt die H. Da dies halt scheiderte entwickelte ich ein komplettes Ritual, das ich halt in V. verwirklichen wollte. Und ich ja auch nachher nach diesen Ritual die Jola versucht hatte zu zerstückeln nach den ich Sie ermordet hatte.
Nun bin ich 10 Monate in Haft, und wie ich berichtete auch meine Pfantasievorstellungen sind gestiegen. Ich las sehr viel Bücher, auch Tatsachenberichte und zum Schluß das Lexikon um mich mit mir zu beschäftigen was ja auch alles in positven war. War aber auch gerade in den Erregungsfasen diese Vorstellungen so groß, das *es jetzt eine*

große Maschine, also Fleischwolf ist, wo ich hineinpasse und eine Zeitschaltuhr. Und ich wollte mir meine Pulsartern aufschneiden, dies Blut sollte in ein Krug mit Wein laufen und nach einer halben Stunden sollte sich durch die Zeitschaltuhr diese Maschine in Bewegung setzen. So hätte diese Pfantasiefamilie (wie auf Bildern halt sind) nur noch diese Schüssel wecknehmen brauchen die darunter steht bzw. stehen würde. Eine Maschine mit 2kW Motor, so stellte ich mir vor würde mich inklusive Zähne und Knochen zermalen. Mein Magen u. den bzw. die Nieren hätte (so stellte ich mir weiter vor) ich mir mit bestimmten Medikamenten gereinigt.

Die zweite Variante wäre ich wär zu einen Fleischer/in gefahren und hätte Sie mit Geld und meinen Gesundheitsgutachten überredet was, in einen Pfantasievorstellung in Polen od. Spanien auch zum entsprechenden Erfolg führen würde. Dies reichte bis hin zu einen Urlaub wo ich eine entsprechende Familie mitnehme. Ich stellte mir vor in einen Gegend zu fahren wo halt einen so schnell keiner zu hilfe kommen kann, so das wenn halt das Auto kaput ging und (in meiner Pfanasie) keine Nahrungsmittel zu diesen entsprechenden Ausflug mitnehmen. Müßte diese Familie zwangsläufig zu Kanibalen werden, wo ich halt auch entsprechend weck wär. Nun muß es nicht mehr eine Frau sein bis 25 Jahre, dies geht jetzt hoch bis 50 Jahre wenn Sie noch hübsch und schlank ist, da Sie ja auch entsprechend viel Kinder hätte, unter umständen.

Auch ein Mann ist jetzt so blöd wie dies jetzt klinckt *nicht weckzudenken, denn er gehört nun mal zu einer kompletten Familie dazu Nur ist das halt, also dieser Mann nur als muß zu bedrachten. Sexuelle Erregung bringen natürlich Frau und Kinder.* Blos halt sind es auch einige male wo ich mir wieder vorstelle, vorstellte eine Frau nach gewissen Ritualen zu ermorden. Darum sagte ich auch vor Gericht und auch zu den Psychologen von Jugendhaus. Alle wissen davon Richter, Staatsanwalt und Prof. Dr. Maneros mit was vor *Horrorwahn* ich mich befriedige, und keiner gibt einen einen ***Tip***. Nun am 31.07.95 habe ich eine völlig neue Selbsbefriedigsungsmethode gefunden. Also am den Tag wo ich diese *schrecklichen Bilder von Jola sah*. Mit dieser Methode tue ich mich seit ein paar Tagen also ab Dienstag befriedigen. Und das was ich alles über Organe gelesen habe ist darin vereint. *Dadurch das ich halt weder verbrannt, also in eine Urne kommen möchte. Noch möchte ich ein Sarg. Folglich soll halt nichts, aber auch gar nichts überbleiben von mir, so das halt auch kein Gab entsteht von mir.* Ich stelle mir vor, meinen **ge-**

samten Organismus der Medizin zur verfügung zu stellen, nach mein ableben. Sofern dies durch ein Unfall geschieht **sollten soweit dies möglich ist,** *so viel wie nur möglich Organe gespendet werden die den jugendlichen* **Frauen** *ab den 16 Lebensjahr (da da der Körper weitgehend sich zum Entstadium entwickelt hat) bis hinauf zu den 50jährigen Frauen die halt eventl. noch in logischen Sinne in Frage kämen, also ehr in Frage kommen würden. ...*

Dadurch das ich die Jola ermordete, ob verminder oder nicht vermindert Schuldfähig ***Sie*** ist Tot und durch meine Hand gestorben. So möchte ich mich zuerst von meiner Frau scheiden lassen. Und dann soll all mein kleines Vermögen was ich habe, als kleiner Trost der M. überschreiben werden (nach meinen Ableben). Dies stelle ich mir so vor (*dies ist keine Pfantasiererei*) das ein Notar solch ein Schreiben für mich aufhebt. Gleichzeitig soll in das Schreiben das weil ich der Medizin meinen gesamten Organismus zu verfügung stelle *keine Urne, Sarg und auch folglich kein Grab entsteht.* Nun wird egal wie sauber und ausdrucksvoll ich dies auch Schreiben würde Er, aber auch Richter und Staatsanwalt würden denken, *ich habe nicht alle Löffel in Schrank.* Und warum!!! Weil keiner von denen verstehen kann und so recht auch wird, daß man halt hinter sich und der Welt verschließen möchte, also den Christian es nicht mehr gibt. Da mein Vater ganz anders Denkt, möchte und auch das ich ein gewisses Ritual als hundertprozentiges Ziel vor ***Augen*** habe, wenn der Tag **X** gekommen ist. *Mit diesen wenn es jetzt auch für Sie Herr Prof. Dr. Maneros, als auch einigen anderen* **ürrational** *oder* **makaber** *klinkt, ist es für mich der* **absolute Höhe***punkt fur mich. WARUM!*

Weil wie ich laß, und meine Pfantasieritual gefressen oder gegessen zu werden, gesetz den Fall es würde es geben, nach einiger Zeit (etwa 2-4 Wochen) alle meine Kohlenhydrate, Eiweiße, zum teil auch Fette usw. letzlich, selbst von der aller hübschesden Frau ausgeschieden würden. Gut, letzlich wäre eins klar, ein Grab gäb es nicht. *Aber;* es gibt soweit ich laß in der Medizin Dinge, wo man halt dieses und jene Organ(e) *in Frauen Organismus* Platz finden die bis an Ihr *Lebensende* dort erhalten bleiben. Und Gesetz des Fall ich würde an Alterschwäche Sterben, so soll halt auch ein für mich gewisses Ritual dasein, um nichts mehr von mir übrig zu lassen. (sollte ich an Altersschwäche Sterben, so kommt letzlich der M. Kind, daß jetzt etwa 2 Jahre als ist in Frage für mein Hinterbleibsel. Das es von der Mutter zu entsprender Zeit erfahren würde bzw. würd, das die Schwester ermordet worde)

Dies klinkt verdamt Blöd und noch blöder würde das für ausenstehenden Klinken. Nur, weis ich nicht vieviel Menschen es gibt die sich wünschen sich so zu vernichten das nichts über bleibt. Das es diese Menschen gibt habe ich gelesen auch in Jauchengruben haben sich Menschen gestürzt, die aber gefunden wurden und dann eine Grabstätte erhalten. Gut, es ist nicht immer gesagt, daß Sie Urne od. Sarg verabscheuen wie ich. Aber den Toden kann man nicht mehr Fragen jeder Selbstmörder sucht sein eigenes Selbstmordritual. Warum ich die Jola ermordete, hat bei mir dieser Kanibalenhandlung ungeschlagen und auf Grund meiner sexuellen Erregung fiel die verstandesmäßige Kontrolle über mich aus. Uns so viel ich wie eine Bestie »(wildes Tier)« über die Jola her und ermordete Sie auf brutalste Weise. Nun weis keiner vieviel Reue ich tatsächlich zeige. In der USA hätte ich *Todestrafe* bekommen. Wenn es ein Gesetz in Deutschland geben würde, das wenn man ein Mörder »ist«, über sein Leben entscheiden kann, würde ich gezielt die Todesstrafe nehmen, aber mit einen bestimmten Ritual. Also als Organspender bzw. Organismusspender. Ich habe für den Tot keine Angst, da »ich« halt ein jeder einmal Sterben muß. Nur um mein Riutal *was jetzt umgeschlagen ist auf Organismusspende,* wäre ich zu jeder Zeit bereit, gerade in der Erregungsphase. Da ich ja bei Familie E. zu 100 % überzeugt war an Abend, Sie wurden dies früh durchziehen, also mein Ritual. Weis ich da ist nur *»Angst« und Aufregung und sexuelle Erregung.* Die *Anst* ist aber nur das auch alles glabt, daß man in bzw. von die Menschen gegessen wird um sein *Ritual* gerecht zu werden. Die Organspende oder Organismusspende ist wie ich schrieb das absolute Ohmen, also der Höhepunkt, wo ich mich am Tag zwischen 3- 5 mal befriedige. Bei diesen Ritual gibt nichts um, wie bei kanibalistischen Handlungen, darum möchte ich auch dieses soweit *und ich hoffe da um Ihre Mithilfe* ausbauen, und möchte Fachliteratur lesen. *Bei diesen jetzigen Ritual (so Blöd dies eventl. klingen mag) könnte ich auch die Frau Dr. A. in die Augen sehen. Nicht nur die, jede Frau. Was ich bei meinen kanibalistischen Horrorvorstellung nicht kann, und nicht werde, bis dies durch eine Therapie geheilt wird.* N u r; Warum ich Sie Prof. Dr. Maneros dies Schreibe hat folgenden Grund. Sie wollen mir helfen, und ich will alle hilfe annehmen. D o c h, jede Therapie brauch eine gewisse lange Zeit, die ich auf dieser Art Organismusspende, mich befriedige.
J e d o c h, die Beste Therapie verläuft in Sand, wenn ich weis in Tag **X** *muß ich in Sarg od. Urne.* So stelle ich mir vor, daß Sie oder auch

(in Ihren besein) Frau Dr. A. die Spanne erklärt, wo bzw. *wieviel oder welche Möglichkeiten es gibt (zwei, drei, fünf, neun, oder so), daß ich mir eine bzw. dies Specktrum aussuchen kann und sagen kann.*
Dieses Ritual käm für mich in Frage, dies wurde ich nehmen selbst wenn ich einmal an Altersschwäche Sterbe.
***Bloß;** Besteht in der Medizin überhaupt sollch eine Möglichkeit, um werder verbrannt (wegen Urne) noch Sarg zu kommen ????????*
Ich möchte doch die die Therapie die Sie mir anbieten, Erfolg haben und von Kanibalen, wilden Tieren gefressen und Fäkalien usw. weckkommen. D*och darum das dieser abscheu* (Urne, Sarg, Grab) *ab den 8 Lebensjahr entstammt, und die sexuelle Fehlentwicklung mit etwa den 12 Lebensjahr entsprang. Also den 21 bzw. 18jährigen langen Fehlentwicklungszeitraum.* Das ist wie ein Vulkan, zu jeder Zeit wieder ausbrechen kann und Kanibalismus usw. in sollch einen Trichter fallen könnte, möchte ich diese 100%ig sichere Organismusspende, also ein gewisses sicheres Ritual haben. So nehm ich an, zwar bin ich nur Leihe und vor allen der Mörder wenn Sie bzw. Frau Dr. A. oder Dr. S. wer auch immer sagt dies und dies ist. *So wäre für mich so blöd dies auch für Sie Prof. Dr. Maneros oder halt die anderen Psychologen/in der* **Grundstein** *für ein festes* **Fundament**, *damit ich niemals in diese Abartigkeiten (Fäkalien, Jauchengrube springen, Kanibalismus usw.) fallen werde.*
Ich bin werder Schwachsinnig noch habe oder leide ich an Psychose (also Alkohol, Rauschgift usw.), habe demzufolge auch keine Schizophrenie und vor allen keine Dementia. ***Nur,*** bin ich jetzt über die Hemschwelle hinweck mich zu schämen, nein ich sage alles so wie ich es denke, fühle und möchte. Und *vor allen die Wahrheit, so das Sie mir helfen können. Egal letzlich* Beispiel; ich wurde Tot sein so das keine Organe mehr Verwendung finden. So komme ich in eine Universität wo halt Ärzte und *Ärztinen* an mir herumdoktorn. Danach könnte man ***ich*** mit entspenden Flüssigkeiten vielleicht zersetzt um die eine oder anderen Grundsubstanzen zu entnehmen und dann alles andere entsprendent entsorgen. Da Flüssigkeit, wird bzw. werde ich mit Sicherheit nicht verbrannt. *Klar ich stelle mir immer in dieser Richtung weiter wor, was unter umständen durchaus möglich wäre, daß meine Organe in Frauen Verwendung finden. Bis ich ürgendwan andere Gefühle aufbaue. Doch um Gefühle aufzubauen müßte ja auch zur entsprechenden Zeit meine Aneurysma Operativ entfernt werden. Da ich dies auf Grund meiner »Angst« vor Operation (da*

keine sexuelle Erregung) nur mit voll Narkose dies entfernen lassen möchte, könnte, ich betone könnte ein kunstfehler der Ärzte oder ich wache halt nicht mehr aus den Koma auf, so das ich klinisch Tot bin und den Ritual den die Frauen letzlich zu gute kommen, gerecht wär. Mit anderen Worten, mein Leben wird nie, so! Es bzw. ich werde immer an Rande des Existenzninimums Leben. So das das gerade weil ich so ein grausamen Mord gemacht habe, nur wünschen würde. Ich würde (*nach sollch ein Ritual*) gern Sterben, doch diese Frau die Leben möchte, da sie Mann und Kinder hat muß Sterben. Wenn ich blos die C. nehme, die hat *Leukämie* oder gar Blutkrebs. Sie hat etwa den Charakter wie die Jola, ist gerade um die 20 Jahre und muß Sterben. Sie würde eine Familie gründen usw. Dies geht bei mir nie. A, wer will schon ein Mörder haben. B, mit 100.000 DM Schulden. C, mit sollchen Abartigkeiten, da ich Ihr ja logischer Weise die Wahrheit sagen würde, usw.
Klar ich werde kein Selbstmord machen, aber ich Bete jeden Tag und wünsche mir das dieser kunstfehler der Ärzte oder das nicht wieder auswachen aus den Koma, oder vielleicht ein Unfall wo ich halt gedrungen zum Organspender werden würde, nur herbei.
Nun weis ich mit Name, Ort bzw. Umgebung und etwa mein Alter wer mich wie Bespuckt, Gebißen usw. Es ist in mir alles wieder wach geworden. So das ich Ihn Prof. Dr. Maneros ein sehr genaues Bild von mir geben kann. Blos kann ich es unmöglich alles aufschreiben. *Doch das aller aller wichtigste habe ich in diesen Brief genaustens beschrieben. Der Sinn geht hier drin gans genau hervor, um mir auch die entsprechende Antwort und Therapie anzubieten.*
Auch werde ich Blut spenden. werde durch entsprende Überredungskünste andere mit dazu bewegen, meine Zukunft entsprecht stück für stück aufzubauen. *Nur spiele ich mit offenen Karten, was eventl. einige Patzienten nie sagen würden. Und auch Sie alle könnt mir das sagen wie Ihr das Denkt und seht, Schocken kann mich nichts, aber auch gar nicht mehr!*
Vielen Dank, da ich weis Sie helfen mir.
Hochachtungsvoll!
Christian

Der Massregelvollzug

Ein richtiger Blick hinter eine richtige Mauer

Mit auffälligen Buchstaben auf der Titelseite einer großen deutschen überregionalen Zeitung wurde das Urteil des Gerichtes gegen Christian so verkündigt: *»Kannibale darf ins Sanatorium«*. Ein großer roter Pfeil zeigte auf ein Foto von Christian. Es folgte ein Bericht über Christian auf einer anderen Seite derselben Zeitung. Diesmal drei Titel, die über fünf Spalten gingen. Schwarz umrahmt mit weißen Lettern las man: *»150,- DM Taschengeld, mitten in einer schönen Gegend«*. Und dann folgten zwei große Überschriften, diesmal mit schwarzen Buchstaben: *»So lebt der Kannibale die nächsten Jahre«*. Wir lesen:

> »Er wird bereits Montag in das Landeskrankenhaus ... eingewiesen. In einem Waldgebiet einer wunderschönen Gegend. Um 06.30 Uhr wird er dort während der Woche freundlich geweckt, an Sonn- und Feiertagen natürlich erst um 08.30 Uhr. Für das Frühstück wird eine halbe Stunde gerechnet. Angeboten werden Brötchen, Wurst, Marmelade, Kaffee, Tee. Therapie ist von 08.00 Uhr bis 11.00 Uhr. Anschließend eine halbe Stunde Freizeit, z.B. Fernsehen im Gemeinschaftsraum.
>
> Um 11.30 Uhr bittet man zum Mittagessen, z.B. Nudelsuppe, Braten mit Kartoffeln, Pudding. Anschließend Mittagsruhe. Danach beginnt um 13.00 Uhr wieder die Therapie – 2 Stunden. Der Tag schließt mit 7 Stunden Freizeit für ihn, nur vom Abendessen unterbrochen. Für Spaziergänge steht die Parkanlage zur Verfügung. Ab 22.00 Uhr ist dann Nachtruhe. Sonntag darf er bis 23.00 Uhr aufbleiben. Er muß aber nicht. Der Pflegesatz pro Tag liegt bei 330,- DM. Das Land zahlt sogar noch 150,- DM Taschengeld.«

Über das, was hinter diesem Artikel steht, braucht man kein Wort zu verlieren. Was Form und Diktion dieses Artikels vermitteln wollen, ist klar. Doch der Maßregelvollzug ist kein Sanatorium! Der Maßregelvollzug ist das »Schlußlicht der Psychiatrie«, wie es die Psychiatrie-Enquête-Kommission des Deutschen Bundestages bezeichnet hat. Und dies nicht nur in Deutschland.

Nach dem entsprechenden Gerichtsurteil ändert sich der Status des Angeklagten oder Häftlings: Ist er offiziell im Maßregelvollzug untergebracht, wird er vom Häftling zum Patienten. Zumindest ist dies so im Sprachgebrauch. In Wirklichkeit ist er jedoch Patient *und* Häftling. Eine Doppelrolle für den Patienten – eine Doppelfunktion für das therapeutische Personal. Das Pendant des Patienten *und* Häftlings ist der Therapeut *und* Wächter. Ein Widerspruch in sich, diese Doppelrolle.

Über einen Ausweg aus diesem Dilemma wurde viel geredet, ohne daß bis jetzt einer gefunden worden wäre. Vielleicht gibt es auch keinen. Es ist ein Drama für sich, über das wir noch sprechen werden. Es gibt kaum eine Tagung, auf der sich nicht Mitarbeiter des Maßregelvollzugs über die schwierigen Zustände, mit denen sie zu kämpfen haben, bitter beklagen. Es sind schwierige Zustände sowohl für die Patienten als auch für das therapeutische Personal. Nicht nur räumliche, finanzielle, personelle und atmosphärische Probleme stellen sich, sondern auch Probleme, die die Untergebrachten selbst mitbringen.

Was im Maßregelvollzug geschieht, im positiven wie im negativen Sinne, ist der Öffentlichkeit kaum bekannt. Will sie es wissen? Die Öffentlichkeit nimmt in der Regel nur dann Notiz vom Maßregelvollzug, wenn etwas Schreckliches passiert: Wenn ein gefährlicher Mörder ausbricht, wenn das Tragischste passiert, wenn ein Patient des Maßregelvollzugs rückfällig wird und vergewaltigt oder tötet. Dann sind die Medien voller Berichte über den Maßregelvollzug. In der Regel über die Mängel und die Defizite. Als der »Heidemörder« aus der Sicherheitsabteilung des Hamburger Maßregelvollzuges ausbrach, ging ein Aufschrei durch alle Medien. Zeigefinger wurden allerorten erhoben. Zu Recht. Die Sicherheit der Bevölkerung, das heißt die Sicherheit unserer Kinder, unserer Frauen, unserer Freunde und Bekannten, soll an erster Stelle stehen. Die Frage ist nur: Genügt der Aufschrei? Genügt der Zeigefinger?

Ich habe Verständnis für die Schweigemärsche der Einwohner von Eickelborn. Ich muß gestehen, daß ich mich gut in den Anspruch »Sicherheit vor Therapie« der Einwohner an die Maßregelvollzugseinrichtungen hineinversetzen kann. Ich habe Verständnis dafür. Aber ich weiß, daß man auch darüber hinaus denken muß. Ich weiß, Aufschrei und Zeigefinger reichen nicht, bei allem Verständnis für die Ängste der Öffentlichkeit. Die Öffentlichkeit weiß leider wenig über den Maßregelvollzug. Auch für die Justiz ist er nur ein Randgebiet, ebenso für die Psychiatrie.

Mit Beginn der 80er Jahre vollzog sich eine Veränderung im Maßregelvollzug. Norbert Leygraf, ein forensischer Psychiater aus Münster und Essen, publizierte eine große Monographie und weckte damit das Interesse der Forschung ebenso wie der inzwischen emeritierte Berliner Professor Wilfried Rasch. Dieser hat für die Reform des Maßregelvollzuges wichtige Arbeit geleistet. Er hat darüber geforscht, publiziert und auch organisatorische und beratende Tätigkeiten übernommen, wie einem in diese Erzählung eingeflossenen Interview von Vera Schumann zu entnehmen ist. Die ersten Früchte der Reformen zeigten sich nach der Psychiatrie-Enquete des Deutschen Bundestages. Es wurde räumlich und organisatorisch experimentiert, etwa durch Umbau der alten Anstalten wie in Düren oder durch Neubau wie in Hamburg und Berlin. Differenzierte Therapien wurden eingeführt, unter anderem in Haina. Aber das ist noch zu wenig. Das sind immer noch Ausnahmen.

Eine der engagiertesten Sprecherinnen des Maßregelvollzugs ist die frühere langjährige Direktorin der größten Forensischen Abteilung Deutschlands - Lippstadt-Eickelborn - Vera Schumann. Sie wurde nie müde, bei Tagungen, in Publikationen und Interviews die Zustände im Maßregelvollzug in der Öffentlichkeit bekanntzumachen. Sie sprach von und für die Doppelstigmatisierten, für die psychisch Kranken und Straftäter.

Aus ihren Beschreibungen fasse ich zusammen: Das Maßregelvollzugsgesetz in Deutschland begann unter schlechten Vorzeichen. Im November 1933 trat es in Kraft – ein unheilvolles Jahr. Es war das Jahr der Nazis. Obwohl es ursprünglich kein nationalsozialistisches Gesetz war, wurde es dennoch in nationalsozialistischem Sinne angewandt, manchmal auch von Psychiatern gegen psychisch kranke Straftäter. Ein Teil der ca. 300.000 psychisch Kranken, die während der nationalsozialistischen Zeit getötet wurden, waren psychisch kranke Straftäter.

Zu Beginn des Maßregelvollzuges in Deutschland wollte die Psychiatrie also kaum etwas mit deren Insassen zu tun haben. Vera Schumann betont, daß der Standard in den entsprechenden Anstalten noch 1979 unter jenem des Strafvollzuges lag! Sie beklagt, daß nach Ende des Krieges und bis in die 80er Jahren hinein eine extreme Vernachlässigung der Maßregelvollzugseinrichtungen herrschte. Die Psychiatrie ließ die forensischen Patienten kaum an ihren Fortschritten teilhaben. Einrichtungen des Maßregelvollzuges befanden sich in den ältesten Gebäuden, hatten am wenigsten Personal

und die geringsten Mittel. Erst zu Beginn der 80er Jahre begann die Psychiatrie, sich mit diesen Patienten etwas intensiver zu beschäftigen, trotzdem muß sie sich fragen lassen, ob sie nicht noch immer diese Gruppe von Patienten übersieht, für die sie mitverantwortlich ist. So fragt Vera SCHUMANN, so fragen viele. Aber leider sind es meist nur »insider«, nur Eingeweihte.
Was macht den Maßregelvollzug so problematisch? Nach Meinung von Experten, sind – außer den materiellen und personellen Gegebenheiten – unter anderem folgende zwei Faktoren ausschlaggebend:
1. Wegen Behandlungsbedürftigkeit allein darf nach dem Gesetz kein psychisch gestörter Straftäter in den Maßregelvollzug eingewiesen werden. *Es muß eine Gefährlichkeit vorhanden sein.*
Ein Mensch befindet sich nicht im Maßregelvollzug, weil er krank ist (er ist zwar krank, aber er ist nicht deswegen dort), sondern weil er gefährlich ist! Dieses Dilemma verursacht dem therapeutischen Team große Probleme: Es hat mit Patienten zu tun, bei denen trotz ihrer Krankheit die Gefährlichkeit im Vordergrund steht.
2. Wie steht es mit der Verantwortung derjenigen, die entscheiden müssen, ob ein Patient noch gefährlich für die Allgemeinheit ist oder ob er entlassen werden kann. Welche Konsequenzen können sich für den Verantwortlichen ergeben, wenn sich seine Entscheidung als falsch erweist? Wie gefährlich ist es für ihn, im moralischen, atmosphärischen, juristischen und beruflichen Sinne?

Maßnahmen zur Besserung und Sicherung

> »Hat jemand eine rechtswidrige Tat im Zustand der Schuldunfähigkeit oder der verminderten Schuldfähigkeit begangen, so ordnet das Gericht die Unterbringung in einem Psychiatrischen Krankenhaus an, wenn die Gesamtwürdigung des Täters und seiner Tat ergibt, daß von ihm infolge seines Zustandes erhebliche rechtswidrige Taten zu erwarten sind und er deshalb für die Allgemeinheit gefährlich ist«.

Das ist der berühmt-berüchtigte Paragraph 63 des Deutschen Strafgesetzbuches, der die Einweisung in den Maßregelvollzug regelt. Menschen, die aufgrund einer psychischen Störung eine Straftat begangen haben, werden statt ins Gefängnis in ein speziell dafür eingerichtetes Krankenhaus eingewiesen und haben dort so lange zu bleiben wie noch eine Gefahr für die Allgemeinheit besteht. Damit trägt der Gesetzgeber zwei Zielen Rechnung: Besserung und

Sicherung. Für das therapeutische Team ist diese Kombination eine schwere Belastung seiner Arbeit. Besserung bedeutet Therapie. Sicherung bedeutet Verwahrung und Bewachung. Wie kann ein Therapeut gleichzeitig Vertrauensperson und Wächter desselben Menschen sein! Die Geschichte von Peter macht das Problem sofort deutlich: *»Ich habe meiner Therapeutin gesagt, daß mich Entweichungswünsche beschäftigen, und ich wurde sofort gefesselt! Was für eine Therapeutin ist sie?«*, fragte er mich.

Der Psychiater, der dem Gericht die Empfehlung der Unterbringung gibt, und die Richter, die seiner Empfehlung folgen, tragen in jedem Fall eine große Verantwortung. Empfiehlt der Psychiater nicht den Maßregelvollzug, gehen Therapiechancen verloren. Noch schlimmer: Wird Gefährlichkeit übersehen, sind möglicherweise neue Opfer zu beklagen. Sie werden es an einigen der Lebensgeschichten sehen, die ich noch erzählen werde. Hätte der Psychiater anders empfohlen und der Richter anders entschieden, dann wäre dies oder jenes nicht passiert. So kann man im nachhinein sagen. Aber empfiehlt der Psychiater und entscheidet der Richter die Unterbringung im Maßregelvollzug, tragen sie auch die moralische Verantwortung für einen möglicherweise ungerechtfertigten lebenslangen Freiheitsentzug, falls doch keine Gefährlichkeit von dem Angeklagten ausgeht.

Der Psychiater empfiehlt und der Richter entscheidet. Der Richter sollte sich auf die Empfehlung des Psychiaters verlassen können. Das bedeutet, daß der Psychiater eine zutreffende Prognose erstellen muß. Prognose kommt aus dem Griechischen und heißt wörtlich übersetzt: das Wissen im vorhinein. Das Wissen, was jetzt, was in der Zukunft, auch in der fernen Zukunft, passieren kann. Eine Unmöglichkeit? Auf jeden Fall eine Bürde für denjenigen, der diese Verantwortung trägt.

Man benötigt dafür nicht nur Fachwissen, sondern auch persönliche Erfahrung im Umgang mit der zugrunde liegenden Störung. Und man muß individuell entscheiden können, das heißt jeden Fall mit allen seinen Besonderheiten zu berücksichtigen. Manchmal ist die Prognose leicht zu stellen. Es gibt z.B. keinen Zweifel daran, daß bei der progredienten, also der fortschreitenden Form der Perversion, die Gefährlichkeit als gegeben betrachtet werden muß. Bei einmaligen Impulshandlungen ist die Wiederholbarkeit der Tat nicht ausgeschlossen, aber auch nicht wahrscheinlich. Bei bestimmten Fällen von sexueller Nötigung unter Alkoholeinfluß und an-

deren ähnlich entstandenen Delikten kann man die Wiederholbarkeit der Tat nur schwer bejahen. Aber sie ist auch schwer auszuschließen. Die Bücher, die ein Psychiater gelesen hat, helfen hier kaum. Der bekannte Psychiater Werner Janzarik, schrieb: *»Ein Psychiater, der nicht sein 100. Gutachten in foro (vor Gericht) verteidigt hat, ist noch kein Erfahrener in der forensischen Psychiatrie«.*
Wir haben schon über die Schwierigkeiten geredet, die Psychiater, Psychologen und andere Mitglieder des therapeutischen Teams im Maßregelvollzug haben. Wir haben gesagt: Besserung bedeutet Therapie. Sicherung bedeutet Verwahrung und Bewachung. Ich habe mir die Frage vieler Therapeuten im Maßregelvollzug gestellt: Wie kann ein Therapeut gleichzeitig eine Vertrauensperson und ein Wächter desselben Menschen sein? Dies ist nicht nur für die Therapeuten ein Problem, sondern auch für viele Patienten. Bei den Prognosebegutachtungen, die ich durchgeführt habe, war dies immer zu erkennen. Proteste, oppositionelle Haltungen und Mißtrauen der Patienten wurden häufig durch die dem therapeutischen Personal zugewiesene Bewacherrolle verursacht. Diese Doppelfunktion – widersprüchlich, fast irrational – ist einer der großen Nachteile des Maßregelvollzuges.

Eine Lösung dieses Konfliktes ist nicht in Sicht. Der behandelnde Arzt, der Psychologe, die Leitung der Klinik haften und sind verantwortlich, wenn die Bewachung nicht funktioniert. Nicht nur juristisch, sondern auch moralisch und atmosphärisch. Moralisch in dem Sinne, daß der Arzt damit zu kämpfen hat, wenn ein »Entwichener« seine Tat wiederholt, auch wenn er juristisch entlastet wird. Und wer kennt nicht die Berichte der Presse? Kritisch, oft polemisch, berechtigt, manchmal ungerecht. Auch andere Probleme sind mit dieser Regelung verbunden. Wir sprechen später noch einmal darüber.

Berüchtigt und gefürchtet ist das Gesetz der Besserung und Sicherung, weil es keine Fristen setzt. Dies bedeutet, daß ungewiß ist, wann ein Untergebrachter den Maßregelvollzug verlassen kann. Die Entlassung ist abhängig von den Erfolgen der Therapie, von der Prognose, ob der Grund der Unterbringung, also die Gefährlichkeit für andere Menschen, beseitigt ist. Wann dieser Erfolg auftreten wird, ob er überhaupt auftreten wird, ist ungewiß. Diese Ungewißheit macht den Patienten Angst. Ich habe viele Angeklagte gesehen, die vehement dafür kämpften, ins Gefängnis zu kommen und nicht in den Maßregelvollzug. Der wichtigste Grund dafür sind die nach oben offenen Fristen der Unterbringungsgesetze für den Maßregelvollzug. Dabei ist die Dauer der Unterbringung im Maßregelvollzug nicht abhängig von der Schwere des Deliktes. Nicht die Schwere der Tat, sondern ihre Wiederholbarkeit ist das Kriterium. Die potentielle Gefahr für die Allgemeinheit ist maßgebend.

Ich war sehr betroffen von dem Schicksal eines Patienten, einem einigermaßen »harmlosen« Exhibitionisten. »Harmlos« in dem Sinne, daß er nie gewalttätig geworden war, sondern »nur« gerne Kindern seinen entblößten Unterkörper zeigte und dann schnell, schnell verschwand. Nie haben irgendwelche aggressiven Handlungen seine Exhibitionen begleitet. Nie hat er versucht, Kinder zu verführen. Dafür sitzt er – mit nur kurzen Unterbrechungen – seit über 25 Jahren im Maßregelvollzug! Bei jeder Entlassung wurde er rückfällig. Eine Aufhebung der Unterbringung durch das Gericht wegen »Unverhältnismäßigkeit« brachte ihm nur eine zehntägige Freiheit. Dann zeigte er seinen Unterkörper Kindern auf dem Markt und wurde wieder untergebracht. Wieder in den Maßregelvollzug.

Ich habe über 70jährige Menschen gesehen, die wegen Sexualdelikten von vor mehr als drei Jahrzehnten untergebracht wurden, und sie sitzen jetzt noch im Maßregelvollzug. Keine einfache Sache, der Maßregelvollzug mit seinen nach oben offenen Grenzen. Offen?

Ein anderes Problem bei der Therapie von psychisch kranken Straftätern ist deren Besonderheit. Sie sind in vieler Hinsicht anders als die allgemein-psychiatrischen Patienten: Sie haben im Durchschnitt eine geringere Bildung, stammen oft aus zerbrochenen Familien und zeigen andere negative soziale Merkmale. Unter anderem sehen und erleben sie die Welt häufig in Schwarz-Weiß, in Böse und Gut. Sie spalten die Welt in Gegensätze ohne Übergänge auf. Das ist auch ein psychischer Abwehrmechanismus, jedoch gerät dabei das therapeutische Personal in diese Schwarz-Weiß-Kategorien, was keine gute Voraussetzung für eine Therapie ist.

Es gibt Gesetze, die die Dauer der Unterbringung regeln. In bestimmten Abständen muß das Gericht prüfen, ob die Ziele des Maßregelvollzugs erreicht worden sind: Der Untergebrachte kann bedingt entlassen werden *»sobald verantwortet werden kann zu erproben, ob er auch außerhalb des Maßregelvollzugs keine rechtswidrigen Taten begehen wird«*. Das ist die Bürde der Verantwortung, die die Ärzte des Maßregelvollzugs tragen. Wie kann man sicher sein, daß keine rechtswidrigen Taten begangen werden? Wie kann man aber auch verhindern, daß diese Patientengruppe lebenslang im Maßregelvollzug leben muß? Wie kann man erreichen, daß keine »Betriebsblindheit« bei den Therapeuten entsteht, durch die Gefährlichkeit übersehen werden könnte? Einige Bundesländer versuchen es mit einem neutralen, fremden Gutachter. So verlangt z.B. Nordrhein-Westfalen, daß ein untergebrachter Patient alle drei Jahre von einem weiteren Gutachter untersucht wird, der zur Gefährlichkeit des Patienten Stellung nehmen muß. Vielleicht kann man auf diese Weise der »Betriebsblindheit« entgegenwirken. Allerdings muß dann auch der Prognosegutachter die Verantwortung übernehmen.

Wann kann jemand aus dem Maßregelvollzug entlassen werden?

Ist die Frage im Falle eines Sexualmörders überhaupt zu beantworten? Die Tötung von Menschen aus sexuellen Motiven hat viele Hintergründe, die alle berücksichtigt werden müssen. Und immer bleibt ein hohes Restrisiko. Es kommt vor, daß unter Berücksichtigung aller Faktoren die Entlassung eines Patienten empfohlen wird, und doch geschieht eine neue Straftat. Oder man sieht von der positiven Empfehlung ab und weiß nie, ob man nicht doch einem Ungefährlichen die Freiheit geraubt hat.

Es gibt keine anerkannten, wissenschaftlich geprüften Entlassungskriterien. Ich habe für mich und meine Mitarbeiter als grobe Orientierungshilfe folgende Kriterien entwickelt:

- Aufgabe der Gewaltphantasien (Aber wie ist es, wenn der Patient nur keine solchen mehr zugibt, wenn sie nicht explorierbar sind?);
- Affektive Einstellung des Täters zu der Tat;
- Die ernsthafte, glaubhafte Auseinandersetzung mit der Tat und ihren Vorbedingungen;
- Keine Tendenz zur Bagatellisierung oder Reduzierung des Tatgeschehens und der eigenen Schuld;
- Keine Tendenz, sich ins »bessere Licht« zu setzen;
- Problemlose Akzeptanz der Normen und Regeln des Maßregelvollzugs;
- Entwicklung von sozial akzeptablen Normen;
- Offenheit;

- Vorhandensein von stabilisierenden sozialen Haltestrukturen außerhalb des Maßregelvollzugs;
- und andere ...

Auch diese Orientierungspunkte können falsch eingeschätzt werden. Ein Restrisiko bleibt immer. Wir dürfen uns nichts vormachen: Es wird immer wieder Sexualstraftäter geben, die viele Jahre, sogar Jahrzehnte oder lebenslang im Maßregelvollzug bleiben. Einige sind schwer therapierbar, manche vielleicht auch gar nicht. Wir werden noch darüber sprechen.

Es wird immer wieder betont, daß die gesellschaftlichen Vorurteile gegenüber dem Maßregelvollzug so stark sind, daß ein toleranter Umgang mit seinen Patienten nicht möglich ist. Die schon zitierte Vera SCHUMANN sagte zu Recht, daß diese Vorurteile nicht nur außerhalb, sondern auch innerhalb der Psychiatrie bestehen. Die doppelt-stigmatisierte soziale Randgruppe der im Maßregelvollzug Untergebrachten hat keine Lobby. Sie hat auch nicht die volle Akzeptanz der Allgemeinpsychiatrie. Die universitäre Psychiatrie spielt in der Regel nur die Rolle der »einweisenden« Psychiatrie, das heißt, sie gibt dem Gericht die Empfehlung, einen psychisch gestörten Straftäter in den Maßregelvollzug einzuweisen.

Menschen wie Anton, Bernd, Christian haben es doppelt schwer im Maßregelvollzug. Sie haben nicht einmal die Akzeptanz ihrer Mitpatienten. Sie werden isoliert und bekämpft. Anton erlebte das: Mitpatienten schrieben Flugblätter, in denen mit deutlichen Worten beschrieben wurde, was er getan hatte. Es gab einen Aufstand, so daß er gefährdet war. Er mußte in einer anderen Anstalt untergebracht werden. Die Schlagzeile *»Kannibale darf ins Sanatorium«* ist falsch! Der Täter geht einen steinigen Weg ins Ungewisse, aber gewiß nicht ins Sanatorium.

»Wohin mit den Sexualmördern?« Wir werden uns auch weiterhin damit auseinandersetzen müssen.

D Der Sexualmörder, die lebenslange Freiheitsstrafe, der Erfolg

Ich werde hier auch von Versäumnissen der Justiz, der Gutachter, der Verantwortlichen, von unseren Fehlern erzählen, in der Hoffnung, daß sie seltener werden.

»Kannibale darf ins Sanatorium«. Ich wiederhole die Schlagzeile der Zeitung anläßlich der Unterbringung von Christian im Maßregelvollzug. Der Vorsitzende Richter erhielt böse Briefe aus der Bevölkerung. Das Urteil sei eine Unverschämtheit. Mein Taxifahrer nach der Urteilsverkündung verkörperte Volkes Stimme: Er war empört, daß Christian nicht ins Gefängnis kam.

Dabei ist der Maßregelvollzug sicherer als das Gefängnis, denn im Gefängnis gibt es kaum Chancen auf Besserung! Nach der Entlassung, nach Verbüßung der Strafe, ist der Mensch oft ganz alleine mit seinen Problemen. Häufig hat er dann noch mehr Probleme als vorher und ist entsprechend stärker gefährdet. Manchmal gefährdet er erneut andere. Der Maßregelvollzug ist nicht nur wegen der Besserung wichtig, er ist auch sicherer. Sowohl für die potentiellen Opfer als auch für den potentiellen Wiederholungstäter.

David: Dreimal lebenslänglich

In diesem Zusammenhang beschäftigt mich die Geschichte von David. Ich möchte sie Ihnen erzählen, weil sie einzigartig ist. Nicht nur wegen seiner besonderen Biographie, sondern aus vielerlei anderen Gründen.

David wurde zu lebenslänglicher Haft verurteilt, nachdem er einen Sexualmord begangen hatte. Im Gefängnis beging er einen weiteren Sexualmord und wurde erneut lebenslänglich verurteilt. Diesmal kam er in ein Hochsicherheitsgefängnis, wo er seinen Sexualpartner massakrierte. Das Urteil lautete zum drittenmal lebenslänglich. David wurde in ein anderes Gefängnis verlegt: Ein Vierteljahrhundert lang schob man ihn ab, von Gefängnis zu Gefängnis.

Kann David außerhalb des Gefängnisses leben, ohne andere Menschen zu gefährden?

Er selbst meinte – ja! Er schrieb deswegen an den Bundespräsidenten. Er trug seine Bitte um Entlassung den Ministerpräsidenten der Länder vor, in denen er die Verbrechen begangen hatte. Kirchliche Organisationen, Menschenrechtsorganisationen und Bürgerinitiativen »Für Demokratie und Menschenrechte« unterstützten ihn nach dem Motto: »25 Jahre Gefängnis sind genug!«
Genug? Was ist genug? Für wen? Für David? Für die Opfer?
Das Wort »genug« riecht nach Genugtuung. Das Wort »genug« riecht irgendwie nach Rache. So etwa: »Er hat genug gekriegt, jetzt's reicht!«. Ist es das, was wir wollen? Ist das der Zweck?
Eines Tages kam ein Brief vom Justizminister des Landes, in dem David im Gefängnis saß: Ich sollte meine »sachverständige« Meinung dazu äußern, ob eine Gefahr bestehe, wenn David nach 25 Jahren Gefängnis entlassen werde.
Ich erzähle Ihnen die Geschichte von David, und Sie entscheiden selbst, »ob 25 Jahre genug sind«, ob hier überhaupt die Frage richtig gestellt wurde und ob »genug« das zutreffende Wort ist.
David wurde in Westdeutschland geboren. Er hat bruchstückhafte, negative Erinnerungen an seine Kindheit: Etwa die an eine riesengroße Wohnung, in der nur ein Stuhl stand; oder die, daß er und seine Geschwister häufig allein waren, weil die Mutter nicht da war. Es sei ihm »dreckig« gegangen.
Davids Eltern wurden geschieden, als er noch ein Kleinkind war. Mitte der fünfziger Jahre verließ sein Vater Westdeutschland und siedelte in die damalige DDR über. Danach heiratete er noch mehrere Male, wahrscheinlich dreimal. Die Kinder wurden ihm zugesprochen und kamen ebenfalls in die DDR. Die Beziehung zwischen Vater und Sohn beruhte laut David »auf einer Pflichtbasis«. Er hat vorwiegend negative Erinnerungen an seinen Vater, da dieser ihn verprügelte und jähzornig und unbeherrscht war. Trotzdem berichtet David auch über positive Eigenschaften seines Vaters. Etwa, daß er sehr hilfsbereit gewesen sei, daß er ruhig mit ihm gesprochen habe und dagewesen sei, wenn er ihn brauchte. Seit seiner Inhaftierung hat er keinen Kontakt mehr zu seinem Vater.
Besondere Beziehungen zu seiner Mutter oder Erinnerungen an sie kann David nicht nennen. Er kann seine Mutter überhaupt nicht beschreiben. Er war vermutlich drei bis vier Jahre alt, als er von ihr getrennt wurde. Nach der Scheidung der Eltern wurde er mit seinen Geschwistern in einem Waisenhaus untergebracht, bis er zum Vater in die DDR zog.

Drei Jahre, nachdem er zu seinem Vater gekommen war, wurde er in einem Heim für schwer erziehbare Kinder untergebracht. Er vermutet, daß der Hauptgrund für die Heimeinweisung Schuleschwänzen gewesen ist. Die Erziehung im Heim bezeichnet er als hart. Es gab Strafen und Prügel. Als er einmal sitzenblieb, mußte er das Heim wechseln.
Er schloß die Schule mit der siebten Klasse ab und begann danach eine Teilfacharbeiterlehre. Dort hatte er Schwierigkeiten und mußte viele Schikanen miterleben. Deswegen versuchte er einmal, sich mit Tabletten das Leben zu nehmen. Der Vater war aber zufällig da und brachte ihn ins Krankenhaus. Kurz danach wurde David mit 17 Jahren wegen versuchter Republikflucht verurteilt. Er wollte in den Westen zurück. Dafür bekam er 8 Monate Gefängnis. Zwei Monate nach der Entlassung versuchte er noch einmal, die DDR zu verlassen, was ihm weitere 21 Monate Gefängnis eintrug.
10 Wochen nach der Entlassung tötete er Monika.
David hatte diverse alkoholische Getränke in einer Gaststätte getrunken. Er hatte sich dort amüsiert und mit verschiedenen Frauen getanzt. So auch mit Monika. Beim Verlassen der Gaststätte gegen 1.00 Uhr morgens nahm sie sein Angebot, sie zu begleiten, nach einem gewissen Zögern an. Unterwegs kam es zu Zärtlichkeiten. Den Wunsch von David, in den Wald hineinzugehen um ungestört zu sein, lehnte sie mit einem konsequenten ›Nein‹ ab. Daraufhin wandte David Gewalt an, die zur Tötung von Monika führte. Vier Tage danach wurde David verhaftet.
Die darauf folgende nervenärztliche Begutachtung ergab normale neurologische, röntgenologische und elektroencephalographische Befunde. Ebenso wurden Kritikvermögen, Urteilsfähigkeit, affektive Steuerungsfähigkeit und die Intelligenz als normal bezeichnet. Der Gutachter stellte eine Neigung zur Selbstbemitleidung fest. Darüber hinaus zeige sich »eine starke Oppositionstendenz gegenüber seiner Umwelt mit der Neigung zum Querulantentum und zum Aggravieren« (Aggravation kommt aus dem Lateinischen und heißt so viel wie Beschwerden und Symptome zweckgerichtet übertreiben). Trotz alledem verneinte der Gutachter eine abnorme Persönlichkeitsentwicklung mit Krankheitswert. Er kam zu dem Ergebnis, daß es bei dem »psychopathischen Angeklagten« keine Anhaltspunkte gebe, die auf volle oder erheblich verminderte Zurechnungsfähigkeit zur Zeit der Tat schließen ließen – außer der durch den Alkoholgenuß bedingten psychischen Beeinträchtigung.

David wurde zu einer lebenslangen Freiheitsstrafe verurteilt. Während seiner Inhaftierung wurde er zum zweiten Mal lebenslänglich verurteilt, weil *er seinen Mitgefangenen und Sexualpartner Arnold tötete.* Den Gerichtsakten ist zu entnehmen, daß seit einigen Jahren ein Verhältnis zwischen David und Arnold bestand. Arnold wurde ihm zu einem festen Freund, mit dem er über das sexuelle Verhältnis hinaus auch andere Bindungen entwickelte. Dennoch hatten beide auch anderweitige sexuelle Beziehungen. Als ab August des Tatjahres Arnold versuchte, seine Beziehung zu David zu lockern, bekam David Angst, seinen Freund zu verlieren und reagierte nervös und gereizt. Auf die Verlegung von Arnold in einen anderen Verwahrraum reagierte er depressiv. Gleichzeitig erfuhr David, daß sein Vater sich erhängt hatte, seinetwegen, wie die Gerüchte sagten.

Schon Wochen vor der Tat äußerte David pessimistische Gedanken. Er sprach von Mord und Selbstmord und versuchte mit allen Mitteln, ein Zusammentreffen mit Arnold zu organisieren. Als er es endlich geschafft hatte, kam es zum sexuellen Verkehr. Unmittelbar danach stach er mit einem vorbereiteten Dreikant auf Arnold ein. Arnold versuchte schreiend zu fliehen. David verfolgte ihn und stach weiter auf ihn ein, bis er mit 20 Stichwunden tot auf dem Boden liegen blieb.

Das Gericht ging von einer vorsätzlichen Tötung aus. Eine nochmalige psychiatrische Untersuchung wurde für unnötig gehalten, weil das erste Verfahren keine Anhaltspunkte dafür ergeben habe, daß David für seine Tat nicht voll strafrechtlich verantwortlich sei und weil seine Fehlentwicklung schon durch das erste Gutachten festgestellt worden war.

Während seines Gefängnisaufenthaltes wurde David zum dritten Mal wegen versuchten Mordes und wegen Nötigung zu sexuellen Handlungen zu einer lebenslangen Freiheitsstrafe verurteilt. Das Gericht hielt folgendes fest: David lud seinen Mitgefangenen Hans in seinen Verwahrraum ein. Er signalisierte, daß er mit ihm Zärtlichkeiten austauschen wolle. Als Hans dies ablehnte, holte David sein Besteckmesser aus dem Schrank und zwang Hans zum Afterverkehr und anschließend zum Oralverkehr. Danach warf David Hans auf das Bett, fesselte ihn und versuchte ihn zu würgen. Mit einer Schere stach er gegen Kopf und Hals des Gefesselten. Als David feststellte, daß Hans noch lebte, stach er ihm noch zweimal in den Hals, bis er dachte, er sei tot. Hans konnte mit insgesamt sieben Stich- und Schnittverletzungen an Hals und Kopf überleben.

Diesmal fand eine neue psychiatrische Begutachtung statt. Der Gutachter stellte fest, daß David wohl »psychopathisch abnorm im Sinne von egozentrisch und haltlos« sei, daß dies aber nicht den Stellenwert einer schwerwiegenden abnormen Persönlichkeitsentwicklung mit Krankheitswert habe. Nachdem das Gericht von der vollen strafrechtlichen Verantwortlichkeit Davids ausging, wurde er noch einmal, zum dritten Mal, zu einer lebenslangen Haftstrafe verurteilt. Wieder wurde er in ein anderes Gefängnis verlegt.

Dreimal lebenslänglich. Und dann?

Wie steht David nach so vielen Jahren zu seinen Taten, werden Sie sicher fragen. So viele Jahre, so viel Leid. In den vielen Stunden der Exploration stellte David die Dinge ganz anders dar, als die Zeugen sie berichtet hatten und wie das Gericht die drei Taten rekonstruiert hatte. Teilweise stimmte sein Bericht auch nicht mit dem überein, was er selbst damals erlebt und ausgesagt hatte. Er versuchte mich von einer anderen Realität zu überzeugen.

Zuerst bestritt David die Vergewaltigung und Tötung von Monika. Er beschrieb die Vergewaltigungsszene als einen freiwilligen Akt. Monika habe keinen Widerstand geleistet und sei von ihm nicht mit Gewalt über den Boden gezogen worden. Die besonderen Vernehmungsmethoden der DDR hätten dazu geführt, daß er das damals anders berichtet habe. Erst auf wiederholte Nachfragen begann er zögerlich zuzugeben, daß Monika doch nicht ganz freiwillig mitgekommen sei, auch wenn sie sich nicht von Anfang an geweigert habe, mit ihm in das Waldstück zu gehen. Monika habe gedroht, ihn wegen Vergewaltigung bei der Polizei anzuzeigen, wenn er sie nicht nach Hause bringe. Um dem zu entgehen, habe er sie erwürgt. Anschließend habe er die Leiche versteckt und sei nach Hause gegangen.

Auch die Tötung von Arnold stellt David jetzt ganz anders dar. Die Beziehung zwischen ihm und Arnold sei nicht so intensiv gewesen. Von Liebe sei keine Rede gewesen. Es habe sich vorwiegend um Triebbefriedigung gehandelt. Eine Eifersuchtsproblematik habe es nie gegeben, ebensowenig Ankündigungen von Mord und Selbstmord. Der wahre Grund sei gewesen, daß Arnold ihn wegen Besitzes von Falschgeld bei der Stasi denunziert habe. Die Tötung von Arnold sei Notwehr gewesen: Nach dem sexuellen

Verkehr stellte David Arnold wegen der angeblichen Denunziation zur Rede. Im Lauf der verbalen Auseinandersetzung soll Arnold Davids Dreikantschaber genommen und ihn gegen David gerichtet haben. Dabei kam es zu einem Kampf, bei dem sich David wehrte und Arnold verletzte. Er stach solange auf ihn ein, bis dieser auf dem Boden lag.
Seine Tat findet er schlimm, ebenso aber die Denunziation und die angeblichen Falschaussagen der Zeugen. Er beharrt auf der Notwehrthese.
Den versuchten Mord an Hans sieht er jetzt auch anders als damals. Der Auslöser seiner Tat seien die Verhältnisse im Gefängnis, in der »Stasi-Anstalt« gewesen. Während der Zeit der Inhaftierung befand er sich sehr oft in Arrest oder in Einzelhaft. Er meinte, daß der Grund der häufigen Isolationen seine Bemühungen gewesen seien, in Kontakt mit Inhaftierten aus dem Westen zu kommen (dies deckt sich allerdings nicht mit den Aktenunterlagen). Sein Verhältnis zum Personal war sehr schlecht. Er fühlte sich vom Gefängnispersonal drangsaliert und schikaniert. Mit Bezeichnungen wie »Schwuler« oder »er hat geklaut« oder »er ist Analphabet«, sei Rufmord an ihm begangen worden. Von den beiden Morden war keine Rede.
David berichtete, daß er während der Zeit im Gefängnis mit Schlaftabletten »vollgestopft« worden sei. Es habe ihn zwar niemand gezwungen, diese Tabletten zu nehmen, aber sie seien ihm verschrieben worden. Im Verlauf der Exploration relativierte er jedoch diese Freiwilligkeit dahingehend, daß jemand kontrollierte, ob er die Tabletten auch einnehme. Daß es sich dabei auch um allgemeine Vorsichtsmaßnahmen gehandelt haben könnte, um das Sammeln von Tabletten für einen eventuellen Suizid zu verhindern, wurde von David nicht in Betracht gezogen.
Die dritte Tat bezeichnete David als »Geiselnahme«. Als Motive dafür gab er folgendes an: Nachdem er sehr viele Beschwerden und Eingaben geschrieben habe, sei er noch viel mehr schikaniert worden. Da alle seine Bemühungen keinen Erfolg hatten, habe er die Entscheidung getroffen, Hans als Geisel zu nehmen, um Aufmerksamkeit zu erzwingen. Dies schien ihm Erfolg zu versprechen, da der Vater von Hans ein »hohes Tier« in der SED gewesen sei.
David schilderte den Vorgang so: Nachdem Hans in seine Zelle gekommen sei, habe David ihm gesagt, daß er beabsichtige, ihn als Geisel zu nehmen. Er habe ihm auch die Gründe dafür erklärt.

Dieses Gespräch sei im ruhigen Ton geführt worden und Hans habe freiwillig gemacht, was David von ihm verlangte. Es sei nicht zum sexuellen Verkehr gekommen, David habe dies auch nicht verlangt. Den vom Gericht festgestellten Anal- und Oralverkehr bezeichnete er als Lüge. Freiwillig habe sich Hans auf das Bett gelegt und sich fesseln lassen. Mit dem Messer habe David die Fußfesseln durchschneiden wollen, da Hans ihn darum gebeten habe. Zu seiner Überraschung sei er danach plötzlich von Hans attackiert worden. Aus Notwehr habe er Hans mit dem Messer drei- bis viermal verletzt, dann aber damit aufgehört. Er habe nicht beabsichtigt, auf den Gefesselten mit einem Messer einzustechen, er habe ihn nur mit der Hand schlagen wollen. Zufälligerweise mit der Hand, die das Messer hielt. Eine Schere habe er nicht gehabt. David will nicht mitbekommen haben, daß der Kehlkopf von Hans und die oberen Luftwege verletzt wurden. Er habe die damaligen Vernehmungsprotokolle unterschrieben, weil er unter Tabletteneinwirkung gestanden habe und weil er geschlagen und schikaniert worden sei. So erzählte er es mir.
Nach der dritten Verurteilung wurde David erneut in einer anderen Haftanstalt untergebracht. Es folgten Isolierhaft und verschiedene Schikanen – bis zur politischen Wende neun Jahre später. Seither sei seine Situation erträglicher, berichtete er. Trotzdem brach er 1991 aus dem Gefängnis aus. Er war 4 Wochen lang auf der Flucht und lebte in verschiedenen Städten Westdeutschlands, bis er verhaftet wurde. Nach einer Übergangszeit begannen Haftlockerungen, etwa, daß er in Begleitung von Beamten in die Stadt gehen konnte. Diese Ausgänge mußten eingestellt werden, als er wieder versuchte, zu entweichen.
Während der Periode, in der er Ausgang hatte, entwickelte er eine Beziehung zu einer Frau, die jedoch nach seinem letzten Fluchtversuch nicht weitergeführt werden konnte. Jetzt hofft David, entlassen zu werden.
Ein Vierteljahrhundert nach Davids Inhaftierung mußte ich das Justizministerium beraten, ob David ohne Gefährdung der Allgemeinheit entlassen werden könnte. *Diese Frage ist noch viel schwieriger zu beantworten als die Frage nach der Entlassung von Patienten des Maßregelvollzugs!* Denn da gibt es eine Einweisungsdiagnose und einen großen Zeitraum, in dem der Patient von Fachleuten behandelt, geführt und beobachtet wurde. Aber für einen Gefängnisinsassen wie David gibt es nichts derartiges, nur ein

Vierteljahrhundert Gefängnis in Herz und Hirn. Keine Therapie, sondern jahrelange Isolation. Keinen Therapeuten, nur einen Bewacher. Keine Auseinandersetzung mit dem Verbrechen, nur Vorwürfe.

Vergessen wir die Appelle der Öffentlichkeit nicht.

Der Mörder, die Öffentlichkeit und die Entscheidung

Erscheint Ihnen das nicht auch merkwürdig, daß die Öffentlichkeit sich nie für einen Sexualmörder im Maßregelvollzug einsetzt? Niemand würde wie bei David sagen: »25 Jahre sind genug«. Vielleicht ist das auch gut so. Die Fachleute, die im Maßregelvollzug die Verantwortung tragen, sollen ihre Entscheidung nach bestem Wissen und Gewissen treffen, ohne Druck von draußen. Falls jemand »vorzeitig« aus dem Maßregelvollzug entlassen wird, und etwas passiert, ist die Kritik der Öffentlichkeit gnadenlos. Ihre Aufgabe war klar definiert: Sie sollten für Besserung und Sicherung sorgen.

Anders bei Gefängnisinsassen. Es scheint, daß – anders als bei Patienten des Maßregelvollzuges – die langjährige Haft bei vielen Leuten Solidarität mit dem Gefängnisinsassen erzeugt. Dies scheint ein Zeichen einer liberaleren Einstellung gegenüber Menschen, die »Fehler« gemacht haben, zu sein. Das ist prinzipiell auch gut so. Gefängnisinsassen werden nicht als krank betrachtet, sondern als Menschen, die Fehler gemacht haben und ihre Strafe abbüßen. Aber ist tatsächlich keiner von ihnen krank? Ist tatsächlich niemand, der im Gefängnis sitzt, psychisch gestört? Auch hier ist die Grenze durchlässig.

Dabei geht es nicht *nur* um den Täter, sondern *auch* um die Opfer. Das fängt schon mit der Entscheidung: ›Maßregel- oder Strafvollzug‹ an. Durch die langjährige Behandlung des Straftäters im Maßregelvollzug ist immer die Hoffnung auf Besserung vorhanden, ebenso bedingt durch die Struktur und die Bestimmungen dieser Maßnahmen, bei denen auch die Sicherung viel größer ist als im Rahmen einer Gefängnisstrafe. Nach der Statistik und den Expertenberichten liegt die Rückfallquote bei entlassenen Gefängnisinsassen weit über der von Entlassenen aus dem Maßregelvollzug mit vergleichbaren Delikten. Es geht also sowohl um die Täter als auch um mögliche, zukünftige Opfer bei der Entscheidung: »Wohin mit den Sexualmördern?«.

Aufgrund meiner langjährigen Erfahrungen und Verlaufsbeobachtungen komme ich zu dem Schluß, *daß in jedem Sexualmörder zuerst ein psychisch gestörter Mensch gesehen werden muß, sowohl in seinem eigenen Interesse, als auch in dem der anderen!*
Auch wenn eindeutige Symptome einer psychischen Erkrankung fehlen, ist der Psychiater verpflichtet, bei jedem aggressiven Sexualtäter psychische Zusammenhänge zu suchen.
Ich befürchte, daß bei David die Suche zu oberflächlich verlief. Nachdem David seinen ersten Mord begangen hatte, wurde er psychiatrisch begutachtet. Eine äußerst knappe Begutachtung mit einer mageren Beurteilung. Die Länge eines Gutachtens ist nicht immer ein Beweis für dessen Qualität. Aber sie ist zumindest ein Hinweis darauf, wie intensiv der Gutachter sich mit der Problematik auseinandergesetzt hat. Ob er vieles untersucht hat, möglichst alles. Wenn man die turbulente und traurige Lebensgeschichte von David kennt, wenn man die brutale Vergewaltigung von Monika vor Augen hat, ist der Verdacht berechtigt, daß das knappe Gutachten sich nicht ausreichend mit Davids Fall auseinandergesetzt hat.
Bei mir verstärkte sich dieser Verdacht, nachdem ich die Akte gelesen hatte. Dieser Eindruck wurde auch von David bestätigt, der seine Begutachtung als sehr oberflächlich erlebt hatte. Der damalige Gutachter hat festgestellt, daß die neurologischen, röntgenologischen und elektoencephalographischen Befunde normal waren. Er konnte »Geisteskrankheit« und »Schwachsinn« ausschließen. Das ist richtig und ist es auch heute noch, 25 Jahre später. Die Zusammenfassung des Gutachters lautete danach so, wie ich es weiter oben wiedergegeben habe. Er bestritt das Vorhandensein einer abnormen Persönlichkeitsentwicklung mit Krankheitswert, und er sah infolge dessen keine medizinisch-psychologisch begründbare Beeinträchtigung der Zurechnungsfähigkeit. Er vermutete nur, daß der Alkohol eine erheblich verminderte Zurechnungsfähigkeit hervorgerufen habe. Dieser Einschätzung ist auch das Gericht gefolgt. Aber nach Meinung des Gerichtes hatte David sich vorsätzlich in solch einen Zustand versetzt und so stellte es fest:
»Die Ursache für diese Verhaltensweise (die Vergewaltigung und die Tötung von Monika) ist nach Ansicht des Senats in einer die gesellschaftliche Disziplin, die Würde der Frau sowie einer das Leben und die Gesundheit anderer mißachtenden Einstellung des Angeklagten begründet, für deren Herausbildung er jedoch allein

die Verantwortung trägt.« David wurde trotz der verminderten Steuerungsfähigkeit (weil er sich vorsätzlich in diesen Zustand versetzt haben soll) zu lebenslanger Freiheitsstrafe verurteilt. Darüber hinaus sind ihm die staatsbürgerlichen Rechte auf Dauer aberkannt worden.

Weder diese psychiatrische Begutachtung noch dieses Gerichtsurteil konnten das Leben von Arnold schützen oder die brutale Tat gegen Hans verhindern.

Vergewaltigung und Tötung können niemals »normal« sein oder einer »normalen« Psyche entspringen. Es handelt sich nicht um eine kurze Episode im Leben eines Menschen, die wie ein Gewitter vorbeigeht. Ich möchte damit nicht sagen, daß jeder Vergewaltiger, jeder Mörder im klassischen Sinne psychisch krank ist. Ich selbst habe während meiner Sachverständigentätigkeit nicht wenige Mörder als voll schuldfähig bezeichnet. Aber ich habe auch die Erfahrung gemacht, daß fast jeder, der einen Sexualmord begeht, eine bedeutsame psychische Problematik hat, die ihn die Tat wiederholen lassen kann, wenn er nicht vor sich selbst geschützt wird und wenn die anderen nicht vor ihm geschützt werden. So ein Mensch braucht auch Hilfe.

Die Strafe für David war hart, die Bedingungen ebenfalls. Und doch tötete er wieder. Erst nach der brutalen Attacke gegen Hans fand eine zweite psychiatrische Begutachtung statt. Der damalige Gutachter bestätigte im großen und ganzen die Befunde seines Vorgängers. David kam für neun Jahre in Isolierhaft.

Ich hatte eine schwierige Frage zu klären: Konnte David aus dem Gefängnis (wohlverstanden: nicht aus dem Maßregelvollzug) entlassen werden? Ich fasse meine Gedanken folgendermaßen zusammen: David hat keine der »klassischen« psychischen Erkrankungen. Die Frage, ob bei ihm eine »schwere andere seelische Abartigkeit« vorhanden sei, konnte nur unter dem Vorbehalt beantwortet werden, daß er seit einem Vierteljahrhundert, mehr als die Hälfte seines Lebens in einem künstlichen Milieu lebt, nämlich in Gefängnissen. Die vorgegebenen starren Strukturen der Haft sowie der Entzug der Freiheit und die damit fehlende Möglichkeit der Persönlichkeitsentwicklung und Eigeninitiative erschweren meine Beurteilung. Die Störungen, die mit der Definition »schwere andere seelische Abartigkeit« erklärt werden, sind am besten anhand der Interaktionen mit anderen Menschen zu beurteilen. Diese sind aber nur in einer freien sozialen Umgebung gegeben. Nur in

Freiheit sind Bewältigungsstrategien in »natürlichen« Konfliktsituationen erkennbar, nicht im Gefängnis.
Die Auseinandersetzung mit Ursachen, Motiven und Folgen seiner Delikte hat David nur mangelhaft vollzogen. Sehr bedenklich stimmten mich seine eingeschränkte Introspektionsfähigkeit, seine Tendenz, Schuld und Verantwortung zu verschieben, seine unreife und infantil anmutende Beurteilung von sozialen Faktoren in ihrer ursächlichen Wirksamkeit. Die Tatsache, daß er bis jetzt versucht, seine Tötungsdelikte und andere Delikte zu bagatellisieren, zu rationalisieren, zu reduzieren sowie seine Verantwortung abzuladen, sind beunruhigend. In den vielen langen Jahren der Haft hat es David nicht geschafft, klare Konsequenzen aus seinem damaligen Tun zu ziehen.
Die entscheidende Behörde möge – so habe ich geschrieben – auch folgendes berücksichtigen: Zwar sei in Appellen an Behörden und politische Personen sowohl von David selbst als auch von anderen Personen und Organisationen von einer »Stabilisierung der Persönlichkeit« die Rede, die erwähnten Faktoren sprächen jedoch dagegen, wenn man damit eine reife, introspektionsfähige, empathische (d. h. die Gefühle anderer respektierende und nachvollziehende) und konsequent im normativen Bereich handelnde Persönlichkeit meint. Es müsse aber auch die negative, deformierende Wirkung der langjährigen Haft berücksichtigt werden.
Meine Vermutung ist, daß die Entwicklung von David eine andere hätte sein können, wenn er nicht im Straf-, sondern im Maßregelvollzug gewesen wäre: Auch wenn keine »klassische« psychische Störung vorhanden war, hätten die mangelnde Affektbeherrschung, die unangemessene Reaktion auf situative Faktoren, die Labilisierung der Persönlichkeit und anderes die Einweisung in den Maßregelvollzug gerechtfertigt. Diese Faktoren hätten im Maßregelvollzug gebessert werden können.
Diese Frage stellt sich jetzt nicht mehr. Sie hätte damals gestellt werden müssen. Dann hätte die über die Entlassung von David entscheidende Behörde es heute leichter.
Auch David hätte mehr geholfen werden können.

E Lebenslänglich und Entlassung

Emil: Die Entlassung eines Sexualmörders aus dem Gefängnis

Noch einmal zu Schwächen der Gutachter, der Justiz ... – zu unseren Schwächen:

Es war kurz vor Weihnachten, als ich mit einer Mitarbeiterin ins Gefängnis ging, um Emil zu untersuchen. Eine junge, warmherzige Gefängniswärterin holte uns von der Pforte ab und begleitete uns durch den Gefängnishof, um uns in die Untersuchungsräume der Justizvollzugsanstalt zu führen. Sie wußte, warum wir da waren, und sie sagte uns unterwegs: »Seien Sie nett zu unserem Sensibelchen!«

Als Sensibelchen bezeichnete sie Emil. Es überraschte mich sehr, das von einer Frau zu hören. Ich kannte Emils Vorgeschichte und die neue Anklageschrift. Als ich mein Erstaunen über die Bezeichnung »Sensibelchen« äußerte, blieb die Gefängniswärterin bei dieser Bezeichnung. Ich fragte sie, ob sie denn wisse, was er getan habe. »Ja«, sagte sie, »ich weiß es. Aber er ist trotzdem ein Sensibelchen.«

Emil hatte vor 16 Jahren ein 16jähriges Mädchen getötet, das sich gegen seinen Vergewaltigungsversuch wehrte. Er wurde psychiatrisch untersucht, für voll schuldfähig befunden und zu lebenslanger Freiheitsstrafe verurteilt. Wegen guter Führung wurde er als ungefährlich eingeschätzt und nach 15 Jahren aus dem Gefängnis entlassen. Nach einer erneuten Gewalttat wurde er wieder eingesperrt.

Trotzdem meinte die Gefängniswärterin, Emil sei ein »Sensibelchen«. Was heißt das? Schauen wir uns seine Geschichte an.

Emil kommt aus einer Arbeiterfamilie. Den Vater beschreibt er als ungerechten, gewalttätigen Alkoholiker, während die Mutter als hilfsbereit und ihm gegenüber ›gut‹ charakterisiert wird. Die Mutter-Kind-Beziehung wird von Emil positiv erlebt und realistisch dargestellt. Die Beziehungen zu seinen zwei Brüdern bezeichnet er als unauffällig.

Emil fing schon in der Schule an, sich selbst und anderen Probleme zu machen. Er schwänzte häufig die Schule, störte den Unterricht, und seine Leistungen waren schlecht. Er verließ die Schule nach der 8. Klasse und begann eine Lehre als Maurer. Kurz danach wurde er wegen Körperverletzung, Erpressung und Betrug zu 12 Monaten Freiheitsstrafe verurteilt. Wenige Monate nach seiner Entlassung aus dem Gefängnis wurde er erneut wegen Rowdytums verurteilt. Ein Jahr nach der zweiten Entlassung aus dem Gefängnis tötete er das junge Mädchen.

Damals fand eine knappe psychiatrische Begutachtung statt. Das Gutachten umfaßte nicht einmal 10 Seiten. Das sexuelle Leben, die sexuellen Phantasien, das mögliche Vorhandensein einer Perversion wurden kaum erwähnt. Die Möglichkeit einer sexuellen Impulshandlung wurde nicht einmal besprochen. Emil wurde als voll schuldfähig bezeichnet. Das Gericht folgte dem Gutachten und verurteilte ihn aufgrund eines sogenannten Verdeckungsmordes. Mit der Vermutung eines Verdeckungsmordes sollte ein Psychiater sehr vorsichtig sein, denn viele seiner Kollegen, viele Sexualforscher sehen in einem sogenannten Verdeckungsmord die Komplettierung einer Impulshandlung.

Als ich Emil 16 Jahre später wegen einer erneuten sexuellen Gewalttat untersuchen mußte, bejahte ich aufgrund meiner neuen Exploration die Möglichkeit einer Impulshandlung zu der damaligen Zeit. Emil kam nach der Tötung des Mädchens zur Verbüßung einer lebenslangen Haftstrafe ins Gefängnis. Er durfte nicht »ins Sanatorium«, d.h. in den Maßregelvollzug.

Im Gefängnis schien er völlig angepaßt. Es gab keine Probleme, keine Auseinandersetzungen. Von Therapie keine Spur. Wegen guter Führung wurde er nach 15 Jahren entlassen. Gebessert?

Wenige Monate nach seiner Entlassung attackierte er eine 75jährige Frau mit einem Messer, verlangte den Oralverkehr und ließ sich von ihr manuell befriedigen. Nur eine halbe Stunde später kehrte er wieder zu seiner Freundin zurück.

Die Exploration von Emil war schwierig. Er verschwieg vieles, versuchte, sich zu entlasten. Er bat ständig unterwürfig, fast weinend um Gnade. Mit zitternder Stimme beschwor er mich, daß er alles wieder gutmachen wolle. Er wolle der beste Mensch sein, ein normales Leben führen und sich so gerne bei der alten Frau entschuldigen. »Bitte, bitte, geben Sie mir eine Chance«. Ein Sensibelchen mit gefährlichen Problemen, das viel Hilfe brauchte.

Trotz aller Schwierigkeiten während der Exploration zeigten sich Sexualgewaltphantasien, die zwar nicht in der ganzen Intensität zugegeben wurden, aber eine starke Dynamik vermuten ließen.

Diese Phantasien hatte Emil seit seiner Jugend. Sie kamen zum Ausbruch bei der Tötung des 16jährigen Mädchens und bei der ziellosen, zufälligen Gewalttat gegen die 75jährige Frau.
Ich benötigte 120 Seiten, um eine sexuelle Impulshandlung zu diagnostizieren. Emil hat eine ausgeprägte Schwäche, seine Impulse zu kontrollieren. Nicht einmal die positiven Assoziationen, die man mit einer alten Frau, einer Oma, in Verbindung bringt, waren in der Lage, korrektiv zu wirken. Die Wiederholbarkeit der Tat mußte ich bejahen. Emils labile Persönlichkeit, seine Unfähigkeit, Impulse zu kontrollieren, wurden dadurch verstärkt, daß die Beziehung zu seiner Freundin krisenhaft verlief. Es ist ja typisch, daß Menschen wie Emil in krisenhaften Situationen mit einer Impulshandlung reagieren können: Kurz vor dieser zweiten Tat hatte er erfahren, daß seine Freundin sich trotz ihres intensiven sexuellen Lebens, trotz der »Frische« dieser Beziehung, für Geld an andere Männer verkaufte. Während der Gerichtsverhandlung bat Emil wiederholt um Hilfe. Er fürchtete selbst, daß er Ähnliches wieder machen könne. Daraufhin empfahl ich den Maßregelvollzug, um Emil zu helfen und um zukünftige Opfer zu schützen. Emil wurde im Maßregelvollzug untergebracht.

F Untergebracht ein Leben lang?

Florian: Der alte Mann im Maßregelvollzug

Ich habe über die wütenden Reaktionen der Presse berichtet, über die empörten Briefe an die Richter, über das Mißtrauen gegen Psychiater, wenn ein Sexualmörder nicht lebenslang verurteilt und ins Gefängnis gesteckt wird. Aber auch der Maßregelvollzug kann in manchen Fällen »lebenslang« bedeuten – lebenslang im wahrsten Sinne des Wortes! Auch wenn das Verbrechen kein Sexualmord ist, sondern viel »leichter«, etwa Exhibitionismus. Auch wenn das »Verhältnismäßigkeitsprinzip« im Strafvollzug und im Maßregelvollzug gleichermaßen gilt. Ein Mörder, der »lebenslänglich« ins Gefängnis gesteckt wird, hat in der Regel gute Chancen, nach 15 Jahren entlassen zu werden, wie etwa Emil. Ein jugendlicher Mörder wie Zacharias, von dem Sie noch hören werden, verbringt sogar höchstens 10 Jahre im Gefängnis. Aber wer in den Maßregelvollzug eingewiesen wird, weiß nicht, wann er entlassen wird.

Ich erzähle Ihnen jetzt die Geschichte von Florian. Als ich Florian – im Maßregelvollzug – kennenlernte, war er schon 72 Jahre alt. Er erweckte keine Sympathie, kaum Mitleid. Seine Lebensgeschichte war schon vor seiner Unterbringung nicht sympathieerweckend. Bis zur Beendigung der Volksschule war er völlig unauffällig, auch seine Herkunft zeigt keine Besonderheiten. Das änderte sich mit der Pubertät. Mit 15 Jahren nötigte er ein neunjähriges Mädchen sexuell. Er erhielt eine Jugendstrafe von 6 Monaten Gefängnis, die er jedoch nicht zu verbüßen brauchte. Statt dessen wurde er in einer Erziehungsanstalt untergebracht. Mit 17 Jahren wurde er entlassen und schloß gleichzeitig eine Gesellenprüfung ab.

Nach dem Krieg lebte er vorwiegend von Schwarzmarktgeschäften und »Hamsterfahrten«, die er zusammen mit seinem Bruder unternahm. Er heiratete, aber die Ehe wurde nach vier Jahren geschieden. Der Grund dafür war seine Brutalität gegen seine Frau, die er einmal so sehr würgte, daß sie nur knapp dem Tod entging. Unmittelbar nach der Trennung heiratete er wieder. Aber auch diese Ehe dauerte nur drei Jahre. Aus der ersten Ehe hat er ein Kind, aus der zweiten Ehe zwei Kinder.

Es folgten Bestrafungen wegen wiederholter Verletzung der Unterhaltspflicht, wegen Verkehrsdelikten, wegen Unterschlagung, wegen Untreue, wegen wissentlich geäußerter falscher Anschuldigungen u.ä. Dann wurde er wegen Zuhälterei in Tateinheit mit Nötigung zu einer Freiheitsstrafe von einem Jahr und acht Monaten verurteilt.

Nach der Entlassung aus dem Gefängnis lernte er eine Frau kennen, die zwei Mädchen im Alter von acht und zwölf Jahren hatte. Es kam zu einer Beziehung und Florian zog bei ihr ein. Bald zeigte sich jedoch, daß er kein Interesse an der neuen Lebensgefährtin hatte, sondern vielmehr an den beiden Mädchen. Ein Jahr lang mißbrauchte er sie, bis dies entdeckt und er verurteilt wurde. Eine psychische Störung wurde nicht diagnostiziert, auch keine »schwere andere seelische Abartigkeit«. Infolgedessen kam er nicht in den Maßregelvollzug, sondern ins Gefängnis.

Die Strafe hatte er nach drei Jahren verbüßt. Kaum entlassen, machte er genau das gleiche wieder. Er hatte Schwierigkeiten, mit einer erwachsenen Frau sexuell zu verkehren und wandte sich acht- bis zehnjährigen Mädchen zu. Er versprach ihnen Geschenke und andere schöne Sachen, lockte sie in abgelegene Gegenden, wo er sexuelle Handlungen an ihnen vornahm.

Einige Zeit nach seiner zweiten Entlassung wurde Florian wegen Entführung und Unzucht mit Kindern in mehreren Fällen, wegen schweren Diebstahls in 14 Fällen und wegen Betruges erneut zu acht Jahren Gefängnis verurteilt. Das Gericht zog erneut einen sachverständigen Psychiater zu Rate. Aber selbst nachdem ihm so viele Kinder zum Opfer gefallen waren und obwohl festgestellt worden war, daß er nicht mit erwachsenen Frauen, sondern nur mit Kindern geschlechtsmäßig verkehren konnte, wurde die Notwendigkeit der Unterbringung in den Maßregelvollzug nicht erkannt. Es wurde zwar darauf hingewiesen, daß Florian auch in Zukunft eine große Gefahr für Kinder sei und daß die Wiederholungsgefahr mit hinreichender Wahrscheinlichkeit bejaht werden müsse. Aber weil der Psychiater nicht in der Lage war zu begründen, inwieweit bei Florian eine »schwere seelische Abartigkeit« vorlag, konnte er auch nicht im Maßregelvollzug untergebracht werden. Und doch war da eine »schwere seelische Abartigkeit«, die sich vor allem in der Form der Pädophilie, der krankhaften sexuellen Neigung zu Kindern zeigte.

Im Gefängnis zeigte Florian pathologische Haftreaktionen, die an eine Wahnerkrankung erinnerten. Die Ärzte waren sich jedoch nicht sicher, ob es sich tatsächlich um eine solche handelte. Er wurde deswegen auch nicht behandelt.

Nach sieben Jahren wurde er entlassen. Kurz darauf mußte die achtjährige Ingrid dies mit ihrem Leben bezahlen. Er fuhr mit Ingrid zu einem Ausflugsort und ging mit ihr in den Wald. Er versuchte, das Mädchen zu vergewaltigen. Ingrid wehrte sich, wollte weglaufen, schrie. Florian bekam Angst und tötete sie.

Drei Wochen später wurde die Leiche von einem Spaziergänger entdeckt. Aufgrund seiner Vorgeschichte geriet Florian in den Kreis der Verdächtigen. Diesmal wurde er von zwei Psychiatern begutachtet. Beide Psychiater stellten eine »schwere seelische Abartigkeit« fest. – Diese hat er immer gehabt! – Sie stellten fest, daß eine große Wiederholungsgefahr bestehe. Darüber hinaus wurde die Wahnerkrankung, die die Ärzte in der Haftanstalt nicht sicher diagnostizieren konnten, bestätigt. Jetzt endlich wurde er im Maßregelvollzug untergebracht. Wäre die Unterbringung früher erfolgt, hätte Ingrid gerettet werden können.

Ich traf Florian als alten Mann, zwanzig Jahre, nachdem er Ingrid getötet hatte. Ich mußte feststellen: Der Aufenthalt in der forensischen Abteilung hatte eindeutig und vorwiegend verwahrenden Charakter. Eine therapeutische Arbeit, die sich auf eine Auseinandersetzung mit der Problematik und den Versuch der Konflikt- und Problemlösung konzentrierte, hatte nicht stattgefunden. Die Gründe dafür lagen in Florians Persönlichkeit, Einstellung und Therapiebereitschaft. Die Einzelgespräche oder sogenannten Therapiegespräche beschränkten sich vorwiegend auf alltägliche, oberflächliche, problemfremde Aspekte. Florian erlaubte keine therapeutischen Bemühungen und keinen Zugang zu ihm, im Gegenteil, er kapselte sich ab, flüchtete in sein sehr persönlich eingerichtetes kleines Zimmer und versuchte, einen Ersatz für seine emotionalen Bedürfnisse bei seinen Goldfischen zu finden. Auch eine medikamentöse Behandlung seiner Wahnerkrankung lehnte er immer strikt ab, was mit seiner fehlenden Krankheitseinsicht zu tun hatte. Ich mußte feststellen, daß es keinen Therapieerfolg gab, weil keine richtige Therapie stattgefunden hatte, nicht stattfinden konnte.

Die Beurteilung, ob er entlassen werden könne oder nicht, war mit einigen Problemen verbunden: Mit seinen 72 Jahren ist Florian so alt, daß man erwarten kann, daß die sexuelle Aktivität erloschen ist. Dies trifft allerdings nicht für alle Menschen zu. Es darf hier auch nicht der theoretisch-statistische, es muß der individuelle Aspekt bewertet werden. Aufgrund der schwierigen Exploration war ich überzeugt, daß bei Florian noch sexuelle Phantasien aktiv waren. Er berichtete mir, daß er noch bis vor wenigen Monaten sexuelle Wünsche gehabt habe. Selbst wenn seine Aussage zutraf, waren einige Monate zu wenig, um sich darauf zu berufen. Der körperliche Zustand von Florian verriet, daß er noch recht agil und vital war. Seine fehlende Einsicht erhöhte die Gefahr einer möglichen Umsetzung vorhandener Phantasien in die Realität. Eine Auseinandersetzung mit seinen Delikten hatte nie stattgefunden, ebensowenig war eine sichtbar erlebte Reue zu erkennen. Er leugnete vieles. Die Beschuldigungen und Strafen wertete er als das Ergebnis eines Komplottes. Florian hatte nach wie vor Wahnideen.

Es ist hervorzuheben, daß seine pädophilen Handlungen und Phantasien nicht Bestandteil der Wahnerkrankung waren. Sie bestanden unabhängig davon. Sie gehörten zu seiner krankhaften Persönlichkeitsstruktur und seinen gestörten Konfliktbewältigungsstrategien. Man spricht in diesen Fällen von »Komorbidität«, was so viel heißt wie »Zusammentreffen von mehreren Störungen«.

Einige Jahrzehnte seines 72 Jahre langen Lebens verbrachte Florian in Erziehungsanstalten, in Gefängnissen und im Maßregelvollzug. Seine Fähigkeiten und Kapazitäten, in einer normalen Umgebung zu leben und zu überleben, sind nahezu verschwunden. Er hat draußen keine Haltestrukturen mehr. Kein Mensch ist für ihn da. Auch er ist für niemanden mehr da. Florian benötigt leider immer noch die Anstalt. Eine Verlegung in die allgemeine, nicht geschlossene Psychiatrie erschien mir noch problematischer, weil seine sexuellen Phantasien nicht völlig geklärt und vor allem wahrscheinlich noch nicht erloschen waren. Zudem ist ein Wechsel der Umgebung fur einen so alten Mann nicht leicht. Es bräuchte eine lange Vorbereitung. Unter Berücksichtigung der Vorgeschichte, des Krankheitsverlaufs, der Einstellung zu den Delikten und zur Therapie ließ sich nicht ausschließen, daß Florian nach wie vor Kinder gefährden würde.

Deshalb blieb er mit seinen 72 Jahren im Maßregelvollzug.

G Das prognostische Dilemma: Entlassung aus dem Maßregelvollzug – Ja oder Nein?

Gerd: Die Geschichte mit den vielen Botschaften

Eines Tages kommt sie, die Stunde der Wahrheit. Die Stunde, wo die Verantwortlichen sich der Aufgabe stellen müssen *»zu erproben, ob der Untergebrachte außerhalb des Maßregelvollzuges ein straffreies Leben führen kann«*.

Aber was probieren? Und wenn der Versuch negativ verläuft? Jeder Test kann positiv oder negativ verlaufen. Das gehört zur Natur der Sache. Ein negativer Ausgang kann allerdings in unserem Fall schlimme Konsequenzen haben. Es ist wirklich die Stunde der Wahrheit. Darüber werden wir etwas später noch einmal sprechen.

Die Botschaft, die ich mit der nachfolgenden Geschichte vermitteln will, betrifft das *diagnostische und prognostische Dilemma*.

Manchmal ergeben die Untersuchungsergebnisse kein Ergebnis, das heißt, man ist der Diagnose nicht ganz sicher oder verschiedene Psychiater haben unterschiedliche Meinungen dazu, ob dem Gericht das Gefängnis oder der Maßregelvollzug zu empfehlen ist. Trotzdem muß sich der Richter für die eine oder die andere Empfehlung entscheiden. Wie bei Gerd.

Ein weiteres Dilemma entsteht bei der Frage der Entlassung aus dem Maßregelvollzug. Auch wenn ein Täter seit fast zwei Jahrzehnten keine weiteren Straftaten begangen hat, ist die Entlassungsfrage nicht eindeutig zu beantworten. Dieses prognostische Dilemma stellte sich auch bei Gerd.

Ich erzähle Ihnen seine Geschichte. Gerd wurde kurz vor Kriegsende als jüngstes von drei Kindern geboren. Zu seinen Geschwistern hat er keinerlei Kontakt mehr. Seine Eltern konnte er nicht bewußt kennenlernen, da sie in den letzten Kriegsjahren starben. Der Vater fiel als Soldat, die Mutter kam bei einem Bombenangriff ums Leben.

Er wuchs bei seiner Großmutter auf, die mit der übrigen Familie nach Kriegsende nach Norddeutschland umzog. Die frühkindliche Entwicklung verlief nicht normal, weil er Gesichtsanomalien hatte. Die Folgen waren Störungen bei der Nahrungsaufnahme und der Sprachentwicklung. Er litt sehr unter dem Gespött der anderen Kinder. Gerd konnte zwar die Volksschule besuchen, blieb aber wegen Lernschwierigkeiten in der fünften Klasse sitzen und wurde schließlich aus der siebten Klasse entlassen.

Die Erziehung von Gerd oblag im wesentlichen seiner Großmutter. Sie war ihm gegenüber nachgiebig und gutmütig. Aber im Haushalt wohnte auch seine Tante, die er als abweisend-verletzend, kühl und beherrschend erlebte. Zwischen ihr und ihrem Ehemann, der Alkoholiker war, ergaben sich häufig tätliche Auseinandersetzungen, unter denen Gerd litt. Als er 15 Jahre alt war, starb seine Großmutter, wodurch seine Lage sich verschlechterte und er zunehmend vereinsamte. Nach der Schulentlassung fing er verschiedene Lehren an. Seine Schwierigkeiten beim Rechnen und Schreiben führten jedoch immer zum Lehrabbruch.

Nach diesen persönlichen Mißerfolgen begann Gerd, sich dem Alkohol zuzuwenden. In der Folgezeit wurde er wiederholt im Zusammenhang mit Alkoholmißbrauch straffällig. Er wurde wegen seines Alkoholproblems nicht einmal mehr als Hilfsarbeiter beschäftigt. Auf Antrag seiner Tante, die nach dem Tod der Großmutter zum Vormund bestellt worden war, wurde er schließlich in vorläufige Fürsorgeerziehung überwiesen und in einem Jugendheim untergebracht. Später arbeitete er außerhalb des Heimes bei einem Bauern.

In der Sexualität war Gerd von Anfang an stark gehemmt. Er masturbierte häufig, wobei sich seine sexuellen Phantasien immer auf Jungen richteten. Er sprach aber mit niemandem darüber. Erste reale erotische und sexuelle Erfahrungen machte er im Jugendheim. Er erlebte dort eine sowohl sexuell als auch emotional erotische Beziehung zu einem etwa gleichaltrigen Jungen.

In den Folgejahren hatte er zunächst keine weiteren erotischen Kontakte. Seine Sexualität beschränkte sich wegen seiner Kontakt- und Beziehungsschwache auf den Bereich von Phantasie und Masturbation.

Obwohl er von Anfang an homosexuell-pädophil, das heißt auf Knaben fixiert war, versuchte er gleichwohl Beziehungen zu Frauen anzuknüpfen. Es kam zu mehreren Kontakten zu jungen Mädchen und Frauen, auch einige wenige Male zum Geschlechtsverkehr. Er empfand dabei jedoch keine wirkliche Befriedigung. All diese Beziehungen blieben ohne wirklichen Einfluß auf seine weitere Entwicklung.

Seit er bei Schaustellern aushalf, hatte er wiederholt sexuelle Beziehungen zu Jungen. Diese verliefen immer nach dem gleichen Muster: Wenn er Jungen kennenlernte, sprach er sie an und fragte sie, ob sie gegen Geld zärtlich mit ihm seien und ihn »ein bißchen lieb hätten«. Wenn die Jungen im Verlaufe der oft wechselseitigen sexuellen Handlungen nicht weitermachen wollten, ließ er von ihnen ab und entschuldigte sich. Es kam nie zu aggressiven Handlungen, allerdings hatte er stets ein »schlechtes Gewissen«.
Eines Tages versuchte Gerd bei einem Blutalkoholgehalt von etwa 2,2 Promille, einen siebzehnjährigen Jungen auf einer Parkbank zu sexuellen Handlungen zu zwingen. Als dieser um Hilfe schrie, drückte ihm Gerd den Hals zu und versuchte, ihn zu vergewaltigen. Das Opfer wurde durch Passanten befreit.
Am gleichen Tag traf Gerd den 11jährigen Torsten, den 13jährigen Rolf und den 9jährigen Hendrik. Zuerst versuchte er, sich dem 11jährigen Torsten sexuell zu nähern. Dieser lehnte ab und lief weg, ohne daß Gerd versucht hätte, ihn zurückzuhalten. Auch bei einem zweiten Versuch lief der Junge weg. Minuten später traf Gerd den dreizehnjährigen Rolf. Er fragte ihn, ob er Geld verdienen wolle, was Rolf bejahte. Beide begaben sich hinter einen Zirkuswagen, wo es zu wechselseitigen Onanieren kam. Rolf ging weg und wenig später kam Hendrik vorbei, der damals neun Jahre alt war. Gerd fragte den Jungen, ob er sich 10 DM verdienen wolle. Er müsse dafür etwas »Persönliches« machen. Er solle ihn »so ein bißchen liebhaben«. Der Junge ging mit. *Als Gerd den Jungen küssen und auch im Schritt über die Hose streicheln wollte, wehrte sich der Junge. Gerd jedoch wollte im Zustand sexueller Erregung nicht damit aufhören. Gegen den Willen von Hendrik wollte er Schenkelverkehr mit ihm haben. Hendrik schrie um Hilfe, leistete jedoch kurz darauf keinen Widerstand mehr. Er war leblos und Gerd führte den Analverkehr aus. Während dieser Handlung fiel plötzlich Hendriks Kopf ganz zur Seite, und Gerd begriff endlich, daß der Junge tot war. Er deckte ihn mit Heu zu. Wenig später stellte er sich der Polizei.*
Bei den anschließenden Vernehmungen gab Gerd das Tatgeschehen in allen Einzelheiten zu, wies jedoch die Unterstellung, daß er Hendrik von vornherein habe töten wollen, energisch zurück. Er habe den Jungen aus Angst mit all seiner Kraft gewürgt.

Wenn Psychiater streiten ...

Der damalige Gutachter stellte bei Gerd viele Merkmale fest, die auf eine schwere andere seelische Abartigkeit hinwiesen, wollte aber keine Beeinträchtigung seiner Steuerungsfähigkeit zugestehen. So sei Gerd zwar in seiner sozialen Integrationsfähigkeit beeinträchtigt, finde schwer Kontakt, weise eine intellektuelle Minderdifferenzierung auf, sei haltlos, ohne Lebensplan, stimmungsabhängig, depressiv, antriebsarm, weichmütig und ich-zentriert. Auch fülle ihn die sexuelle Problematik weitgehend aus, dennoch könne dies alles nicht als »schwere andere seelische Abartigkeit« bezeichnet werden. Eine affektive Ausnahmesituation war nach Meinung des Gutachters nicht gegeben. Zwar habe bei Gerd eine ängstliche Erregung wegen der befürchteten Entdeckung vorgelegen, jedoch müsse selbst unter Berücksichtigung des erheblichen Alkoholgehaltes im Blut angenommen werden, daß eine tiefgreifende Bewußtseinsstörung nicht vorgelegen habe. Von einer verminderten Schuldfähigkeit wollte er nicht sprechen. Das bedeutete: Keine Unterbringung im Maßregelvollzug, sondern im Gefängnis.
Das Gericht war mit dieser Empfehlung nicht zufrieden. Ein zweiter Gutachter wurde angehört. Dieser stellte im Unterschied zum ersten Gutachter fest, daß es sich bei Gerd sehr wohl um eine hoch abnorme Persönlichkeit handele, und das in Kombination mit einer sexuellen Perversion, nämlich der Pädophilie. Gerd wurde als sexuell pervers mit antisozialen Persönlichkeitszügen bezeichnet. Er wurde als homophil-pädophil, also auf Knaben fixiert, diagnostiziert. Bei Gerd müsse man von einer generell verminderten Selbstkontrolle der Triebimpulse ausgehen, meinte der zweite Gutachter. Diese nehme in Versuchungs- und Versagungssituationen zu. Darüber hinaus stellte der neue Gutachter eine schwache Selbstkontrolle fest, die durch keine bedeutsamen intellektuellen Reserven gestutzt bzw. stabilisiert werde. In der Tatsituation sei es zum Durchbruch seiner zerstörerischen Impulsivität gekommen, die einen Zusammenbruch der Abwehrmechanismen im Zustand hoher innerer Erregung und Anspannung zur Folge hatte. Die kontrollschwächende Wirkung des Alkohols erleichterte den aggressiven Durchbruch beträchtlich. Der zweite Gutachter empfahl eine Unterbringung im Maßregelvollzug, weil er die Möglichkeit einer Wiederholungstat sah und weiteren Mißbrauch von Kindern befürchtete.

Die Strafkammer mußte zwischen den beiden gegensätzlichen Auffassungen entscheiden. Verminderte Schuldfähigkeit und damit Unterbringung im Maßregelvollzug – oder volle Schuldfähigkeit und damit Unterbringung im Gefängnis? Das Entscheidungsdilemma war auch ein diagnostisches Dilemma. Das Gericht entschied sich für den Maßregelvollzug.
Aber es folgte noch ein anderes Dilemma. Das prognostische Dilemma.

18 Jahre danach: Das nächste Dilemma

18 Jahre später mußte ich Gerd untersuchen; er war noch im Maßregelvollzug. Ich mußte die Frage beantworten, ob er für die Allgemeinheit noch gefährlich sei.
Bei der Darstellung von Gerds Entwicklung während der 18 Jahre nach der Tötung des Jungen kann ich zwei Abschnitte abgrenzen: Der erste Abschnitt dauerte lange, fast 15 Jahre. In dieser Zeit bewegte sich kaum etwas. Äußere Merkmale wie Alkoholrückfälle, Entweichungen, Widerstand gegen jegliche Therapie illustrieren die Probleme. Die Behandlung mußte sich in dieser Zeit vorwiegend auf soziotherapeutische Aktivitäten und milieutherapeutische Maßnahmen beschränken. Therapeutische Maßnahmen mit disziplinierendem Charakter wurden von Gerd als Kränkungen und als Bestrafungen erlebt.
Der zweite Abschnitt betrifft die letzten 3 Jahre. In dieser Zeit vollzog sich eine Veränderung, die sich in einer Stabilisierung der Verhaltensmuster zeigte: kein Alkoholmißbrauch, keine Entweichungen, keine aggressiven Ausbrüche, keine Impulshandlungen. Gerd entwickelte positive Verhaltensmuster, wie etwa hohe Kooperationsbereitschaft und Zuverlässigkeit im Rahmen der »offenen« Behandlung.
Bei meinen Untersuchungen mußte ich jedoch feststellen, daß nach wie vor viele unbearbeitete und unverarbeitete »Flecke« in der Persönlichkeitsproblematik geblieben waren. Besorgniserregend fand ich die Tatsache, daß Gerd seine sexuellen Neigungen nicht als etwas »Ureigenes« empfand, sondern in gewisser Hinsicht immer noch als persönlichkeitsfremd erlebte: Er glaubte oder berichtete zumindest , daß er heterosexuell veranlagt sei. Er beschrieb seine angeblichen heterosexuellen Ambitionen als »wunderschön«. Er könne sich unter Umständen vorstellen, eine heterosexuelle Dauerbindung einzugehen, sogar zu heiraten.

Gleichzeitig jedoch, fast in einem Atemzug, berichtete er über seine homosexuellen Beziehungen in der Anstalt. Daß er mit keiner Frau eine Bindung eingegangen sei, führte er sowohl auf Hemmungen und Befürchtungen als auch auf äußere Umstände zurück. Problematisch fand ich seine Erklärung, wieso es zu den homophil-pädophilen Handlungen gekommen sei:
Der Alkohol sei schuld daran gewesen. Nur der Alkohol. Also ein anderer, nicht er. Weil Gerd noch nicht zu seiner früh fixierten homosexuellen Neigung stand, sah ich hier eine potentielle Gefahrenzone. Ich befürchtete eine gefährliche Selbsttäuschung in dem Sinne: »Ich bin ja seit längerer Zeit weg vom Alkohol, also bin ich nicht gefährdet und nicht gefährlich«.
Meiner Meinung nach führte dies zu einer Selbstüberschätzung von Gerd, die auch in seinem Umgang mit den Kindern der Verwandtschaft deutlich wurde. Die Verschiebung der Problematik auf seinen Alkoholkonsum – der Alkohol wurde bei seiner Darstellung sogar als der Feind personifiziert –, der ständige Hinweis auf die dreijährige Rückfallfreiheit deuteten auf eine mangelnde Einsicht in die Konfliktsituation und die Konfliktdynamik, von der ich im Kapitel über die Pädophilie sprach. Das bedeutete, daß es auch nicht zu einer ausreichenden Problembewältigung und Konfliktlösung gekommen war, was die Gefahr einer Entgleisung in Streßsituationen betraf. Durch Gerds wirre sexuelle Orientierung potenziert sich diese Gefahr noch: »Ich mag die Frauen, ich möchte eine Frau haben, ich fühle mich aber wohl mit Männern – Kinder nehme ich nur, wenn ich alkoholisiert bin«.
Wie Sie sehen, stellt uns die Prognose vor ein schwieriges Dilemma: Ein Dilemma für Gerd, für das therapeutische Team der Klinik und für den Prognosegutachter. Es entsteht durch den Widerspruch zwischen der äußeren Stabilisierung und der noch vorhandenen inneren Problematik.
Wie kann man damit umgehen? Was fällt am meisten ins Gewicht? Was soll von ausschlaggebender Bedeutung für die prognostische Entscheidung sein? Die Antwort soll zweifelsohne auf der Entwicklung in den letzten drei bis vier Jahren basieren: Sie muß Rückfallfreiheit, Alkoholabstinenz, kooperatives und zuverlässiges Verhalten würdigen, gleichzeitig aber ungelöste psychologische Probleme bedenken. Im übrigen mußte auch berücksichtigt werden, daß weitere Restriktionen über die 18 Jahre Unterbringung hinaus bei Gerd mit Enttäuschung, Kränkung und dadurch mit

Rückfällen verbunden sein könnten: Rückfall als Protest und Reaktion.

Nach reiflicher Überlegung, nach Abwägung aller »Für und Wider« und nach Berücksichtigung aller Orientierungsrichtlinien empfahl ich eine langzeitige offene Begleitbehandlung. Diese solle dazu genutzt werden, die sozialen Strukturen außerhalb des Maßregelvollzuges für Gerd zu festigen. Allerdings empfahl ich wegen der unzureichenden Konfliktverarbeitung eine engmaschige psychotherapeutische Begleittherapie. Bevor diese Langzeitbeurlaubung unter den oben erwähnten Bedingungen nicht abgeschlossen sei, könne nicht erprobt werden, ob Gerd für die Allgemeinheit ungefährlich sei.

Ist dadurch das Dilemma gelöst?

H Der Hospitalismus

Nicht alle wollen den Maßregelvollzug verlassen

Die nachfolgende Geschichte hat, wie fast alle Geschichten, viele Botschaften, doch soll hier die Gefahr des Hospitalismus im Vordergrund stehen. Mit dem Begriff *Hospitalismus* bezeichnet man das Phänomen, daß chronische Patienten an das Leben einer Anstalt so angepaßt sind, daß sie sich kein anderes Leben mehr vorstellen können, sich in der Anstalt sogar wohl fühlen und Angst vor »draußen« haben. Manchmal ist es auch einfach bequem für sie da »drinnen«. Manchmal kommt alles zusammen.

Ich habe viele Straftäter kennengelernt, die das Gefängnis dem Maßregelvollzug vorzogen. Ich habe auch Verteidiger kennengelernt, die darauf hinarbeiteten, daß ihr Mandant ins Gefängnis kam statt in den Maßregelvollzug. Ich habe Richter kennengelernt, die lange darüber nachdachten, wie der Maßregelvollzug zu vermeiden sei. Nicht immer sind solche Einstellungen und Handlungen berechtigt und nachvollziehbar.

Die meisten der Insassen von Einrichtungen des Maßregelvollzuges, bei denen ich die Frage der Entlassung zu beantworten hatte, wollten verständlicherweise unbedingt freikommen. Doch nicht alle teilten diesen Wunsch. Ich lernte auch solche kennen, die große Angst vor der Entlassung, vor der Freiheit, vor dem ungeschützten Leben hatten. Einige befürchteten, daß sie trotz aller positiven Entwicklungen eines Tages rückfällig werden könnten. Andere konnten sich inzwischen kein anderes Leben mehr vorstellen als das im Maßregelvollzug. Waren ihre Fähigkeiten, selbstständig zu leben, verschwunden? Das Phänomen ist auch aus der Allgemeinen Psychiatrie oder aus anderen medizinischen Bereichen, wo chronische Erkrankungen behandelt werden, bekannt. Man bezeichnet es als Hospitalismus.

Holger: Angst vor der Freiheit

Holgers Problem war vor allem die Angst vor seiner Ängstlichkeit, die Angst vor der Freiheit.

Holger wurde als Sohn eines selbständigen Handwerkers und einer Hausfrau geboren. Bei seiner Geburt gab es Komplikationen, so daß Holger als sogenanntes »blausüchtiges« Kind zur Welt kam. Davon abgesehen, traten in seiner frühkindlichen Entwicklung keine Auffälligkeiten in Erscheinung. In der Volksschule konnte er bei knapp durchschnittlichen Leistungen immer versetzt werden.

In dem streng religiösen Elternhaus genoß Holger nach eigenen Angaben wenig Freiheiten. Insbesondere durfte nicht über Fragen aus dem Sexualbereich gesprochen werden. Die strenge Erziehung bereitete Holger Schwierigkeiten. Er lief deswegen als Kind auch einmal von zu Hause weg. Nach der Schulentlassung kam er zunächst für ein halbes Jahr in ein Erziehungsheim. Anschließend begann er eine Lehre als Handwerker, die er mit der Gesellenprüfung abschloß.

Obwohl Holger bereits mit 19 Jahren unter Alkoholeinfluß erstmals straffällig wurde, stieg sein Alkoholkonsum ständig. Im Alter von 24 Jahren wurde er erstmals wegen eines Sexualverbrechens inhaftiert. Im Vollrausch vergewaltigte er seine Verlobte und mißhandelte sie. Im Verlauf des Strafverfahrens stellte sich heraus, daß Holger bereits mit 20 Jahren im alkoholisierten Zustand ein damals 16jähriges Mädchen belästigt hatte. Er hatte sie auf seinem Moped verfolgt, sie vom Fahrrad gerissen und in einen Seitenweg gezerrt. Er verfolgte und schlug das flüchtende Mädchen, ließ dann jedoch wegen ihres Widerstandes von ihr ab. Eine strafrechtliche Verurteilung dieses Vorfalls erfolgte nicht, da Holger sich bei der Geschädigten entschuldigte und ein Schmerzensgeld zahlte. Nachdem Holger zwei Drittel der Strafe aus dem Urteil wegen Vergewaltigung seiner Verlobten verbüßt hatte, wurde er aus dem Gefängnis entlassen. Er arbeitete in seinem Beruf. Mit 26 Jahren heiratete er. Aus dieser Ehe, die später geschieden wurde, gingen zwei Kinder hervor. Hauptgrund für die Scheidung war seine Brutalität gegen seine Frau.

Nachdem Holger ein weiteres Mal eine Frau vergewaltigt und mißhandelt hatte, wurde er erneut zu einer Freiheitsstrafe von drei Jahren und sechs Monaten verurteilt. Wieder mußte er ins Gefängnis und nicht in den Maßregelvollzug. Nach seiner bedingten Haftentlassung fand er durch Vermittlung seines Bewährungshelfers einen Arbeitsplatz. Drei Monate später wurde er wieder inhaftiert: An einem Rosenmontag hatte er in alkoholisiertem Zustand von einem Mädchen sexuellen Verkehr verlangt und es bei dem Angriff gefährlich verletzt. Wieder mußte Holger ins Gefängnis. Es fand

abermals keine psychiatrische Begutachtung statt, noch wurden Maßnahmen der Besserung und Sicherung in Betracht gezogen.
An einem Sommertag nach seiner Entlassung, als er schon morgens angefangen hatte, Alkohol zu trinken, *begegnete ihm in einem Freibad der siebenjährige Heiko. Er nahm den Jungen mit in einen Wald und zwang ihn durch Drohungen und unter Anwendung von körperlicher Gewalt, mit seinem Glied zu spielen.* Das Kind wehrte sich, und Holger tötete das Kind. Während des Kampfes verlor Holger seine Brille. Vier Jahre lang konnte Holger seine Tat verbergen, bis er nach einer öffentlichen Fahndung im Rahmen einer Fernsehsendung identifiziert und verhaftet wurde. Eine Nachbarin erkannte die im Fernsehen gezeigte Brille.
Endlich wurde ein psychiatrisches Gutachten in Auftrag gegeben. Das Gutachten bescheinigte Holger eine pathologische Persönlichkeitsstruktur, die zusammen mit der Hirnschädigung bei seiner Geburt und dem Alkohol eine erhebliche Beeinträchtigung seiner Steuerungsfähigkeit bewirkte. 17 Jahre nach der Tat, 13 Jahre nach der Unterbringung im Maßregelvollzug, mußte ich die Frage seiner Entlassung prüfen. Ich stellte fest, daß Holger noch viel zu lernen hätte, bis er in der Lage sein würde, ein sozial akzeptables und straffreies Leben zu führen.
Besorgniserregend war für mich die Tatsache, daß er selbst noch im Maßregelvollzug Alkohol trank, obwohl dies selbstverständlich verboten ist. Mangels Möglichkeit geschah dies natürlich nicht in exzessiver Art und Weise. Besorgniserregend war für mich auch die Dynamik, die hinter seinem gelegentlichen Alkoholgebrauch stand. Alkohol hatte bei Holger eine angstlösende Wirkung, was dazu führte, daß er ihn als Mittel zur Konfliktbewältigung einsetzte, wenn es darum ging, seine Ängstlichkeit zu bekämpfen. Ich mußte vermuten, daß er in Konfliktsituationen außerhalb der Klinik wieder schnell zum Alkohol greifen würde. Da er alle schweren Delikte unter Alkoholwirkung begangen hatte, mußte ich von dem Versuch abraten, herauszufinden, ob er außerhalb des Maßregelvollzuges straffrei leben kann.
Aber auch er selbst wollte keinesfalls entlassen werden – aus Angst vor seiner eigenen Persönlichkeit, seiner Unsicherheit und Ängstlichkeit. Er hatte vor allem Angst vor der Freiheit und erkannte, daß er noch eine lange Therapie brauchen würde. Seine positive Einstellung zur Therapie und die Einsicht in ihre Notwendigkeit verbargen aber auch eine große Gefahr: die des Hospitalismus.

Holger berichtete mir von der Geborgenheit und Sicherheit in der Klinik, die ihn vor einer bedrohlichen Außenwelt bewahre. Ich wies in meinem Gutachten eindringlich darauf hin, daß der Gefahr des Hospitalismus begegnet werden müsse.
Holger wollte keinesfalls aus dem Maßregelvollzug entlassen werden, weil er Angst vor sich selbst hatte.

Der bequeme Richter

Isidor:
Minderwertigkeitskomplexe, Schwachsinn, Hirnschädigung, Alkohol ...

Wir haben schon mehrfach auf Versäumnisse und Schwächen der Justiz, der Gutachter und der Verantwortlichen hingewiesen. Isidors Geschichte gibt mir die Möglichkeit, Ihnen einiges über den bequemen Richter, den zu mutigen Rechtsmediziner und den abwesenden Psychiater zu erzählen.

Als ich Isidor kennenlernte, war er 51 Jahre alt und schon seit 19 Jahren im Maßregelvollzug. Er kam dahin, *weil er mit sexuellen Absichten eine 68jährige Frau getötet hatte. Zwei Jahre zuvor war er bei dem anderen Versuch, eine Frau zu töten, von deren Sohn erwischt worden. Das damalige Urteil lautete auf schwere Körperverletzung. Das Gericht hatte damals eine psychiatrische Untersuchung abgelehnt. Noch früher, fünf Jahre vorher, hatte Isidor schon einmal eine Frau während des Sexualaktes getötet. Er konnte den Geschlechtsverkehr nicht vollziehen und fühlte sich deshalb von der Frau beleidigt.* Auch damals hatte das Gericht seine Unterbringung im Maßregelvollzug abgelehnt.

Isidor stammte aus schwierigen familiären Verhältnissen. Er war das zweitalteste Kind. Der Vater, ein einfacher Arbeiter, wurde schon in jungen Jahren aus gesundheitlichen Gründen arbeitsunfähig. Er hatte wohl Alkoholprobleme. Die Mutter war Hausfrau. Ein Kind war in früheren Jahren verstorben. Ein jüngerer Bruder leidet, wie auch Isidor selbst, an epileptischen Anfällen. Es gab keine große Wärme und Harmonie in der Familie. Isidor hatte es besonders schwer.

Er war als Kleinkind in seiner körperlichen Entwicklung so weit zurückgeblieben, daß er zunächst für ein Jahr vom Schulbesuch zurückgestellt wurde. Er besuchte dann die Volksschule, wurde deren Anforderungen aber nicht gerecht, so daß er in die Sonderschule wechseln mußte. Mit 14 Jahren wurde er aus der 4. Klasse entlassen, nachdem er auch in der Sonderschule mehrfach nicht versetzt werden konnte. Er hatte große Lernschwierigkeiten wegen seiner intellektuellen Minderbegabung.

Isidor war zart und klein, was für ihn zeitlebens ein Problem blieb. Bereits während der Schulzeit versuchte er, dies durch turnerische Leistungen wettzumachen. In den folgenden Jahren setzte Isidor seine Energie gezielt ein, um sich körperlich zu stärken. Er erlernte Karate und versuchte so, die mangelnde körperliche Größe auszugleichen.

Seine Beziehungen zu Frauen wurden von Hemmungen und Minderwertigkeitsgefühlen bestimmt. Einmal nannte ihn eine Frau, mit der er zu flirten versuchte, einen »Gartenzwerg«. Das verletzte ihn sehr, und er brauchte lange, um darüber hinwegzukommen. Selbst heute – wenn er angetrunken ist – erzählt er weinend und klagend davon. Seine Frauenkontakte beschränkten sich auf Kontakte mit Prostituierten.

Der erste Mord. Das erste Versäumnis

In einer Sommernacht zog er von Bar zu Bar und lernte eine Frau kennen, die ihn mit in ihre Wohnung nahm. Dort wurde weiter Alkohol konsumiert, bis beide sehr betrunken waren. Die nachträgliche Schätzung des Alkoholgehaltes im Blut ergab bei Isidor mindestens 3,7 Promille und bei der Frau ca. 2,3 Promille. Die beiden tauschten Küsse und Zärtlichkeiten aus. Die Frau versuchte, Isidor sexuell zu animieren. Sein Glied wurde jedoch nicht steif. Isidor versuchte immer verzweifelter aber erfolglos, eine Erektion zu bekommen. Die Frau war wegen ihrer vergeblichen Bemühungen enttäuscht und reagierte mit einem Wutausbruch. Sie stieß ihn zurück und schrie, er sei kein Mann, er sei ein »Schlappschwanz«, ein »Scheißhaufen« und wirklich ein »Gartenzwerg«. Ein »Gartenzwerg«! Dieses Stichwort traf ihn besonders und aktivierte seine Minderwertigkeitsgefühle. Blitzschnell, ohne jegliche Überlegung, ging er auf die Frau los und würgte sie zu Tode. So sein Bericht.

Isidor verließ daraufhin die Wohnung und saß etwa eine Stunde auf einer Parkbank, um zu sich zu kommen. Danach irrte er in den Straßen umher und machte die Bekanntschaft eines jungen Mannes, dem er von seiner Tat erzählte. Der glaubte ihm jedoch nicht. Isidor beschloß daraufhin, sich der Polizei zu stellen.

Das Schwurgericht erkannte, daß Isidor, als er den Mord beging, aufgrund des Alkohols erheblich in seiner Steuerungsfähigkeit beeinträchtigt war. Seine Minderbegabung und die Hirnschädigung wurden jedoch nicht berücksichtigt, ebenso nicht die Tatsache, daß

sein Handeln durch Minderwertigkeitsgefühle und akute Affekte bestimmt war.
Ohne daß ein psychiatrischer Sachverständiger gehört worden wäre, wurde Isidor zu vier Jahren und sechs Monaten Freiheitsstrafe verurteilt, nachdem das Gericht es abgelehnt hatte, Isidors Unterbringung im Maßregelvollzug oder in einer Entziehungsanstalt für Alkoholiker anzuordnen. Solche Entscheidungen trifft die Justiz leider nicht so selten, da nicht immer der Rat eines Psychiaters eingeholt wird. Einigen Richtern genügt schon der Rat eines »Alkoholsachverständigen«. Dieser ist in der Regel ein Rechtsmediziner. Nach vier Jahren wurde Isidor aus dem Gefängnis entlassen, in demselben Zustand, mit den gleichen Problemen und Gefährdungen wie vor dem Gefängnis.
Im Maßregelvollzug wären – wie ich schon erwähnt habe – die Besserung und vor allem die Bannung der Wiederholungsgefahr maßgebend für die Entlassung gewesen und nicht die Beendigung der Strafzeit, wie im Gefängnis.

Von Therapierbarkeit und Wiederholbarkeit

Keine 20 Tage nach der Entlassung aus dem Gefängnis versuchte Isidor wieder, eine Frau zu töten.
Dies verlief folgendermaßen: Drei Tage nach der Entlassung aus dem Gefängnis lernte Isidor eine 35jährige Frau kennen. Sie hatte sich an dem Tage krank gefühlt und deswegen ihre Arbeitsstelle um 01.00 Uhr verlassen, um nach Hause zu gehen. Unterwegs mußte sie sich übergeben und stand noch bei einem Gebüsch, als Isidor sie ansprach und fragte, ob er ihr helfen könne. Er sei Sanitäter und Krankenpfleger und könne sie nach Hause bringen. Die Frau war einverstanden. Dort fragte Isidor sie, ob er bei ihr übernachten könne, womit sie ebenfalls einverstanden war und ihm im Wohnzimmer ein Bett machte. Am anderen Morgen beobachtete sie Isidor, wie er mit ihrem ältesten Sohn spielte (die Frau hatte zwei Kinder im Alter von 3 und 2 Jahren). Die alleinerziehende Mutter hoffte, daß Isidor kinderlieb und in der Lage sei, sich um ihre Kinder zu kümmern. Sie machte ihm das Angebot, bei ihr zu bleiben. Isidor war einverstanden. Es klappte auch sexuell zwischen den beiden.
Etwa eine Woche später sah die Frau nachts, daß Isidor völlig verkrampft neben ihr im Bett lag. Er schlug mit einem Arm um sich, sah sie mit starrem Blick an und stöhnte laut. Dabei biß er sich auch

auf die Zunge, die anfing zu bluten. In seinen Mundwinkeln war Schaum. Es war ein epileptischer Anfall! Isidor war Epileptiker, was bis dahin niemand gewußt hatte, auch er selbst nicht. Dies wurde später ärztlich bestätigt. Bis heute nimmt Isidor deshalb Medikamente.

Eines Abends, zwei Wochen nach dem Beginn ihres Zusammenlebens hatte die Frau ihre Kinder ins Bett gebracht und für sich und Isidor das Abendessen bereitet. Dazu tranken sie Cola mit Rum. Es kam zum Geschlechtsverkehr. Kurz danach wollte ihn Isidor erneut durchführen, wozu die Frau aber zu diesem Zeitpunkt nicht bereit war. Isidor packte sie und schlug sie, um sie gefügig zu machen. Sie wollte aber nicht, was Isidor immer wütender werden ließ. Er schlug die Frau blindlings mit mehreren heftigen Faustschlägen auf den Kopf und rief: »Ich bringe dich um«. Die Frau, in Todesangst, rief um Hilfe. Die Kinder wurden wach. Das ältere lief zu der bedrängten Mutter, was Isidor veranlaßte, von ihr abzulassen.

Das Schwurgericht erkannte auch bei diesem zweiten Vorfall verminderte Schuldfähigkeit aufgrund des Alkoholgenusses an. Aber wieder wurden weder die Hirnschädigung noch die Besonderheiten seiner Persönlichkeit berücksichtigt.

Das Gericht lehnte erneut eine Unterbringung im Maßregelvollzug ab mit der Begründung, daß Isidor wegen seiner Minderbegabung behandlungsunfähig sei. Es ist aber nicht die Therapierbarkeit, die für die Unterbringung im Maßregelvollzug von Bedeutung ist, sondern die Wiederholbarkeit der Straftat. Nicht die Störung selbst, sondern nur die Gefahr, die von der Störung ausgeht, ist für die Unterbringung im Maßregelvollzug bedeutsam.

Das Gericht lehnte es auch ab, ihn in eine Entziehungsanstalt zu schicken. Isidors Alkoholisierung sei eine »vorübergehende« Störung gewesen. Eine Alkoholabhängigkeit sei bei ihm nicht festzustellen. Dabei stellt bereits der »Hang« zu alkoholischen Getränken eine Gefahr dar, es muß dafür keine Abhängigkeit vorliegen. Das Gericht verwarf also wieder die Möglichkeit, Isidor im Maßregelvollzug unterzubringen. Stattdessen wurde eine Freiheitsstrafe von einem Jahr und sechs Monaten verhängt.

Das nächste Drama, das zum richtigen Handeln zwang

Keine drei Monate nach der erneuten Entlassung aus dem Gefängis tötete Isidor wieder eine Frau!

Es war ein Donnerstagabend im Januar, als Isidor nach langer Zeit einen Schulkameraden aus der Sonderschule wiedertraf. Es kam zu einem langen Gespräch. Weil es kalt war und sie noch etwas trinken wollten, gingen die beiden in die Wohnung des Freundes. Vorher kaufte jeder noch zwei Flaschen Bier. Im Reihenhaus des Schulfreundes wohnte auch dessen achtundsechzig Jahre alte Mutter. Diese lag wegen einer Erkältung die meiste Zeit auf der Couch im Wohnzimmer. An diesem Tage war sie mit Büstenhalter, Hüfthalter und Strümpfen sowie einem Morgenmantel bekleidet. Sie kannte Isidor noch aus früheren Jahren. Zu dritt sahen sie sich das Fernsehprogramm an, die beiden Männer tranken das mitgebrachte Bier. Dann ging Isidor, um neues Bier zu holen. Weil er alte Bekannte in einer Bar traf, mit denen er auch trank, dauerte es sehr lange. Mutter und Sohn warteten zunächst vergeblich auf die Rückkehr von Isidor. Dann nahm der Sohn zwei Schlaftabletten und legte sich im ersten Stock ins Bett. Wegen der Kombination von Alkohol und Schlaftabletten schlief er sofort ein und wachte auch in der Nacht nicht mehr auf. Als Isidor wiederkam, setzte sich die Mutter des Freundes gemeinsam mit ihm ins Wohnzimmer und unterhielt sich mit ihm, während Isidor die mitgebrachten vier Flaschen Bier konsumierte. Bei diesem Gespräch kam es weder zu Streitigkeiten noch zu Tätlichkeiten zwischen den beiden. Doch plötzlich war Isidor sexuell erregt und als die Frau in die Küche ging, überfiel er sie. Der Kampf endete mit ihrem Tod.

Der Sohn schlief währenddessen in seinem Zimmer. Alkohol und Schlaftabletten trennten ihn von dem Drama. Isidor verließ erst in den Morgenstunden die Wohnung, nachdem er sie gründlich durchsucht und verschiedene Sachen entwendet hatte. Er suchte eine Gaststätte auf, wo er wenig später verhaftet wurde.

Diesmal bestellte das Gericht gleich zwei Sachverständige: einen Rechtsmediziner für die Bestimmung der Alkoholkonzentration, und einen Psychiater zur Beurteilung des psychischen Zustandes. Der Psychiater sollte Stellung nehmen zur Persönlichkeit Isidors, zu seinen Affekten, aber auch zum Einfluß des Alkohols auf seine Psyche. So hätte es richtigerweise von Anfang an sein sollen!

Diesmal erkannte das Schwurgericht, daß auch die beiden anderen schweren Straftaten auf eine krankhafte Aggressionsbereitschaft zurückzuführen waren. Eine krankhafte Aggressivität, die eng mit der Sexualität zusammenhing. Der Psychiater sprach von aggressiv-sexuellen Komponenten, von sexualisierter Aggressivität, von mit Sexualität verbundenen Minderwertigkeitsgefühlen.

Ergänzend kamen nach Auffassung des Gutachters der »Schwachsinn«, die Epilepsie und der Alkohol hinzu. Diesmal sprach auch das Gericht von der starken Rolle des »Schwachsinns«, von »Persönlichkeitsstörung« und von »starker aggressiver Sexualität«. Diesmal erkannte auch das Gericht, daß Isidor an einer »schweren seelischen Abartigkeit« litt.

Ich untersuchte ihn 19 Jahre später im Maßregelvollzug. Trotz eines relativ positiven Therapieverlaufs und erfolgreicher sozialer Wiedereingliederung sah ich doch die Rückfallgefahr, sowohl bezüglich des Alkohols als auch der Fremdaggressivität. Dies begründete ich nicht nur mit seiner intellektuellen Minderbegabung, sondern auch mit der noch nicht vollständig gelösten psychischen Problematik, insbesondere mit seinen Minderwertigkeitsgefühlen. In meinen prognostischen Überlegungen wies ich darauf hin, daß in krisenhaften Lebenssituationen immer noch die Voraussetzung für die Wiederholung ähnlicher Straftaten gegeben sei. Ich empfahl, ihn nicht ohne Auflagen zu entlassen, sondern ihn langfristig (als Langzeitbeurlaubung aus der Anstalt) in einem geschützten Wohnheim unterzubringen, wo die Möglichkeit der Beobachtung und des Eingreifens in krisenhaften Situationen gegeben ist.

Der diagnostizierende Richter und der zu mutige Rechtsmediziner

Die Bequemlichkeit, die töten kann

Marie-Luise ist das Opfer eines Sexualmörders. Sie ist im Alter von 9 Jahren von einem Insassen des Maßregelvollzugs getötet worden. Die Eltern von Marie-Luise sind bewundernswert: *»Der Mörder ist ja krank. Wir haben Verständnis dafür. Aber welche Maßnahmen haben die Verantwortlichen getroffen, um das Drama zu verhindern? Darauf möchten wir eine Antwort haben!«*, schrieben mir die Eltern, als ich Kontakt mit ihnen aufnahm. Aber läßt sich eine ähnliche Frage nicht auch bei Isidor stellen? Welche Maßnahmen zur Besserung und Sicherung hat die Justiz nach Isidors ersten Taten getroffen?

Man kann darüber streiten, ob nicht schon das auffällige Leben des intellektuell minderbegabten, von Minderwertigkeitsgefühlen geplagten und dem Alkohol zugeneigten frühdelinquenten Isidor Anlaß genug gewesen wäre, sich Gedanken über Maßnahmen zur langfristigen Besserung und Sicherung zu machen. Die Justiz ist Isidor vor den Tragödien häufiger vor Gericht begegnet. Aber wie wir wissen, wurde nicht erkannt, daß Isidor etwas anderes als das Gefängnis brauchte, und daß die zukünftigen Opfer nicht durch Gefängnismauern geschützt werden konnten. Nun, wie gesagt, darüber kann man streiten, ob es richtig gewesen wäre, ihn schon damals »in die Psychiatrie zu stecken!« Aber wie war das denn nach dem ersten Mord?

Isidors Lebensgeschichte und seine Störungen sowie die Umstände der ersten Tötung waren dem Gericht bekannt – trotzdem lehnte es ab, Maßnahmen zur Besserung und Sicherung anzuordnen. Es wurde argumentiert, daß die Behandelbarkeit der Störungen von Isidor gering sei. Aber wie schon erwähnt, ist der Grund für eine Unterbringung im Maßregelvollzug nicht in erster Linie die Behandelbarkeit, sondern die Gefahr der Wiederholung von schweren Straftaten. Dazu kommt, daß langfristig therapeutische Besserungen doch zu erreichen waren, wie wir später sehen werden.

Auch nach dem zweiten Aggressionsdelikt wurde eine Unterbringung im Maßregelvollzug oder in einer Entziehungsanstalt abgelehnt! Mit ähnlichen Argumenten. Erst nach der Tötung der 68jährigen Frau wurde ein Psychiater gehört. Persönlichkeit, Biographie, Erkrankungen und psychische Störungen wurden erst dann berücksichtigt.

Im Falle Isidor geschah, was man leider nicht selten erlebt. Bei Verbrechen und Delikten unter Alkoholeinfluß gibt es Richter (nicht alle natürlich), die ohne fachkundige Beratung entscheiden, ob verminderte Schuldfähigkeit oder gar Schuldunfähigkeit vorhanden ist oder nicht. Das ist bequem, einfach und preiswert, aber falsch. Niemand kann von einem Richter erwarten, daß er psychiatrische oder psychologische Kompetenz besitzt. Aber man kann von ihm verlangen, daß er eine sachverständige kompetente Meinung einholt und diese berücksichtigt.

Im Falle Isidors kam hinzu, daß bei seinen ersten zwei aggressiven Delikten zwar ein Sachverständiger gehört wurde, dieser aber ein sogenannter »Alkoholsachverständiger«, ein Rechtsmediziner war. Es gibt Rechtsmediziner, die diese psychiatrische Verantwortung übernehmen, zu beurteilen, ob eine krankhafte, abweichende psychische Reaktion eines Menschen auf den Blutalkoholkonzentrationswert zurückzuführen ist. Für manche Richter ist dies bequem und einfach, denn es ermöglicht ihnen ein schnelles Urteil! Das Problem ist aber, daß der Rechtsmediziner nur sagen kann, ob die Blutalkoholkonzentration einen schweren, einen mittelschweren oder einen leichten Rausch hervorrufen kann oder nicht. Er kann Angaben über die Motorik, etwa über Schwanken, Lallen usw. berücksichtigen. Viel mehr kann er nicht. Das Verhalten und die Reaktionen eines Menschen sind auch im alkoholisierten Zustand abhängig von der Persönlichkeit, den Affekten, dem sozialen Hintergrund, der Psychopathologie, der momentanen psychologischen Situation und der spezifischen Vorgeschichte - nicht nur von der Menge des Alkohols.

All diese Faktoren kann der Rechtsmediziner keineswegs beurteilen. Er besitzt weder die Fachkompetenz noch die klinische Erfahrung im Umgang mit diesen Menschen. Zwar kann ein bequemer Richter die Entscheidung »verminderte Schuldfähigkeit« treffen, wenn ein Rechtsmediziner meint, daß der konsumierte Alkohol ausreicht, um einen mittelschweren Rausch hervorzurufen, und ein bequemer Richter kann sogar »Schuldunfähigkeit« annehmen, wenn der Rechtsmediziner sagt: »Das waren genug Promille, um einen schweren Rausch zu erzeugen«, aber was dann? Was geschieht dann?

Wo bleiben die Überlegungen zu Maßnahmen der Besserung und Sicherung? Wer beurteilt die Prognose, die psychiatrische Prognose? Der »Alkoholsachverständige« kann nicht sagen, welche therapeutischen Maßnahmen zur Behandlung der gesamten psychischen Problematik erforderlich wären.
Der Rechtsmediziner müßte in solchen Fällen sagen: »Von toxikologischer Seite ist es so oder so. Aber es sind noch weitere Faktoren zu berücksichtigen: die Biographie, die Psychopathologie, die psychischen Abwehrmechanismen, die affektive Lage ... Diese Faktoren kann ich nicht beurteilen, das kann nur der Psychiater.« Und das Gericht muß dann die »Unbequemlichkeit« auf sich nehmen, alle nötigen Fachleute zu hören.
Wenn man die Gerichtsurteile in Deutschland anschaut, erkennt man, daß nicht welten von Schuldunfähigkeit oder verminderter Schuldfähigkeit gesprochen wird, ohne daß ein psychiatrischer Sachverständiger angehört worden ist. Das ist bequem, aber gefährlich, wie z.B. der Fall Isidor zeigt.
Es gibt sogar Fälle, wo ein Richter zum diagnostizierenden Richter wird. Solche haben wir hie und da getroffen, in diesen Geschichten und auch in anderen Fällen, die hier nicht erzählt werden. Der diagnostizierende Richter verkündet: »Ich konnte keine Auffälligkeiten beim Angeklagten feststellen. Also kein psychiatrisches Gutachen!« Oder er stellt fest: »Es ist alles nur auf den Alkohol zurückzuführen!«. Psychiatrische Untersuchungen lehnt er ab. Er erkennt selbst, ohne fachlichen Rat, daß keines der vom Gesetz verlangten psychiatrischen Merkmale zur Feststellung der Schuldunfähigkeit vorhanden ist. Es kommt sogar vor, daß der diagnostizierende Richter ohne sachverständige Beratung Prognosen stellt: Keine Gefährlichkeit, keine Wiederholungsgefahr, also gute Prognose! *Der diagnostizierende Richter ist ein gefährlicher Richter!*

Das Problem mit dem Psychiater

Ist die Anwesenheit eines Psychiaters denn eine Garantie für richtige Entscheidungen? Werden mit seiner Hilfe immer richtige Entscheidungen getroffen? Nein, keineswegs! Zuerst einmal ist der Psychiater nur Ratgeber. Es ist der Richter, der die Entscheidungen trifft. Und es gibt nicht wenige Verhandlungen, bei denen die Meinung des Psychiaters angezweifelt oder vom Gericht nicht akzeptiert wird.

Außerdem gibt es noch ein weiteres Problem, das ich hier ansprechen möchte, nämlich das Problem *mit* dem Psychiater. Er hat sein Gutachten nach bestem Wissen und Gewissen zu erstatten. Aber das Gewissen ist Privatsache, also schwer zu beurteilen und auch das Wissen ist keine absolute Größe.

Richter und Journalisten, Handwerker und Verkäufer, alle haben unterschiedliche Fähigkeiten, so auch die Ärzte, so auch die Psychiater. Viele kritisieren das. Ich meine, wir – die Psychiater – müssen uns damit auseinandersetzen: In unserer Ausbildung gibt es viele Defizite. Einige davon haben mit dem System zu tun, andere mit der Persönlichkeit, der Initiative, den Interessen, mit dem Ehrgeiz des jeweiligen Psychiaters.

Die Forensik – also die Beschäftigung mit Problemen psychisch gestörter Straftäter – ist nicht das beliebteste Fachgebiet der Psychiatrie. Das schlägt sich auch in der Ausbildung der jungen Psychiater nieder. In vielen Ausbildungsstätten wird kaum oder überhaupt nicht über Forensik gesprochen. Systematisch gelehrt wird sie nur in wenigen. Selbst in den Universitäten wird nicht überall eine Forensikausbildung angeboten. Forensisch-psychiatrische Veranstaltungen gehören nicht einmal zum Ausbildungs-Repertoire jeder Universitätsklinik, geschweige denn zu dem städtischer, privater oder kirchlicher Krankenhäuser. Die meisten von uns sind in der Forensik mehr oder weniger Autodidakten. Wir haben also das vorhandene Wissen mit unterschiedlichem Erfolg aus eigener Initiative vertieft, weil das, was wir gelernt haben, nicht ausreichen kann, um eine Verantwortung für Gutachten zu übernehmen.

Kenntnisse über klinische Psychopathologie (die Lehre von den psychischen Störungen), den Verlauf von psychischen Erkrankungen und deren Beeinflussung durch geeignete Therapien sind die wichtigsten Grundlagen von Diagnose und Prognose. Ohne gute psychopathologische, ohne gute klinische Kenntnisse gibt es keine gute forensische Psychiatrie – sowenig wie ohne dauernde Weiterbildung. Ich erinnere in diesem Zusammenhang häufig an den Satz des bekannten Psychiatrie-Professors Werner Janzarik, den ich an dieser Stelle wiederholen möchte: *»Bevor ein Psychiater sein hundertstes Gutachten in foro* (also vor Gericht) *verteidigt hat, ist er noch kein erfahrener forensischer Psychiater.«*

Jeder wächst in seiner Rolle und in seinem Beruf. Dies gilt für den Richter, den Journalisten, den Arzt, den Handwerker, so auch für den Psychiater. Trotzdem ist selbst ein sehr guter klinischer Psychiater mit vielen forensischen Erfahrungen nicht unfehlbar. In dieser Erzählung kommt auch die Geschichte eines sehr renommierten Psychiaters vor, der gegen mehrere andere Vorgutachten die Entlassung eines Sexualtäters empfahl, der kurz darauf wieder jemanden tötete.

Der Gerichtsjournalist Gerhard MAUZ kommentierte den Bericht über einen bekannten älteren Psychiatrie-Professor, der eine falsche Empfehlung gegeben hatte, mit der Bemerkung: *»Es ist so, ein Arzt, der 999 Menschen geholfen hat, kann für einen 1000. Patienten ein schlechter, der falsche Arzt sein.«* Das kann jeden von uns betreffen.

Psychiater vor Gericht haben eine schwierige Rolle. Der Psychiater ist Arzt, Arzt für alle Menschen, auch für den Angeklagten, den Sexualtäter und für den Mörder. Er muß für jeden da sein, ohne anderen zu schaden, auch ohne den Opfern zu schaden – den vergangenen und den möglichen zukünftigen.

Die Justiz verlangt von dem sachverständigen Psychiater, daß er nicht nur Arzt, sondern auch »Gehilfe des Gerichts« ist. Schon diese Bezeichnung »Gehilfe des Gerichts« ist problematisch. Einige Ärzte sagen: »Das ist falsch. Wir sind für die Bedrängten da.« Andere meinen: »Sind wir nicht auch Gehilfen der Gerechtigkeit? Ist dies nicht die Pflicht eines jeden Menschen?« Genauso wird die Rolle des Psychiaters vor Gericht ganz unterschiedlich verstanden. Manchmal führen das Verständnis der Arztrolle und die Erwartungen des Gerichtes zu Konfrontationen und Konflikten. Einige von uns haben damit schmerzliche Erfahrungen gemacht. Trotzdem kann der anwesende Psychiater dem Gericht eine größere Entscheidungssicherheit vermitteln, auch wenn er keine Garantie für eine richtige – und das heißt niemanden gefährdende – Entscheidung bieten kann.

J Ein Alptraum wird wahr: Sexualmord während des Aufenthaltes im Massregelvollzug

Jonas

Eigentlich wollte ich Ihnen die Geschichte von Jonas erst später im Zusammenhang mit der Diskussion über »schwachsinnige« Sexualmörder erzählen. Über diese Gruppe von Sexualmördern werden wir gesondert sprechen müssen, weil ihre Charakteristik anders ist als jene der Menschen mit komplizierten sexuellen Perversionen. Sie sind ganz andere Typen als Anton, Bernd, Christian oder Richard, Otto oder Quincy, von denen Sie noch hören werden.

Ich habe mich dennoch entschieden, die Geschichte von Jonas an diese Stelle zu setzen, weil sie weitere Probleme des Maßregelvollzugs beleuchtet.

Wir wissen bereits, daß der Maßregelvollzug kein Sanatorium und mit vielen Problemen verbunden ist. Er bietet aber größere Sicherheit als das Gefängnis. Beispiele habe ich Ihnen genug genannt, auch die Statistik belegt das. Entlassene des Maßregelvollzuges sind weit weniger rückfallgefährdet als Entlassene des normalen Strafvollzugs. Dennoch hängt ein Damoklesschwert über dem Maßregelvollzug, das für jeden Verantwortlichen ein Alptraum ist.

Der Maßregelvollzug ist ja nicht irgendeine theoretische Größe. Er findet mitten unter uns statt, mitten im Leben der Menschen. Manchmal etwas abseits der Städte, doch nah an oder auch mitten in Wohngebieten. Die Bediensteten des Maßregelvollzuges wohnen meist in unmittelbarer Nähe der Einrichtung, manchmal sogar in der Anstalt selbst. Es gibt Nachbarschaften mit spielenden Kindern, spazierenden Mädchen, arbeitenden Frauen. Es gibt Leben in der Nähe des Maßregelvollzuges. Manchmal ist dies ein Risiko.

Dieses Risiko ist allen bekannt, sowohl denjenigen, die die Verantwortung tragen wie auch denjenigen, die mit Angst, Argwohn, Mißtrauen oder auch als Unbeteiligte von außen den Maßregelvollzug betrachten. Rein statistisch gesehen, ist eine klare Aussage möglich: Mord im Maßregelvollzug, Mord aus dem Maßregelvollzug heraus, passiert selten, sogar sehr selten. Aber es kann vorkommen, daß der Alptraum wahr wird.

In diesem Zusammenhang erzähle ich Ihnen zwei Geschichten. Zuerst die Geschichte von Jonas: Jonas ist bis heute im Maßregelvollzug. Ich hatte ihn 35 Jahre nach seiner Einweisung in die Klinik zu begutachten, 31 Jahre nachdem er einen Sexualmord begangen hatte.

Jonas hatte versucht, ein Mädchen zu vergewaltigen. Dabei tötete er es. Dies geschah während seines Aufenthaltes im Maßregelvollzug wegen anderer Sexualdelikte.

Jonas ist geistig behindert und stammt aus einer Familie, die mehrfach mit Oligophrenie belastet ist. Oligophrenie ist eine Fachbezeichnung für »Schwachsinn«. Seine ebenfalls geistig behinderte Mutter kam nach einem Bombenangriff ums Leben. Er wuchs zum Teil bei seiner auch oligophrenen Großmutter auf. Seinen Vater hat er nie kennengelernt. Er wurde unehelich geboren und besuchte eine Sonderschule für geistig Behinderte. In der Hilfsschule blieb er zweimal sitzen und wurde schließlich vorzeitig entlassen. Danach versuchte er, als landwirtschaftlicher Hilfsarbeiter etwas Geld zu verdienen. Er war aber nicht in der Lage, selbständige Arbeit zu leisten. Er mußte immer unter Aufsicht und Anleitung des Bauern arbeiten.

Schon im Alter von 15 Jahren zeigte Jonas Auffälligkeiten im Sinne von strafbaren sexuellen Handlungen. Er belästigte mehrere kleine Mädchen sexuell und wurde deswegen angeklagt. Aufgrund seiner schweren intellektuellen Minderbegabung wurde er als schuldunfähig betrachtet und wegen Wiederholungsgefahr im Maßregelvollzug untergebracht. In den ersten Jahren gab es ein paar kleine Probleme, vor allem Streitereien mit anderen Insassen des Maßregelvollzuges. Im Laufe der Zeit bewährten sich jedoch Lokkerungsmaßnahmen, so daß er vier Jahre nach seiner Unterbringung ohne Aufsicht auf einem Hof arbeiten durfte.

An einem Sommertag machte die Familie, bei der Jonas arbeitete, einen Tagesausflug. Er war allein auf dem Hof. Gegen Mittag kam ein Nachbarskind, die neunjährige Gabi, um etwas abzuholen. Sie redeten miteinander. Während des Gespräches spürte Jonas eine sexuelle Erregung und überfiel das Mädchen. Gabi wehrte sich, wurde aber von Jonas überwältigt und starb. Jonas ist bis heute im Maßregelvollzug. Seit 40 Jahren!

34 Jahre danach ... Der gleiche Alptraum
Ein anderer Täter – ein anderes Opfer

Ich las in den Zeitungen, daß ein neunjähriges Mädchen von einem Insassen des Maßregelvollzuges mißbraucht und getötet worden war. Es war Marie-Luise, das Mädchen mit den bewundernswerten Eltern. Meine Betroffenheit und meine Anteilnahme waren groß: Anteilnahme an dem Schicksal des Kindes, Anteilnahme am Leid der Eltern und der Familie – aber auch Anteilnahme an der Betroffenheit der Ärzte, der Psychologen, der Sozialarbeiter, der Pfleger und Schwestern des Maßregelvollzuges. Ich kenne ihre Verantwortung, ihre Ängste und die Gefahren, die sie begleiten.
Der Täter war ein junger Mann, dessen Persönlichkeit, Intellekt und soziales Verhalten schwer gestört waren. Er hatte als Kind und Jugendlicher körperlich und psychisch sehr gelitten, fügte aber auch selbst als Jugendlicher und Erwachsener anderen viel Leid zu. Nach langen Jahren im Maßregelvollzug wurden die Sicherungsmaßnahmen gelockert und er erhielt Ausgang.
Viele haben das – nach der Tat – kritisiert: Die Presse, die Eltern des getöteten Kindes, eine Bürgerinitiative. Wie konnte jemand mit so einer schweren Störung Ausgang erhalten? Die Eltern des Kindes waren dabei großartig in ihrem Schmerz. Differenziert. Kein Aufschrei nach Vergeltung, sondern Verlangen nach mehr Sicherheit.
Andere haben die Maßnahmen verteidigt: Die Presse, die Klinikleitung, Ärzte, Psychologen, Sozialarbeiter, das therapeutische Team. Sie argumentieren, daß immer ein Restrisiko bleibt, daß manchmal die Gefahr nicht zu erkennen ist – wie in diesem Fall.
Im nachhinein sind wir alle weiser und fühlen uns zu Ratschlägen berechtigt. Nein, diesen Weg wollen wir nicht gehen. Ich möchte Ihnen hier nochmals zeigen, wie schmal der Grat ist, den die Verantwortlichen gehen. Was für ein tiefer Abgrund sich rechts und links auftut. Ein leichtes Rutschen und schon ist die Katastrophe da. Dann reagiert die Öffentlichkeit, wie sie immer reagiert: mit einem Aufschrei und dem Ruf nach Konsequenzen. Aber was für Konsequenzen sollen gezogen werden?
Natürlich ist zu prüfen, ob die Verantwortlichen Fehler gemacht, ob sie Schuld auf sich geladen haben, ob ihnen Versäumnisse vorzuwerfen sind. Das ist richtig und muß auch so sein. Die Forderung nach mehr Sicherheit für die Kinder, die Frauen, für die Men-

schen der Umgebung ist ohne Zweifel berechtigt. Die Frage ist aber: »Wie macht man das? Wie schafft man das?« Sie wird wahrscheinlich nie endgültig beantwortet werden können.

»Wohin mit den Sexualstraftätern?« fragte der Gerichtsjournalist Gerhard Mauz im »SPIEGEL«. Ja, wohin denn? Wir sprechen später noch einmal darüber. An dieser Stelle möchte ich noch auf etwas anderes hinweisen. Die Umgebung des Maßregelvollzuges, die Stadt, das Dorf mit seinen Einrichtungen und seinen Menschen, hat auch eine therapeutische Funktion. In dieser Umgebung werden die Insassen des Maßregelvollzuges resozialisiert. Hier finden sie »zurück in die Gesellschaft«. Beabsichtigt oder nicht wird ein großer Teil dieser Aufgabe der Umgebung übertragen. Diese Funktion darf von der Öffentlichkeit nicht unterschätzt werden. Die Menschen dieser Umgebung verdienen es – nicht zuletzt deswegen – aufmerksam angehört zu werden.

K Der Alptraum der Erprobung

Kurt: Seine Geschichte, sein Fall

Ich werde nicht nur die Geschichte von Kurt, sondern auch den Fall Kurt erzählen. Sie werden selbst erkennen, warum es gleichzeitig eine Geschichte und ein Fall ist. Ich werde von Kurt etwas ausführlicher berichten, weil sie ihn dann besser verstehen werden. Auch Kurts Geschichte hat mehr als eine Botschaft.

Kurt stammt aus einer Arbeiterfamilie. Zwei Jahre nach seiner Geburt starb der Vater. Die Mutter und ihre Eltern kümmerten sich um Kurt und seine Schwester. In der Schule zeigte sich eine Intelligenzschwäche. Kurt mußte nach zwei Volksschuljahren in die Sonderschule wechseln und wurde dort aus der 4. Klasse entlassen. Anschließend begann er eine Handwerkerlehre. Diese konnte er jedoch nicht abschließen, weil er in den theoretischen Fächern versagte. Mit 18 wurde er wegen Notzucht und Gewaltanwendung zu einer Jugendstrafe von drei Jahren verurteilt.

Kurt hatte versuchte, eine 23jährige Frau zu vergewaltigen. Drei Monate später lockte er eine andere Frau an eine einsame Stelle und vergewaltigte sie, weitere fünf Monate später machte er dasselbe mit einer anderen Frau. Vier Monate darauf vergewaltigte er ein 19jähriges Mädchen. Schließlich wurde er verhaftet und vor Gericht gestellt.

Im Rahmen jenes Verfahrens wurde Kurt auf seine Schuldfähigkeit hin untersucht. Der Sachverständige bejahte aufgrund eines »groben Schwachsinns in Verbindung mit einer psychopathischen sexuell triebhaften Grundstruktur« eine verminderte Schuldfähigkeit. Aber der Gutachter hielt einen Rückfall für unwahrscheinlich und verneinte deshalb die Notwendigkeit einer Unterbringung im Maßregelvollzug. Er sollte sich leider geirrt haben.

Wenige Monate nach der Entlassung wurde Kurt vom Landgericht erneut wegen aggressiv-sexueller Handlungen gegen Frauen verurteilt. Auch in jenem Verfahren wurde Kurt auf seine strafrechtliche Verantwortlichkeit untersucht. Dieser psychiatrische Sachverständige widersprach der Meinung seines Kollegen, und prognostizierte eine hohe Wiederholungsgefahr. Er stellte erhebliche intellektuelle und emotionale Ausfälle bei Kurt fest. Ferner diagnostizierte er eine affektive Steuerungsschwäche und eine gesteigerte sexuelle Triebhaftigkeit mit Krankheitswert. Das Gericht bejahte daraufhin die Voraussetzungen der verminderten Schuldfähigkeit und die Wiederholungsgefahr. So kam es zu Kurts erster Unterbringung im Maßregelvollzug.

Neun Jahre danach wurde er mit der Auflage entlassen, sich regelmäßig einer Injektionsbehandlung mit dem triebhemmenden Medikament Androcur – ich berichte später mehr über diese Behandlungsmethode – zu unterziehen. Während der ersten Zeit fand er in seiner Familie Aufnahme und unterzog sich auch der triebdämpfenden Behandlung. Vier Jahre nach seiner Entlassung wurde er durch Gerichtsbeschluß von dieser Auflage entbunden.

Weitere vier Jahre später lernte Kurt eine 35jährige Frau kennen und verlobte sich mit ihr. Sie verstarb im folgenden Jahr an einer Alkohol- und Medikamentenvergiftung. Sie war süchtig. *Wenige Tage nach dem Tod seiner Verlobten vergewaltigte Kurt eine Frau.* Auch in diesem Verfahren wurde er von einem psychiatrischen Sachverständigen untersucht. Dieser kam zu dem Ergebnis, daß Kurt »nach wie vor ein aggressives Sexualverhalten zu eigen ist und ihm zugestanden werden müßte, daß triebdynamische Steuerungsmängel in der Tatsituation seine Schuldfähigkeit und Willensbestimmung erheblich beeinträchtigten«. Eine Wiederholungsgefahr hielt er für gegeben, weshalb Kurt wieder im Maßregelvollzug untergebracht wurde.

Drei Jahre nach seinem letzten und 32 Jahre nach seinem ersten Delikt mußte ich ihn begutachten. Ich mußte die Frage, die Sie inzwischen gut kennen, beantworten: Ob es zu verantworten, zu erproben sei, ob er außerhalb des Maßregelvollzugs rückfallsfrei leben könne. Ich beantwortete sie mit »Nein.«

Ich gebe etwas aus meiner damaligen Beurteilung wieder (den Grund werden Sie bald erkennen): »Die Behandlung im Maßregelvollzug nach der letzten Unterbringung ist durch eine therapeutische Stagnation gekennzeichnet. Obwohl Kurt ein angepaßter und durch Konformität gekennzeichneter Patient ist, findet sich kein Anhaltspunkt, der auf die Bearbeitung seiner seelischen Problematik hinweist. Er versucht, dem therapeutischen Team den Eindruck zu vermitteln, daß er durch die bisherigen Behandlungen genügend gelernt habe. Er brauche nicht mehr zu lernen, ein erneuter Rückfall komme für ihn nicht in Frage, meint er. Die letzte Tat will er sich nicht als Vergewaltigung zugestehen.« Bei der Exploration versucht er zwanghaft, mir durch »Normalität« zu imponieren. »Normalität« auch im sexuellen Bereich. Seine Selbstkritik und Vertiefungsfähigkeit sind eingeschränkt. Die Introspektionsfähigkeit (die Fähigkeit, sich selbst zu betrachten und die eigene Verantwortung und Schuld zu erkennen) ist nicht sehr ausgeprägt. Seine Persönlichkeit ist einfach strukturiert, zudem ist er minderbegabt. Deshalb war es nicht zu verantworten, zu erproben, ob Kurt außerhalb des Maßregelvollzugs straffrei bleiben würde.

In ihrer letzten Stellungnahme sah die Klinik keinen Anlaß für eine gute Prognose. Kurt wird als ein Patient bezeichnet, der im Rahmen der forensischen Abteilung als geordneter Mensch erscheint, der auch im Alltagsleben durchaus in der Lage ist, mit den aggressiven Anteilen seiner Persönlichkeit umzugehen. Daneben erlebt das therapeutische Team ihn jedoch weiterhin als aggressionsgehemmt und sieht in den fehlenden Veränderungen eine Wiederholungsgefahr.

Ein Jahr nach der Begutachtung mußte ich im Fernsehen sehen, *daß Kurt eine Krankenschwester getötet hatte, die eine Wohnung suchte. Kurt hatte sich bereit erklärt, ihr zu helfen. Er hatte inzwischen Ausgang im Rahmen von Lockerungen, die die Klinik glaubte, verantworten zu können. Er hatte versucht, die Krankenschwester zu vergewaltigen. Sie wehrte sich. Er tötete sie.*

Das war die Stunde der Erprobung, die scheitern kann. Es war die Stunde der Wahrheit. Es war die gefürchtete Stunde.

L Der schwachsinnige Sexualgewalttäter

Der »Feuerteufel« und die
»Liebesuchenden von der traurigen Gestalt«

»Schwachsinn« und »Schwachsinnige« sind häßliche Bezeichnungen. Häßlich, weil sie in der Umgangssprache diskriminierend gebraucht werden. Es sind Schimpfwörter. Aber das Gesetz benutzt diese Bezeichnungen und beschreibt damit einen Zustand, bei dem die Intelligenz eines Menschen erheblich niedriger ist als bei der durchschnittlichen Bevölkerung. Die Medizin hat dafür auch andere Begriffe: »intellektuelle Minderbegabung«, »geistige Behinderung« oder »Oligophrenie« (aus dem Griechischen: Oligon = wenig, Phrenon = Verstand).

Mit »Oligophrenie« oder »geistiger Behinderung« ist ein angeborener Zustand intellektueller Minderbegabung gemeint. Die Intelligenz kann aber auch im Laufe des Lebens abnehmen, wenn das Gehirn geschädigt wird. Dann spricht man von Demenz (vom lateinischen de = un-, wenig, niedrig und mens = Verstand). Demenz ist also eine erworbene Minderung der Intelligenz. Man könnte sagen: Der Oligophrene ist von Geburt an arm. Der Demente dagegen war einmal reich und verlor später seinen Reichtum.

Weil die Demenz auf eine spätere Hirnschädigung zurückzuführen ist, gehört sie nach dem Gesetz zu den »schweren krankhaften seelischen Störungen«. Deswegen meinen wir, wenn wir von dem »schwachsinnigen« Täter sprechen, immer den von Geburt an geistig behinderten Menschen.

Geistig behinderte Menschen haben selten Perversionen im engeren Sinne des Wortes. Möglicherweise ist ihre innere Welt für die komplizierte Problematik, die einer Perversion zugrunde liegt, nicht differenziert genug.

Es gibt aber geistig behinderte Menschen, die unter bestimmten Umständen aggressive Sexualdelikte begehen. Es handelt sich in der Regel um Delikte, die aus ihrer besonderen psychologischen und sozialen Situation heraus entstehen. So werden geistig Behinderte oft abgelehnt oder sogar ausgelacht, wenn sie sexuelle Wünsche äußern. Nicht selten werden sie beschimpft oder beleidigt. Wenn geistig Behinderte aggressive Sexualdelikte begehen, richten diese sich häufig gegen Kinder oder gegen Frauen, von denen sie abgelehnt wurden. Von Kindern erhoffen sie sich einen leichteren Zugang, weil die Kommunikation mit ihnen für einen geistig Behinderten leichter ist als mit einem Erwachsenen. Nicht selten ist ihre Welt die eines Kindes. Sie erhoffen sich manchmal aber auch sexuelle Befriedigung und liebevolle Zuwendung, weil sie die von Erwachsenen oft nicht haben können. Manchmal ist der schwachsinnige Sexualstraftäter nichts anderes als ein Liebesuchender, dessen Hoffnungen in einer Katastrophe enden.

Ich habe erwähnt, daß in der Medizin für Schwachsinn das griechische Wort Oligophrenie benutzt wird, das mit »wenig Verstand« übersetzt werden kann. Interessanterweise heißt »Phrenon« auf griechisch aber nicht nur Verstand sondern auch »Bremse«. Das bedeutet, daß man die Bezeichnung »Oligophrenie« auch als »schwache Bremse« übersetzen könnte. Für uns ist das bedenkenswert, weil geistig Behinderte sich tatsächlich wenig »bremsen«, d.h. wenig steuern können. Diese Fähigkeit ist in Ausnahmesituationen, wie z.B. in kränkenden Situationen, manchmal sogar erheblich beeinträchtigt.

Wenn ein Minderbegabter ein aggressives Sexualdelikt begeht, treffen in der Regel verschiedene ungünstige Faktoren zusammen. Die Minderbegabung ist nur eine von vielen Bedingungen. Die Tötung des Opfers findet zuweilen zufällig statt, etwa im Rahmen eines Kampfes zwischen Täter und Opfer. Oder der intellektuell minderbegabte Täter bekommt Angst, daß er entdeckt wird, und dann vollendet er die Tragödie. Manchmal ist die Katastrophe das Ergebnis einer unbeherrschten Reaktion auf eine Situation, die der minderbegabte Mensch als Provokation, Beleidigung, Beschimpfung erlebt. Wie Isidor.

Brandstiftung

Viele Sexualdelikte intellektuell minderbegabter Menschen sind gewaltlose Delikte: etwa der Exhibitionismus oder die Verführung von Kindern durch Geschenke oder Spielereien. Auffällig ist eine andere Form abweichender sexueller Befriedigung, die manche minderbegabte Menschen – aber auch manche andere normalbegabte – praktizieren. Ich spreche von der Brandstiftung.

»Was hat die Brandstiftung mit der Sexualität zu tun?« werden Sie fragen. Einiges, obwohl nicht jede Brandstiftung mit Sexualität zu tun hat. Im Gegenteil: Nur wenige Brandstifter erleben dabei sexuelle Lust. Die meisten Brandstiftungen sind laut Statistik eindeutig kriminelle, aus finanzieller Profitsucht begangene Handlungen. Außerdem kommen Brandstiftungen als abnorme Erlebnisreaktionen vor, als Impulsdurchbrüche. Schließlich gibt es Menschen, die einen krankhaften Drang oder Zwang haben, Feuer zu legen. Das sind die sogenannten *Pyromanen* (aus dem Griechischen Pyron = Feuer, Mania = in diesem Zusammenhang als Drang oder Zwang verstanden). Ich habe echte Pyromanen untersucht, bei einigen von ihnen waren Pyromanie und Sexualität eng verbunden. Darunter fanden sich auch intellektuell Minderbegabte.

Ich erzähle jetzt die Geschichte eines solchen pyromanen jungen Mannes, der keinen Namen erhielt, weil er nicht zur Gruppe der »Sexualmörder«, deren Geschichten hier erzählt werden, gehört. Ich erzähle von dieser Form eines sexualitätsgebundenen Vernichtungsaktes nur zur Information. Die Presse nannte ihn einen »Feuerteufel«. Er gestand, in insgesamt 19 Fällen Feuer gelegt zu haben. In den letzten Wochen vor seiner Verhaftung hatte er eine Schweinemastanlage, einen LKW, ein leerstehendes Wohnhaus und eine Scheune in Brand gesetzt. Er erklärte mir das so:

> » ... Ich empfinde sexuelle Erregung. Es überkommt mich. Wenn ich das Feuer sehe, spüre ich erstmal gar nichts. Wenig später kommt die sexuelle Erregung. Mein Glied wird steif, wenn ich das Feuer sehe. Dann geht mir einer ab. Ich nehme das Glied in die Hand und befriedige mich. Wenn ich das Feuer sehe, dann kommt es bei mir zweimal, dafür muß ich das Feuer aber die ganze Zeit sehen. Wenn ich das Feuer nicht sehe, geht es nicht mit der Selbstbefriedigung. Ich bleibe beim Feuer, bis ich mich zweimal befriedigt habe. Anders kann ich mich nur sehr schwer befriedigen, das Feuer muß fast immer dabei sein. Nur ab und zu, aber selten, brauche ich kein Feuer für die Selbstbefriedigung. Am leichtesten geht es aber bei Feuer. Wenn ich mich anders befriedige, sehe ich mir dabei höchstens einen Pornofilm an, die nehme ich auch selbst auf. Dazu habe ich einen Videorekorder und leere Videokassetten. Dann nehme ich vom Fernsehen Pornofilme auf, dort gibt es viele Pornofilme. Aus der Videothek leihe ich mir keine aus, die sind mir zu teuer. Wenn ich Feuer lege, bin ich meist angetrunken. Ich habe nur dreimal Feuer gelegt, ohne angetrunken zu sein. Mal mache ich es, ohne betrunken zu sein und mal, wenn ich betrunken bin. Häufiger bin ich dabei aber betrunken. Ich muß drei Bier trinken, um betrunken zu sein. Mehr Bier brauche ich nicht, das reicht mir schon aus. Schnaps trinke ich dabei nicht.

Nach dem Trinken kommt die Lust, irgendwo einen Brand zu legen.
Ich weiß nicht mehr, ab welchem Alter das Feuer für mich anfing, aufregend zu werden. Sexuelle Aufregung bei Feuer habe ich mit ca. 14-15 Jahren erlebt.
Es begann so: Bei mir zu Hause hat es einmal gebrannt. Als ich diesen Brand gesehen habe, bin ich dann das erste Mal bei Feuer sexuell erregt worden. Es war ein Zufall. Ich habe damals in der alten Scheune etwas verbrannt. Dort hat altes Stroh gelegen, und ich bin mit dem Traktor durchgefahren. Das Kabel von der Batterie im Traktor ist abgegangen. Es hat dann zufällig gebrannt. Als ich dann dort eine Weile gestanden habe und das Feuer immer größer wurde, ist mein Glied immer steifer geworden. Ich habe das zufällig entdeckt. Nachdem das Glied steif war, habe ich mich vor dem Feuer selbst befriedigt. Ich habe damals gedacht, daß ich das nächste Mal selber das Feuer lege, um mich zu befriedigen. Das habe ich ein paar Monate später auch gemacht. Dabei habe ich den LKW verbrannt. Ich habe den LKW mit Benzin übergossen und dann mit einem Streichholz angezündet.
Die Aufregung beginnt meistens ein paar Minuten nach dem Legen des Brandes. Dann beginne ich, mich selbst zu befriedigen. Wenn andere Leute dazukommen, verstecke ich mich vor denen und beobachte sie. Mehr als mich zweimal zu befriedigen, schaffe ich nicht. Das Feuer ist dann weg. Ich habe nie zwei- oder dreimal an einem Tag Feuer gelegt. Es war immer nur einmal. In der Regel war zwischen den Bränden ein Abstand von einigen Wochen.
Ich mache das schon seit 14 Jahren. Verurteilt worden bin ich noch nie. Ich stehe jetzt das erste Mal vor Gericht. Die Leute haben nie bemerkt, daß ich diese Brände gelegt habe. Ich bin auch nie erwischt worden.
Es ist ein großes Verlangen für mich, fast wie ein Zwang, ein Feuer zu legen. Es überkommt mich plötzlich und ich kann nichts anderes tun. Ich muß das dann unbedingt tun. Vor der Tat bin ich sexuell nicht erregt. Der Zwang, Feuer zu legen, ist aber da. Ab und zu kann ich auch dagegen kämpfen. Ich habe es dann einige Male geschafft, einen Brand zu verhindern. Andere Male ist der Zwang übermächtig geworden, und ich habe es nicht verhindern können. Es überkommt mich einfach mit einem Mal. Es ist auch vorgekommen, daß ich Feuer gelegt habe und mich dabei nicht sexuell befriedigen konnte. Das Feuer war dann zu klein. Es muß ein großes Feuer sein. Wenn das

Feuer zu klein ist, klappt es nicht. Zuhause habe ich aber nie Feuer gelegt. Ich bin immer dort gewesen, wo keine Leute waren.«

Unser »Feuerteufel« war ein isoliertes Kind, hatte keinen Kontakt mit anderen Kindern. Auch später, in seiner Jugend, war er ein Einzelgänger. Von seiner Mutter weiß ich, daß er in der Schule nicht mitgekommen ist. Rechnen und schreiben konnte er nicht sehr gut. Jetzt kann er es, wenn auch mit vielen Fehlern. Er hatte mit seinen 27 Jahren noch nie eine Beziehung mit einer Frau gehabt, auch keine platonische.

Ich stellte bei ihm eine rein sexualisierte pyromanische Störung fest. Im Einklang damit befinden sich die folgenden Persönlichkeitszüge: Kontaktarmut, Ängstlichkeit, Selbstunsicherheit. Sie zeigen sich in den geringen sozialen Kontakten und Aktivitäten, in der großen Unsicherheit, ja Ängstlichkeit beim Umgang mit dem anderen Geschlecht. Seine sexuellen Aktivitäten beschränkten sich auf die Befriedigung durch sexuell motivierte Pyromanie und in geringerem Maße auf Onanieren beim Anschauen von Pornofilmen. Die Armut der sozialen Beziehungen, die sich durch seine ganze Biographie zieht, ist ein Teufelskreis: Unfähigkeit, heterosexuelle Kontakte anzuknüpfen, Flucht in die Isolierung, Ausweg in die Selbstbefriedigung – vor allem durch die Brandstiftung – dadurch weitere soziale Isolierung.

Das Gericht erkannte eine verminderte Schuldfähigkeit an und wies ihn in die Forensische Abteilung einer Psychiatrischen Klinik ein.

Auch eine Brandstiftung kann zu einer Tragödie über die Zerstörung von Eigentum oder die Gefährdung von Menschenleben hinaus führen. Die Katastrophen und Tragödien, von denen wir hier sprechen, sind andere. Wir reden von Tötungen im Rahmen der sexualisierten Aggressivität oder aggressiven Sexualität. Die Tötung von Menschen während oder nach sexuellen Handlungen.

Ich erzähle Ihnen noch zwei weitere Geschichten von Menschen mit intellektueller Minderbegabung, die zu Sexualmördern geworden sind.

Ludwig

Ludwigs Eltern wurden geschieden, als er noch klein war, so daß er kaum konkrete Erinnerungen an seinen Vater hat. Sein Stiefvater war Alkoholiker und zwang auch die Mutter, Alkohol zu trinken. Sowohl Ludwig als auch seine Halbgeschwister konnten nur die Sonderschule besuchen. Er war aber auch dort überfordert, so wechselte er in eine Spezialschule für geistig Behinderte. Er hat bis heute Lesen und Schreiben nicht richtig gelernt und kann lediglich seinen Namen schreiben und Schilder, etwa Straßenschilder, lesen. Darüber hinaus hatte Ludwig während seiner Kindheit und Jugend eine körperlich wie psychisch schwache Konstitution: kein Durchhaltevermögen, kein Stehvermögen. Schon als Kind begann er zu stehlen. Als Jugendlicher entwendete er Fahrräder und Mofas, um sie weiterzuverkaufen. Nach der Entlassung aus der Sonderschule hatte er nur für kurze Zeit einen Arbeitsplatz, dies wegen seiner schwachen körperlichen und psychischen Konstitution, ebenso wegen seiner begrenzten intellektuellen Fähigkeiten.

Wegen seiner Minderbegabung mußte Ludwig viele soziale Benachteiligungen auf sich nehmen. Er wurde von kleinauf in der Nachbarschaft gehänselt. Er war als der »doofe Ludwig« bekannt, worunter er sehr litt. Er wehrte sich dagegen mit Weglaufen oder durch Schläge. Seine ersten sexuellen Erfahrungen machte er mit einem elfjährigen Mädchen, als er dreizehn Jahre alt war. Die Initiative kam von seiten des Mädchens. Nachdem jedoch einige Zeit später die Mutter des Mädchens starb, mußte es in ein Kinderheim, und die Beziehung ging zu Ende.

Im gleichen Alter kam Ludwig erstmalig mit Alkohol in Berührung. Bald trank er sehr viel, fast unkontrolliert. Schon auf dem Weg von der Schule nach Hause trank er sechs oder sieben Flaschen Bier.

Mit 19 Jahren tötete Ludwig eine junge Frau.

An diesem Tag hatte Ludwig gerade Bekleidungsgeld vom Sozialamt erhalten. Damit ging er in die Stadt, wo er einen Bekannten traf, mit dem er Bier trank und die Idee hatte, nachträglich seinen Geburtstag zu feiern. Von dem Bekleidungsgeld war etwas übriggeblieben, so daß er sich dies leisten konnte. Mit einem weiteren Bekannten und zwei Mädchen (darunter auch die später getötete 15jährige Lora) feierten sie an verschiedenen Imbißbuden.

Inzwischen war es bereits nach 19.00 Uhr, und die Mädchen mußten nach Hause. Unterwegs alberten sie herum, stellten sich z.B. gegenseitig ein Bein, so daß alle mehrmals hinfielen. Im Verlauf dieser Albereien umklammerte Ludwig Lora von hinten und umfaßte ihre Brüste mit beiden Händen. Lora ließ sich das gefallen. Ludwig spürte sexuelle Lust und erklärte den anderen, daß er Lora alleine nach Hause begleiten wolle. Lora war damit einverstanden. Zusammen machten sie sich auf den Weg zu Loras Wohnung. Sie nahmen allerdings nicht den direkten Weg, sondern machten an einem Parkplatz halt, wo sie durch ein Gebüsch vor neugierigen Blicken geschützt waren. Dort kam es zum Austausch von Zärtlichkeiten.

Ludwig wurde immer zudringlicher. Als er von Lora den Geschlechtsverkehr verlangte, wies sie ihn zurück. Die alkoholisierte junge Frau – sie hatte 1,4 Promille Alkohol im Blut – wehrte sich, indem sie Ludwig ihr Knie in die Hoden stieß. Dabei beschimpfte sie ihn als den »doofen Ludwig«, »der nur die Doofenschule besucht hat und nicht mal lesen und schreiben kann«. Ludwig geriet in Wut und versetzte Lora einen Faustschlag ins Gesicht. Lora fiel rücklings hin. Ihr Kopf schlug auf die steinerne Einfassung eines Pflanzenbeetes auf. Sie blieb regungslos liegen, aber Ludwigs Wut war noch nicht verraucht. Er kniete neben Lora nieder und schlug ihr weiter ins Gesicht und an den Kopf. Als er sah, daß ihr Kopf voll Blut war, bekam er Angst, daß sie ihn anzeigen könnte. Es lief schon ein Strafverfahren gegen ihn wegen Körperverletzung, und wenige Wochen zuvor hatte er auch wegen Diebstahls vor dem Jugendrichter gestanden. Er beschloß, Lora zu erwürgen.

Am nächsten Morgen wurde die Leiche entdeckt. In der Tasche ihres Anoraks fand man Ludwigs Portemonnaie mit seinem Ausweis. Lora hatte es ihm in der Imbißstube gestohlen. Aufgrund seiner geistigen Behinderung und der Wirkung des Alkohols wurde vom Gericht eine verminderte Steuerungsfähigkeit anerkannt und eine Unterbringung im Maßregelvollzug angeordnet.

Ich sah ihn 10 Jahre später. Wieder mußte ich die Frage beantworten, ob es nach dieser zehnjährigen Unterbringung im Maßregelvollzug zu verantworten wäre, Ludwig probeweise zu entlassen. Ich mußte die Fortschritte, die Ludwig in diesen zehn Jahren gemacht hatte, beurteilen.

Trotz seiner erheblich eingeschränkten intellektuellen Fähigkeiten war er in der Lage, das therapeutische Angebot der Klinik zu nutzen. Die Therapie war jedoch schwierig und wurde von vielen Rückfällen begleitet. Die Klinik berichtete über mißlungene Versuche der Wiedereingliederung, mangelnde Arbeitskontinuität, Alkoholrückfälle, mangelnde Offenheit und ähnliches. Seine emotionale Erregbarkeit und Reizbarkeit, seine Neigung zu heftigem Ausagieren von Affekten waren weiterhin schwer zu beeinflussen. Trotzdem hatte Ludwigs Resozialisierungsprozeß in den letzten Jahren bedeutsame Fortschritte gemacht: Er hatte während des

Maßregelvollzuges geheiratet und sorgte für seine Frau und die zwei Kinder. Inzwischen wohnte er in einem mit dem Maßregelvollzug assoziiertem geschützten Heim. Er arbeitete fest bei einer Firma und hatte es bis zum Vorarbeiter gebracht. Von nicht geringer Bedeutung war die Tatsache, daß Ludwig seit mehreren Jahren alkohol-abstinent war.

Selbstverständlich bleibt die Minderbegabung eine Minderbegabung. Auch die psychischen Traumatisierungen, die Ludwig in der familiären Umgebung, in der Sonderschule und in seiner früheren sozialen Umgebung erlitten hat, sind nicht verschwunden. Sie stellen weiterhin eine Belastung für seine Entwicklung dar. Unter Berücksichtigung des Gesamtverlaufes und der Stabilisierung des Resozialisierungsprozesses kam ich zu dem Schluß, daß kaum eine Gefahr für die Allgemeinheit von Ludwig ausgehen werde. Ich empfahl, daß er weiterhin mit seiner Familie unter betreuten Bedingungen leben sollte, aber in einer eigenen Wohnung.

Erinnern Sie sich an Isidor? Damals hatte der Richter gesagt, ohne den Psychiater angehört zu haben: *»Er ist ja minderbegabt. Es gibt keine Hoffnung, daß er sich bessert – also kein Maßregelvollzug!«* Es kann doch auch anders gehen, wie der Fall von Ludwig zeigt.

M

Eine Gratwanderung

Manfred: Eine Geschichte dazwischen

Manfreds Geschichte ist mit jenen von Ludwig und Jonas verwandt: *Auch Manfred hat getötet, ebenfalls ein Kind, ebenfalls während einer Sexualhandlung, weil das Kind sich wehrte*. Auch Manfred ist oligophren. Er lebt seit fast 20 Jahren im Maßregelvollzug.
Manfred stammt aus einer Großstadt. Als er drei Jahre alt war, starb sein Vater. Er wuchs im Haushalt seiner Mutter zusammen mit einem zwei Jahre älteren Bruder auf. Er besuchte die Sonderschule, er hatte aber kaum Lernerfolge: Nach insgesamt vier Jahren Sonderschule kann er lediglich bis 10 zählen und kaum schreiben. In der Sonderschule fiel er des öfteren durch Unbeherrschtheit und Tätlichkeiten gegenüber anderen Schülern auf. Wegen dieser und anderer Auffälligkeiten wurde er in einem Fürsorgeheim untergebracht. Dort besuchte er weiter die Sonderschule, wurde aber aus der zweiten Klasse entlassen. Während des Heimaufenthaltes wurde er von älteren Jungen zu homosexuellen Handlungen verführt. In der Folgezeit hatte er mit verschiedenen Partnern im Heim homosexuelle Beziehungen. Nach vier Jahren Erziehungsheim kehrte er zu seiner Mutter zurück. Er war inzwischen 16 Jahre alt und versuchte, Geld als Gelegenheitsarbeiter zu verdienen.
Er blieb ein Einzelgänger. Er hatte zu niemandem freundschaftliche Beziehungen außer zu seinen vielen Haustieren. Schon bald nach seiner Entlassung aus dem Erziehungsheim nahm Manfred Kontakte zu kleinen Jungen auf, die er sexuell mißbrauchte. Einen sich wehrenden Jungen schlug er einmal mit der Faust auf das Auge. Denselben schlug er noch einmal, als dieser andere Kinder vor ihm warnen wollte. Einige Zeit vor seiner Unterbringung im Maßregelvollzug lernte er einen schwachsinnigen Jungen kennen. Ihm gab er 5 bis 10 Mark und zeigte ihm Pornohefte. Als Gegenleistung verlangte er von ihm den Analverkehr. Diese Beziehung dauerte ein ganzes Jahr, wobei es regelmäßig, ein- bis zweimal pro Woche, zu sexuellen Handlungen kam. Gleichzeitig mißbrauchte er auch andere Jungen. Dann wurde er erwischt und angezeigt. Die in der Anklageschrift beschrieben Fälle sind zahlreich. Das Gericht

stellte fest, daß er mindestens 30 Jungen sexuell mißbraucht hatte. Manfred wurde zu einer Gefängnisstrafe verurteilt.
Wundern Sie sich ein bißchen, daß nach so vielen Sexualdelikten an Kindern kein Maßregelvollzug angeordnet wurde? Fragen Sie sich, ob das Gericht schon wieder eine Entscheidung ohne psychiatrische Beratung getroffen hat, ob ein diagnostizierender Richter am Werk gewesen ist? Nein, so war es nicht, das Gericht hatte einen Psychiater als Sachverständigen bestellt. Nach seiner Anhörung wurde aber die Unterbringung von Manfred im Maßregelvollzug mit folgender Begründung abgelehnt: »Eine Gefahr, daß Manfred eine homosexuell bedingte Gewalttat begehen könnte, kann nach der Überzeugung der Kammer in Übereinstimmung mit dem Sachverständigen ausgeschlossen werden. Hierfür fehlt Manfred die Energie.«
Kurz nach Manfreds Entlassung aus dem Gefängnis zeigte er, daß er doch Energie besaß: *Der 7jährige Sigi wehrte sich gegen einen Annäherungsversuch. Manfred tötete Sigi.*
Manfred stand wieder vor Gericht. Der neue Gutachter stellte eine Wiederholungsgefahr fest. Er begründete dies mit Manfreds geistiger Behinderung und seiner sexuellen Fixierung.
Ich untersuchte ihn fast 20 Jahre später, um die Frage zu beantworten, ob es zu vertreten wäre, ihn aus dem Maßregelvollzug zu entlassen. Als ich ihn traf, bestritt Manfred, Sigi getötet zu haben. Alles sei ein Justizirrtum gewesen. Trotz der langen Jahre der Therapie mußte ich Tatverdrängung sowie mangelnde Introspektionsfähigkeit feststellen. Noch jetzt rationalisierte Manfred enorm, suchte er »logische« Entschuldigungen für seine Taten – etwa:
»... die Schweine im Heim haben das mit mir gemacht, haben mich sexuell mißbraucht, und deswegen habe ich das mit anderen gemacht.« Oder
»... ich habe Mist gebaut, ich mußte dafür bestraft werden, ich wurde bestraft, Schluß jetzt!«
Diese Form der Auseinandersetzung mit seinen Taten wies auf eine unzureichende Verarbeitung seiner Probleme hin. Sie zeigte auch ein großes Defizit beim Aufbau von tragfähigen psychologischen Bahnen für Gegenwart und Zukunft. Hier könnte eine Gefahr für die Zukunft liegen. Keine Entlassung also?
Andererseits mußte man auch die Tatsachen betrachten: Manfred war seit zwei Jahrzehnten in Behandlung. Während dieser langen Zeit ist er rückfallfrei geblieben. Er versicherte glaubwürdig, daß

in diesen letzten 20 Jahren keine pädophile Handlung stattgefunden hatten, weder direkt noch indirekt. Mit indirekten pädophilen Handlungen sind Handlungen gemeint, die etwa durch Filme, Fotos und ähnliches provoziert werden und als Ersatz für reale Handlungen dienen. Außerdem unterzog sich Manfred seit fast 20 Jahren einer Androcur-Behandlung. Androcur ist bekanntlich ein Medikament, das eine Dämpfung des sexuellen Verlangens bewirkt. Es wird aggressiven Sexualstraftätern auf freiwilliger Basis gegeben. Diese Art der Therapie ist umstritten, da keine psychologische Verarbeitung des Konfliktes stattfindet. Doch bei oligophrenen Sexualstraftätern kann sie hilfreich sein.

Manfred machte diese Androcur-Behandlung trotz der Nebenwirkungen mit. Damit ist vor allem die Gynäkomastie gemeint, die Manfred auch sozial behinderte. Gynäkomastie ist die Entwicklung von Brüsten wie bei einer Frau (vom Griechische Gyne = Frau und Mastos = Brust). Manfred liebt zum Beispiel Schwimmen, mußte aber wegen der Gynäkomastie darauf verzichten. Er tat es, um therapiekonform zu bleiben. Weiterhin mußte man berücksichtigen, daß Manfred inzwischen ein sozial angepaßtes Leben führte. Er war seit sechs Monaten vom Maßregelvollzug beurlaubt. Diese sechs Monate der Erprobung waren erfolgreich verlaufen. Alle Lockerungen bewältigte Manfred komplikationsfrei. Auch waren die Beurteilungen und letzten Stellungnahmen der Klinik ausnahmslos positiv.

Entlassung also? Ja, aber!

Die intellektuellen Kapazitäten, die Introspektionsfähigkeit, die tiefgreifende Auseinandersetzung mit der Tat sind bei ihm doch nur beschränkt vorhanden. Andererseits zeigte Manfred einen eindeutigen Willen, ein straffreies Leben zu führen. Seine Entschlossenheit war unverkennbar. Fast 20 Jahre lang war er ohne Rückfall, ohne »Symptom«. Ich wog alles ab. Sollte ich wegen der eingeschränkten Fähigkeit zur tiefgreifenden Auseinandersetzung die Fortsetzung der Unterbringung empfehlen? Für wie lange? Wie lange müßte er rückfallsfrei, »symptomfrei« bleiben, um uns von seiner Entlassungsfähigkeit zu überzeugen? Und wenn er nach der Entlassung wieder ...? Eine Gratwanderung!

Ich empfahl, nach weiteren sechs Monaten Erprobungsphase den Maßregelvollzug auszusetzen.

N Schizophrene Sexualtäter

Im Zusammenhang mit der Frage der Schuldfähigkeit habe ich Ihnen schon einiges über die Schizophrenie erzählt. Ich habe berichtet, daß die Schizophrenie zu den »schweren krankhaften seelischen Störungen« im Sinne des Gesetzes zählt. Unter Umständen können solche psychischen Störungen die Schuldfähigkeit eines Menschen erheblich beeinträchtigen oder gar aufheben. Ich habe auch aufgeführt, welche Symptome ein Mensch hat, der an einer Schizophrenie leidet, wie diese Symptome sein Tun und Lassen bestimmen können. Ich habe dargestellt, daß einige Menschen mit schizophrenen Erkrankungen unter dem Einfluß von Halluzinationen oder von Wahn rechtswidrige Taten begehen können, manchmal auch Gewalttaten. Aber ich habe auch darauf hingewiesen, daß im Vergleich zu den Gesunden schizophrene Patienten viel weniger oft gewalttätig sind. Das gilt insbesondere für Sexualstraftäter.

Wenn schizophrene Patienten Sexualdelikte begehen, dann aus sozialer Isolation heraus, wegen Verarmung der zwischenmenschlichen Kontakte oder wegen krankheitsbedingter Veränderungen der Persönlichkeit. Diese sind bei chronisch schizophrenen Patienten – die im allgemeinen schwer therapierbar sind – manchmal Anlaß für Sexualdelikte. In diesem Zusammenhang möchte ich Ihnen die Geschichte von Norbert erzählen.

Norbert

Er stammt aus einer Vertriebenenfamilie. Die in der Landwirtschaft tätige Mutter war geistig zurückgeblieben und hatte die Volksschule mit Abschluß der dritten Klasse verlassen müssen. Die Eltern wurden geschieden, als Norbert keine fünf Jahre alt war. Mit sechs kam er zum ersten Mal in ein Heim. Bis zu seinem 17. Lebensjahr lebte er in verschiedenen Kinder- und Jugendheimen. Seine schulischen Leistungen waren schlecht und er konnte wiederholt nicht versetzt werden. Vergeblich versuchte er, eine Lehre anzufangen. Er zog durch verschiedene Städte Westdeutschlands und arbeitete in der Regel als Hilfsarbeiter.

Norbert kam wegen einer schizophrenen Erkrankung für fünf

Monate in eine psychiatrische Klinik. Die Erkrankung hinterließ schwere Persönlichkeitsveränderungen. Nach der Entlassung aus dem Krankenhaus bemühte sich Norbert um Kontakte zu Frauen. Er gab Heiratsanzeigen auf und antwortete auf Anzeigen in Zeitungen und Zeitschriften. Er bat auch Bekannte aller Art wiederholt, ihm eine Frau zu »besorgen«. Mit Männern unterhielt er sich vorwiegend über geschlechtliche Dinge, wobei er jeweils zum Ausdruck brachte, daß er gerne einmal mit einer Frau Geschlechtsverkehr hätte, weil er dies noch nicht erlebt habe.

Eines Tages war Norbert mit einer Bekannten auf der Suche nach Schrottsachen. Er spürte Lust zu sexuellem Verkehr und bat seine Bekannte um Zustimmung. Nach längerem Zureden und inständigem Drängen war sie schließlich dazu bereit. Norbert hatte aber keine Erektion. Das so lange ersehnte Erlebnis war zum Greifen nahe: Er war 28 Jahre alt, hatte große Sehnsucht und hatte viele Frauen ohne Erfolg bedrängt. Jetzt endlich lag eine Frau vor ihm. Die erste, die »Ja« sagte. Und es klappte nicht!

In seiner Wut und Enttäuschung nahm Norbert eine in der Nähe liegende leere Weinflasche, schlug damit auf seine Bekannte ein und erwürgte sie.

Erst fünf Monate später wurde ihre Leiche entdeckt. Unmittelbar danach wurde Norbert festgenommen. Die Psychiater, die ihn untersuchten, stellten fest, daß er unter einer Schizophrenie mit schweren Persönlichkeitsveränderungen leide, so daß er für seine Tat nicht verantwortlich zu machen sei.

Ich lernte Norbert nach 31 Jahren ununterbrochener Unterbringung im Maßregelvollzug kennen. Ich sollte Stellung zu der bekannten Frage nehmen, ob Norbert in der Lage sei, außerhalb des Maßregelvollzuges straffrei zu leben.

Als er in den Maßregelvollzug kam, war er 28 Jahre alt. Als ich ihn sah, war er fast 60. Seine Persönlichkeitsveränderung hatte sich leider verfestigt. Bei meinen Untersuchungen fand ich eine Fülle von psychopathologischen Befunden: Akustische Halluzinationen, Wahn und Beeinflussungserlebnisse. Norbert fühlte sich von fremden Mächten beeinflußt. Sein Denken und Handeln sei gelenkt, seine Gedanken würden abgezapft. Darüber hinaus fanden sich Eigentümlichkeiten und Verarmung der Sprache, eine deutliche Verminderung des Antriebes, starke Abnahme der Interessen und Aktivitäten, soziale Isolation, schwere Beeinträchtigungen des Denkens und der Konzentration, monotone Affekte, geringes

Urteilsvermögen und verminderte Kritikfähigkeit. Nur bei einigen wenigen schizophrenen Patienten ist dieser Zustand von Dauer. Leider gehörte Norbert zu dieser Gruppe mit schweren, unheilbaren Veränderungen.

Aufgrund dieser Befunde empfahl ich folgendes: Es sei nicht zu erwarten, daß der psychopathologische Zustand von Norbert sich in der Zukunft wesentlich verändern werde. Man dürfe also davon ausgehen, daß ihm die Dynamik bzw. der Antrieb für Gewalttaten fehle. Meine Hauptüberlegung war jedoch: »Was geschieht mit diesem Menschen, wenn er nicht mehr für die Allgemeinheit gefährlich ist?« Theoretisch wäre eine Verlegung in die allgemeine Psychiatrie außerhalb des Maßregelvollzugs gerechtfertigt. Doch Norbert hatte eine starke Hospitalismussymptomatik entwickelt und würde sich voraussichtlich nur schwer in eine neue Umgebung einfinden. Eine Verlegung in die allgemeine Psychiatrie würde ihm wahrscheinlich nicht helfen, sondern eher schaden. Es könnte allerdings versucht werden, ihn für kurze Zeit und stundenweise in eine allgemeinpsychiatrische Station desselben Krankenhauses zu verlegen. Das müsse erprobt werden. Dort oder in einer anderen Institution würde er wohl auf Dauer bleiben müssen.

Norbert kann nicht mehr allein leben. Er braucht die Institution: Eine Form des Hospitalismus.

O Einige wollen reden, aber niemand will ihnen zuhören

Otto: Seine Geschichte und die Geschichte einer Begutachtung

Otto, jetzt 25 Jahre alt, begann in seinem 15. Lebensjahr, Kinder zu mißbrauchen. Am Anfang versuchte er, Kinder (immer Jungen) mit Geschenken zu verführen. Dann wendete er immer brutalere Methoden an. *Zwischen seinem 15. und 25. Lebensjahr mißbrauchte er über 50 Kinder. Bei den meisten von ihnen wendete er lebensgefährdende Gewalt an.*

Drei Jahre vor dem hier beschriebenen Delikt wurde Otto wegen Kindesmißbrauch angezeigt und verhaftet. Ein Psychiater untersuchte, ob eine Beeinträchtigungen der Schuldfähigkeit vorhanden sei. Er stellte keine »krankheitswertige Störung« und keine Wiederholungsgefahr fest. Er sah deswegen auch keine Notwendigkeit der Unterbringung in einer Psychiatrischen Anstalt. Otto wurde zu vier Jahren Jugendstrafe verurteilt. Sein Verteidiger ging erfolgreich in Revision und so bekam er ein Jahr weniger. Nach zwei Jahren wurde er auf Bewährung entlassen.

Wenige Tage nach der Entlassung begann er, mit einem Messer, einer metallischen Schlinge und Klebeband Jungen aufzulauern, sie zu überfallen, sadistisch zu quälen und zu mißbrauchen.

Zweieinhalb Jahre nach der ersten Begutachtung mußte ich Otto wegen der neuen Straftaten untersuchen. Seine Geschichte weckte viele Fragen. Mindestens zwei davon haben mit dem Gutachter zu tun: Stimmen seine Feststellungen? Und wie kam er dazu?

Eine Perversion und eine Persönlichkeitsstörung, die immer da waren

Zur Beantwortung der ersten Frage müssen wir das sexuelle Leben und die Persönlichkeitsentwicklung von Otto berücksichtigen. Diese stellten sich in der Exploration wie folgt dar: Seit der Pubertät entwickelte Otto ein auffälliges sexuelles Leben. Seine erste Erektion hatte er mit 12 Jahren beim gegenseitigen »Angucken« des Penis mit anderen Knaben. Mit 14 Jahren begann er zu masturbieren, ca. dreimal in der Woche. Als er 15 Jahre alt war, bemerkte er, daß er kein Interesse an Mädchen hatte, sondern an Jungen. Im gleichen Jahr hatte er erste sexuelle Erfahrungen mit gleichaltrigen Jungen.

Sein erstes diesbezügliches Erlebnis hatte er mit einem guten Freund, mit dem er zu Hause spielte. Während des Spielens fesselte er ihn ans Bett. Die Bemühungen des Freundes, sich von der Fessel zu befreien, erregten Otto sexuell. Nicht nur die »schöne Figur« des Freundes, sondern vor allem sein Kampf, sich aus den Fesseln zu befreien, erregte ihn. Otto zog dem Freund die Hose aus und nahm sexuelle Handlungen an ihm vor. Der Widerstand des Freundes hielt ihn nicht davon ab, sondern animierte ihn erst recht. Im Laufe der Zeit kam es auch zu einvernehmlichen gegenseitigen sexuellen Handlungen. Es entwickelte sich eine homosexuelle Beziehung, die ca. ein Jahr dauerte.

Zur gleichen Zeit hatte er homosexuelle Beziehungen zu drei anderen Schulkameraden, die auch während der Lehre fortbestanden. Die drei wußten nichts voneinander. Mit der Zeit festigte sich seine homosexuelle Entwicklung. Wenn Otto zum Beispiel andere Männer unter der Dusche beobachtete, onanierte er dabei oder anschließend. Er begann auch eine homosexuelle Beziehung zu einem Leichtathletiktrainer.

Im 15. Lebensjahr beging Otto die erste »voll« aggressive Handlung gegen Fremde: Er packte einen achtjährigen Jungen mit Gewalt und streichelte ihn gegen seinen Willen. Der Junge erregte ihn, weil er »einfach gut ausgesehen hatte«.

Mit 17 Jahren wurde er zum ersten Mal wegen eines sexuellen Deliktes verurteilt, obwohl es noch »etliche andere Fälle gegeben hat«, die nicht aktenkundig sind. Dieses Delikt hatte deutliche aggressive Elemente: Er hatte einen Jungen um den Hals gefaßt, zugedrückt und verlangt, daß er sich nackt ausziehen solle. Der Junge leistete Widerstand und schrie laut. Andere wurden aufmerksam und Otto ließ daraufhin von dem Jungen ab. Er wurde damals zu einer Bewährungsstrafe verurteilt. Ein Jahr später nötigte er mit Gewalt einen zehnjährigen Jungen zu sexuellen Handlungen. Damals fand die schon erwähnte Begutachtung statt.

Die aggressiven sexuellen Handlungen und Phantasien nahmen im Verlauf der Zeit an Häufigkeit und Intensität zu. Auch in seinen Selbstbefriedigungsphantasien dominierte die Gewalt als Auslöser sexueller Erregung und Quelle seiner Lust. Die Angst, die seine Opfer in seiner Phantasie zeigten, und ihre Bemühungen, seiner Gewalt zu entfliehen, erregten ihn. In den letzten Jahren kam er

nicht mehr ohne Gewaltvorstellung, etwa Würgen, Strangulation oder Tötung eines Kindes, zum Orgasmus.
Einige seiner sexuellen Präferenzen entdeckte er nach seinen eigenen Angaben zufällig: Als er seine Oma beim Hühnerschlachten beobachtete, wurde er so heftig sexuell erregt, daß er schnell ins Bad laufen mußte, um sich zu befriedigen. Die hohe sexuelle Erregung wurde durch das aus dem Hals der Hühner spritzende Blut erzeugt. Bei der Selbstbefriedigung stellte er sich allerdings Kinderhälse vor.
Einmal tötete er eine Katze: Er packte sie, quälte sie und dachte dabei an einen Knaben. Als er die Kehle der Katze mit einem Messer durchschnitt und das spritzende Blut sah, bekam er einen Orgasmus. Eine auf Tiere orientierte Perversion konnte jedoch nicht festgestellt werden. Er berichtete selbst, daß die Hühner und die Katze nichts anderes waren als Stellvertreter für Kinder.
Wie Sie erkannt haben werden, handelte es sich um *sexuellen Sadismus*.
Otto berichtete, daß die Angst, die er bei den Kindern erzeuge, eine der wesentlichen Voraussetzungen für seine sexuelle Erregung sei. Die Bemühungen des Kindes, sich zu befreien, die Demütigung, das Gefügigmachen gehörte zu den Voraussetzungen für seinen Lustgewinn. Auch das Würgen und die raffinierte Methode der Strangulation, die er entwickelt hatte, gehörten zu dem lustbringenden sexuellen Ritual. So auch das Ansetzen des Messers und das Streicheln des Halses der Kinder mit dem Messer.
Ob bei Otto auch das Element des *Masochismus* vorhanden war (die vollständige Form des *Sado-Masochismus* also), konnte man zu dem Zeitpunkt weder definitiv ausschließen noch bestätigen. Zwar waren die Rituale und Präferenzen vorhanden, die ansatzweise an Masochismus erinnerten, jedoch fehlten auch Kriterien, die zu dieser Diagnose berechtigt hätten.
So berichtete Otto, daß er zufallig entdeckt habe, daß er, wenn andere Kinder ihm den Hals zudrückten, sexuell erregt wurde. Später praktizierte er eine Form der Selbststrangulation. Er legte dabei eine Schlinge um seinen Hals und zog daran, bis er das Gefühl der Benommenheit hatte. Dann ejakuliert er entweder spontan oder durch zusätzliche manipulative Handlungen. Er versuchte es auch mit Plastiktüten, jedoch war das Gefühl bei der Selbststrangulation viel aufregender für ihn. Wir kennen diese Form der sexuellen Perversion als *Asphyxiophilie* (aus dem griechischen

asphyxia = ersticken und philia = Neigung, Liebe abgeleitet): Wir haben sie bei Bernd kennengelernt.

Ich möchte noch einmal daran erinnern, daß einige Sexualforscher diese Form der sexuellen Befriedigung für eine Form des Masochismus halten. Andere vertreten die Auffassung, daß eine sexuelle Erregung wie die Asphyxiophilie durch biologisch-chemische Veränderungen entsteht: Bestimmte kurz vor dem Eintreten der Bewußtlosigkeit ausgeschüttete körpereigene Substanzen können sexuellen Lustgewinn erzeugen.

Otto hat bis heute nur eine heterosexuelle Beziehung gehabt. Diese Beziehung kam durch die Initiative eines Freundes zustande und nicht durch seine eigene. Die Beziehung mit dem damals 16jährigen Mädchen war durch mehr »Unterbrechungen als Bestand« gekennzeichnet, sagte er. Es war keine tiefere innere Beziehung. Obwohl er auch den heterosexuellen Verkehr, den er mit seiner Freundin praktizierte, »nicht schlecht« fand, bevorzugte er eindeutig Jungen. Bei dem sexuellen Verkehr mit seiner Freundin stellte er sich häufig vor, daß er dabei nicht mit ihr, sondern mit einem Jungen verkehre. Vor allem bestimmte Positionen, wie etwa der Oralverkehr oder der Vaginalverkehr »von hinten« erleichterten diese Phantasien.

Otto berichtete, daß er selbst zweimal als Kind mißbraucht worden sei, das erste Mal im Alter von 10 Jahren. Er wurde in einem Keller von einem Mann überfallen, der an seinem Glied spielte. Der Mann onanierte beim Spielen mit Ottos Glied und verschwand dann. Obwohl Otto damals Angst bekam, konnte er nach seinen eigenen Angaben dieses Erlebnis relativ schnell entaktualisieren, so daß es ihn nicht weiter beschäftigte. Das zweite Mal wurde er mit 14 Jahren von einem älteren Mann überredet, sexuelle Handlungen an sich vornehmen zu lassen. Der ältere Mann wandte keine Gewalt an. Nach einigem Zögern willigte Otto ein und ließ sich oral befriedigen. Otto empfand die damit verbundenen Gefühle als angenehm, »sogar sehr angenehm«. Der Mann gab ihm 10,- Mark und meinte, wenn es ihm gefallen habe, könnten sie sich noch einmal treffen. Dazu kam es aber nicht.

Die sexuelle Entwicklung von Otto belegt eindeutig, daß die Kriterien des *Sadismus, kombiniert mit der homophil-pädophilen Neigung* erfüllt sind. Als *homophile Pädophilie* wird die sexuelle Neigung zu gleichgeschlechtlichen Kindern bezeichnet. Otto bezeichnete sich zwar selbst als bisexuell (da er eine Beziehung mit einer

Frau gehabt hatte), aber seine sexuellen Aktivitäten und Phantasien sind spätestens seit seinem 14. Lebensjahr homosexuell orientiert.
Otto weist nicht nur im sexuellen Bereich schwerwiegende Abweichungen auf. Auch andere Bereiche seiner Persönlichkeit sind schwer gestört. Schauen wir uns seine Biographie und seine Gesamtpersönlichkeit an:
Otto kam aus sehr problematischen familiären Verhältnissen. Vor allem die Beziehung zu seinem Vater war von Anfang an gestört. Die frühe Vater-Sohn-Beziehung war nicht durch Liebe und Zuneigung gekennzeichnet, sondern durch Spannung, Härte und Bestrafung. Der Vater wird von ihm als ungerechter, prügelnder und bestrafender Mensch erlebt. Er wurde von ihm häufig so schwer mißhandelt, daß seine Mutter ihn gesundpflegen mußte. Als Otto 17 Jahre alt war, kam es zu einer Schlägerei mit dem Vater. Seitdem sprechen die beiden nicht mehr miteinander, obwohl sie noch zusammen wohnen. Er hat starke Haßgefühle seinem Vater gegenüber.
Otto beschreibt seine Mutter eher positiv, obwohl keine intensive Beziehung zwischen den beiden erkennbar ist. Seit dem 10. Lebensjahr wurde er von der Mutter nicht gestreichelt, geküßt oder umarmt, er klagt aber nicht darüber. Die Mutter-Sohn-Beziehung kann als eine durchschnittliche Beziehung ohne emotionale Tiefe gekennzeichnet werden. Seine Beziehung zu seiner einzigen jüngeren Schwester ist ebenfalls oberflächlich. Die Geschwisterrivalität führte zu einer eindeutigen Distanzierung zwischen den beiden.
Das schulische Leben von Otto war auch sehr problematisch. Er zeigte unterdurchschnittliche Leistungen, entwickelte bald ein oppositionelles Verhalten, störte den Unterricht und hatte schlechte Beziehungen zu seinen Lehrern. Seine Verhaltensauffälligkeiten in der Schule führten dazu, daß er einer längerfristigen ambulanten psychologischen Behandlung unterzogen wurde. Nach einer Zunahme der Verhaltensauffälligkeiten wurde er ohne Erfolg vier Wochen in einer Kinder- und Jugendpsychiatrischen Klinik stationär behandelt. In der vierten Klasse blieb er sitzen. Nach der 8. Klasse mußte er die Schule verlassen, weil er »versetzungsgefährdet« war.
Beruflich sah es nicht anders aus: Eine Lehre als Montageschlosser konnte er zwar abschließen, anschließend war er jedoch arbeitslos. Verschiedene bezahlte Tätigkeiten gab er nach kurzer Zeit auf.

Längere Zeit lebte er nur vom Arbeitslosengeld. Aus der Bundeswehr desertierte er. Danach meldete er sich nicht wieder arbeitslos, um nicht gefaßt zu werden. Er beging zahlreiche Straftaten: Körperverletzungen, Diebstähle, Einbrüche, Betrugs- und Straßenverkehrsdelikte u.a.
Die Exploration und die testpsychologischen Untersuchungen zeigten ein pathologisches Persönlichkeitsprofil: Otto lebt zurückgezogen, mag die Gesellschaft anderer nicht, ist isoliert und einsam, hat keine Freunde und keine intensiven zwischenmenschlichen Beziehungen. Er macht einen unnahbaren Eindruck, bis hin zu einer affektiven Kälte und zeigt eine große Gleichgültigkeit gegenüber den Gefühlen anderer Menschen. Er selbst ist auch nicht in der Lage, Gefühle zu äußern. Darüber hinaus mißachtet er soziale Normen und Verpflichtungen. Seine Fähigkeit zur Pflege langfristiger Beziehungen erscheint sehr eingeschränkt. Es besteht eine hohe Aggressionsbereitschaft und ein geringes Schuldbewußtsein.
Dieses Persönlichkeitsprofil paßt zu einer sogenannten *kombinierten Persönlichkeitsstörung*. In Ottos Fall fanden sich Persönlichkeitsmerkmale der *schizoiden* und der *dissozialen Persönlichkeitsstörung*. Das heißt also, daß bei Otto zwei schwere Störungen vorhanden sind, nämlich
a) sexueller Sadismus mit homophil-pädophilen Neigungen und
b) eine kombinierte Persönlichkeitsstörung mit schizoiden und dissozialen Merkmalen.

Eine konträre Feststellung und ein Kommentar des Betroffenen

Diese Feststellungen standen eindeutig im Gegensatz zu jenem Gutachten, das ungefähr zweieinhalb Jahre zuvor erstellt worden war. Der damalige Gutachter hatte festgestellt:
»Zusammenfassend ergab die ambulante psychiatrische und körperliche Untersuchung, daß es sich bei Otto um einen gesunden jungen Mann handelt. Psychisch fanden sich keine Anzeichen für eine krankhafte seelische Störung, eine tiefgreifende Bewußtseinsstörung, einen Schwachsinn oder eine schwere andere seelische Abartigkeit. Insbesondere lassen sich die homosexuellen Neigungen mit pädophilen Tendenzen nicht als krankheitswertige Perversion qualifizieren, die die Voraussetzungen tatbezogener Schuldfähigkeit beeinträchtigen können.«
Wie kann es zu solch konträren Feststellungen kommen?

Die Antwort gab Otto selbst. Er sagte:

»Als die Anordnung des Gerichtes für eine psychiatrische Untersuchung und Beobachtung kam, dachte ich, daß die mich sicherlich mit so einer gefährlichen Störung direkt dabehalten werden. Die Untersuchung dauerte eine oder anderthalb Stunden. Ganz wenig wurde ich über die Sexualität gefragt. Ich wollte ja darüber reden, aber niemand wollte etwas darüber hören. Als ich fragte, ob ich dableiben sollte, lachte der Arzt und sagte, es sei nicht nötig. Ich wußte schon damals, daß ich töten kann. Von mir selbst aus konnte ich aber darüber nicht sprechen. Ich wartete, daß mich jemand fragt. Aber es hat mich niemand gefragt. Nach anderthalb Stunden mußte ich meinen Koffer nehmen und mußte zurück in die Untersuchungshaft. Ich habe mich amüsiert während der Gerichtsverhandlung, als ich hörte, daß der Arzt keine Perversion bescheinigte.«

Ottos Bemerkungen sind Kommentar genug!

Die Folgen einer Fehldiagnose

In der Haftanstalt tobten die Gewaltphantasien weiter. Die Phantasie der durchschnittenen Kehle eines Kindes brachte Otto zum Orgasmus. Als er nach zwei Jahren entlassen wurde, begann er wenige Tage danach mit den Sexualgewalttaten, die am Anfang dieser Geschichte dargestellt wurden. Und dann kam es zu dem schlimmen Fall, der zu seiner Inhaftierung und der darauffolgenden Begutachtung führte.

Sein letztes Opfer, einen zehnjährigen Jungen, hatte er entführt, gefesselt und ihm eine metallische Schlinge um den Hals gelegt. Er hat ihn an verschiedene Orte transportiert und wiederholt sexuell mißhandelt, u.a. mit sadistischen Ritualen. Drei Stunden lang wußte das Kind, daß es am Ende sterben sollte, denn Otto hatte es ihm gesagt. Zur Tötung brachte er das Kind an einen Fluß, um anschliessend die Leiche im Wasser zu beseitigen. Er stellte dem zehnjährigen Jungen drei Totungsarten zur Wahl: Erwürgen, Erstechen, oder Sich-selbst-Erhängen. Da der Junge nur um sein Leben bettelte, entschloß sich Otto, ihn zu erwürgen. Nachdem »eklige Geräusche« aus dem Körper des Kindes kamen, unterbrach er seinen Tötungsversuch. Das Kind wurde gerettet.

Otto erzählte bereitwillig alle Details, völlig emotionslos. Es war eine unerträgliche Kälte im Explorationszimmer. Otto berichtete, daß seine Phantasien jetzt weiter gehen und mit der Tötung der Kinder enden. Er erzählte, daß er sich damals sehr gewundert habe, daß er nicht für lange Zeit untergebracht worden sei. Er berichtete uns, daß er nur in *einer Therapie eine Chance sehe. »Wenn so was zu therapieren ist«, sagte er.*

Ich habe das Gericht in einem 180seitigen Gutachten auf Ottos Gefährlichkeit und Therapiebedürftigkeit hingewiesen, da es sich um eine schwere Perversion mit allen Merkmalen der progredienten Form und der Süchtigkeit handele. Otto widerlegte selbst den vorigen Sachverständigen. Dessen Gutachten umfaßte nur fünfeinhalb Seiten. Sehr wenig für so viel.

Wir Gutachter müssen zuhören können, fragen können, Sorge und Befürchtungen um andere haben können. Fehler können jedem von uns passieren. Aber zuhören, fragen, Sorge tragen – das müssen wir alle können.

P Einige reden und reden ... Manche versuchen zu überreden

Peter war nicht zerquetscht

Meine Erzählung ist inzwischen fortgeschritten. In ihrem Verlauf haben Sie Menschen kennengelernt, die in der bizarren Welt der Perversion aufwuchsen, die von ihr mitgerissen wurden. Sie haben aber auch Menschen kennengelernt, die durch geistige Behinderung, Hirnschädigung oder durch eine chronische, die Persönlichkeit verändernde Psychose zur Tat getrieben wurden. Sie haben erkannt, daß es *den* Sexualmörder nicht gibt.

Viele Menschen, viele Individuen, auch viele Typen von Sexualstraftätern. Einige können trotz des Grauens, das sie erregen, Mitleid, Traurigkeit, Betroffenheit, Ratlosigkeit, sogar Solidarität und Fürsorge erwecken – nicht nur bei den Ärzten und Psychologen und nicht nur bei den Sozialarbeitern und Krankenschwestern. Andere aber erwecken nur Wut, Zorn und Ohnmachtsgefühle – und das nicht nur bei den Laien, oder im unmittelbaren Kreis der Opfer.

Peter ist eine Gegenfigur zu Anton, psychisch und körperlich. Er ist riesengroß, hat grobe, knochige Gesichtszügen, breite Schultern, lange Arme mit großen, knochigen Händen. Er spricht mit langsamer tiefer Stimme. Er bewegt sich auch langsam. Als ich Anton sah, dachte ich: ›Er sieht aus wie ein Theologiestudent.‹ Als ich Peter sah, dachte ich: ›Der sieht aus wie ein Schauspieler in den einschlägigen Kinofilmen.‹

Peter überfiel in drei Jahren vier Frauen. Zwei Frauen tötete er. Bei einer dritten dachte er, er habe sie getötet. Eine vierte Frau konnte buchstäblich in der letzten Sekunde entfliehen. Die zwei getöteten Frauen hatte er schwerstens massakriert, bevor er sich sexuell befriedigte.

Peter erzählte mir seine Geschichte, als ob es die Geschichte eines anderen wäre, und doch war die Atmosphäre anders als bei Bernd, der ja auch berichtete, als ob jemand anderes die Taten begangen hätte. Bernd erzählte so, als ob er »entpersonalisiert«, wie eine Marionette gesteuert gewesen wäre, dem Schicksal hoffnungslos ausgeliefert. Bernd erweckte irgendwie Mitleid. Peter nicht.

Ich untersuchte ihn, zwölf Jahre nachdem er von einem Gericht zu lebenslanger Strafe und Unterbringung im Maßregelvollzug verurteilt worden war, 16 Jahre nach dem ersten Sexualmord. Da waren kaum Fortschritte in der Therapie, kaum Bereitschaft zur Kommunikation, kaum tiefgreifende Auseinandersetzung mit dem Schrecklichen zu erkennen. Solche Fälle gibt es auch. Und Peter gehört zu diesen Ausnahmen!

Als er zum ersten Mal getötet hatte, war er gerade 17 Jahre alt. Das Opfer war die Mutter eines Freundes, eine Nachbarin. Er war mit ihrem gleichaltrigen Sohn zusammen in einer Jugendgruppe. Dadurch hatten sie Bekanntschaft geschlossen. Sie war geschieden, ihre drei Kinder lebten bei ihr. Peter hatte sie auch schon vor der Tötung besucht. Als er hörte, daß sie ein »lockeres Leben« führe, entstand bei ihm der Wunsch, mit ihr sexuell zu verkehren.

Er besuchte sie, als er wußte, daß sie alleine war. Die Frau ließ den Freund ihres Sohnes ohne Bedenken ins Haus. Als Peter seine Wünsche deutlich äußerte, lehnte sie es ab, ebenfalls sehr deutlich: »Du mußt erstmal erwachsen werden!«. Als sie aufstand, um den Fernseher einzuschalten, griff er ihr ohne jegliche Vorwarnung mit beiden Händen von hinten um den Hals. Er rief dabei, daß er mit ihr schlafen wolle. Die Frau wehrte sich, es kam zu einem Kampf. Er warf sie auf den Boden und versuchte mit Gewalt, den Geschlechtsverkehr zu vollziehen. Das gelang ihm nicht. Er wollte aber auch nicht aufgeben. Er würgte sie und stach mehrere Male mit einer Schere auf sie ein.

Anschließend wusch er sich die Hände. Mit einem Handtuch wischte er alle Gegenstände ab, von denen er glaubte, daß er sie in der Hand gehabt hatte. Im Wohnzimmer, wo die Getötete lag, fand er eine Weinflasche. Er trank Wein, rauchte eine Zigarette, drückte sie im Aschenbecher in der Eßdiele aus und wischte alle Fingerspuren ab, die er auf der Weinflasche und auf dem Aschenbecher hinterlassen hatte. Gegen Mitternacht kehrte er nach Hause zurück. Dort saßen sein Vater und seine Mutter zusammen. Es war der Geburtstag seiner Mutter. Er unterhielt sich ein bißchen mit ihnen, ging dann zu Bett und schlief. Niemand verdächtigte ihn. Jahrelang nicht.

Wie konnte man auch? Der junge Freund der Familie aus der Nachbarschaft, der jeden Tag an dem Haus vorbeiging. Nein, der konnte es nicht gewesen sein. Es zeigte sich keine Veränderung in seinem Leben, auch er zeigte keinerlei Gefühlsregung. Er selbst bezeichnet seine damalige Haltung als »kaltschnäuzig«. Der Sohn der gutsituierten Familie aus der Nachbarschaft mit den zwei beruflich erfolgreichen netten Geschwistern.

Obwohl der Vater aus beruflichen Gründen kaum zu Hause war, erlebte Peter ihn positiv. Zu seiner Mutter hatte er eine sehr enge Beziehung, die heute noch in der gleichen Intensität besteht. In der Schule fühlte er sich überlegen. Von den Schulkameraden war er immer gerne vorgeschoben worden. Seit seiner Einschulung war er einen Kopf größer als seine Mitschüler gewesen. Deswegen hatten ihn alle anderen als den »King« akzeptiert. Nach der Tötung der Nachbarin ging für ihn das Leben weiter. Er schloß seine Ausbildung als Handwerker ab und wurde anderthalb Jahre später zur Bundeswehr eingezogen.

Während seiner Grundausbildung versuchte er ohne Vorwarnung ein Mädchen nachts auf offener Straße zu vergewaltigen. Er umschlang mit seinen großen Händen den Hals des Mädchens, das um Hilfe schrie. Er drückte stärker zu und forderte sie auf, aufzuhören, sonst würde sie sterben. Er befahl ihr, sich auszuziehen und versuchte, sie zu vergewaltigen. Er hatte jedoch keine Erektion. Daraufhin befahl er dem Mädchen, sich wieder anzuziehen. Er nahm aber ihre Bluse, drehte sie zu einer Art Schnur und bewegte sich auf das Mädchen zu. In diesem Moment konnte es fliehen.

Zu dieser Zeit hatte er eine feste Freundin. Seine erste feste Freundin, ein 17jähriges Mädchen, hatte er drei Monate nach dem ersten Mord kennengelernt. Die Beziehung zu ihr dauerte ein Jahr. Sie wurde durch die Bundeswehrzeit beendet. Die Erlebnisse mit seiner ersten Freundin beschreibt er als »Hochgefuhl«, als »Euphorie«. Dann schloß er Freundschaft mit einem anderen Mädchen, ohne jedoch sexuell mit ihr zu verkehren. Danach hatte er wieder eine intensive Beziehung, die zum Zeitpunkt der zweiten Tat noch bestand. Seine Freundin verließ ihn, als Peter wegen dieser zweiten Tat verhaftet und zu einem Jahr Freiheitsstrafe verurteilt wurde – die Tötung der Nachbarin war noch nicht aufgeklärt. Niemand verdächtigte ihn deswegen, er mußte nur für die versuchte Vergewaltigung sechs Monate ins Gefängnis.

Sieben Tage nach seiner Entlassung tötete er eine 66jährige Frau. An jenem Tag saß Peter zusammen mit Bekannten in einem Lokal und trank einige Gläser Cola mit Rum. Gegen 23.00 Uhr verließ er das Lokal. Unterwegs sah er die 66jährige Frau, die aus einem Lokal, wo sie in der Küche aushalf, nach Hause ging. Er verfolgte sie und stellte fest, wo sie wohnte. Er drang durch das Fenster des

Badezimmers in das Haus ein und versuchte, sie zu vergewaltigen. Es kam zu einem Kampf. Die Frau kratzte ihn im Gesicht. Er riß ihr mit Gewalt das Nachthemd vom Leib und schlug sie. Die 66jährige Frau wehrte sich immer noch. Er tötete sie mit mehreren Messerstichen. Anschließend nahm er Wein und Gebäck aus den Vorräten der Frau und verließ die Wohnung. Unterwegs wusch er die Blutspuren an einem Brunnen ab, trank den Wein und aß das Gebäck. Als er am anderen Morgen auf die Kratzspuren im Gesicht angesprochen wurde, antwortete er, daß er sich mit einer »Wildkatze« angelegt hätte. Auch diesmal verdächtigte ihn niemand.
Aber Peters Leben wurde unruhiger, unsteter und desorientierter. Mit nichts wurde er fertig. Er wurde immer einsamer. Allein mit seinen ausufernden Problemen verlor er seine Arbeit und setzte sich von zu Hause ab. Dabei nahm er das Auto einer Bekannten mit.
Unterwegs traf er sein nächstes Opfer. Eine 61jährige Frau. Er versuchte mehrmals vergeblich, sie zu vergewaltigen – vergeblich, weil er keine Erektion bekam. Anschließend würgte er sie und stach mit einem Messer mehrere Male auf sie ein, bis er dachte, daß sie tot sei. Aber sie überlebte. Peter fuhr weiter durchs Land.
Seine Bekannte hatte ihr Auto als gestohlen gemeldet. Bei einer Routinekontrolle entdeckte die Polizei das Auto, und man nahm Peter wegen des vermuteten Autodiebstahls fest. Nach Klärung des Sachverhaltes, wurde er wieder entlassen. Anläßlich der Festnahme hatte man ihm jedoch seine Fingerabdrücke abgenommen, es waren dieselben, die in der Wohnung des 66jährigen Opfers gefunden worden waren. Peter gab zuerst nur die zwei ihm nachgewiesenen Straftaten zu. Aber er wurde auch der ersten Tat überführt.

Peter und die gespaltene Meinung der Justiz und der Psychiatrie

Wie steht die Medizin, wie steht die Psychiatrie, wie steht die Psychologie zu Peters Taten? Er wurde von vielen Professoren untersucht. Von Psychiatern, Psychologen, Rechtsmedizinern, Genetikern und Sexualmedizinern. Ob eine bei ihm festgestellte Chromosomenanomalie etwas mit seinem Verhalten zu tun habe? Diese Frage kann man nicht beantworten. Die meisten Menschen, die eine solche Anomalie haben, führen ein ganz normales Leben.
Die Experten richteten ihr Augenmerk vor allem auf die Persönlichkeitsentwicklung, die Sexualproblematik und die Biographie.

Wie wir gesehen haben, war Peters soziale Entwicklung bis zu seinen Taten praktisch unauffällig. Auffallend war im nachhinein lediglich die sehr enge Beziehung zu seiner Mutter. Er empfand Lust beim Anziehen von Unterwäsche seiner Mutter und dabei vor dem Spiegel zu stehen. Die Erinnerung an solche Eindrücke brachte ihn zur Erregung und zum Onanieren.
Seine Angaben über sexuelle Beziehungen zu Frauen sind widersprüchlich. Mir erzählte er 13 Jahre nach der Verurteilung, daß er mit seinen Freundinnen befriedigende sexuelle Beziehungen gehabt habe. Er sprach sogar von »Hochgefühlen«, von »Euphorie«. Allen damaligen Gutachtern jedoch hatte er erzählt, daß er zwar zusammen mit seinen Freundinnen nackt im Bett gelegen habe, es aber nie zu sexuellen Beziehungen gekommen sei. Dies scheint mir glaubwürdiger zu sein. Bei keinem seiner vier Opfer konnte er die Vergewaltigung vollenden. Er war impotent. Diese und andere Auffälligkeiten wurden von den Gutachtern berücksichtigt und ausgewertet.
Bei Peter gab es zwei Gerichtsverhandlungen, bei der ersten beschäftigten sich drei Sachverständige (ein Psychiater, ein Psychologe und ein Genetiker) mit seiner Psyche. Zwei davon erkannten zwar die Auffälligkeiten, sahen jedoch keinen Zusammenhang mit seinen Taten. Der andere – der Psychiater – erkannte, daß bei Peter eine schwere aggressive Gehemmtheit, eine tiefgreifende Problematik bezüglich seines Frauenbildes und eine schwere psychosexuelle Störung bis hin zur Impotenz festzustellen sei. Er wollte nicht ausschließen, daß die Straftaten aus diesen krankheitswertigen Erscheinungen herzuleiten seien. Das Gericht entschloß sich jedoch, den Empfehlungen der beiden anderen Gutachter zu folgen: also volle Schuldfähigkeit; keine Maßnahmen der »Besserung und Sicherung«; trotz einer solchen Vorgeschichte kein Maßregelvollzug. Peter wurde zu lebenslanger Haftstrafe verurteilt.
Der Bundesgerichtshof jedoch hob das Urteil teilweise auf und verwies die Sache an ein anderes Landgericht.
Das neue Gericht folgte der Auffassung des Psychiaters, der meinte, daß eine Ableitbarkeit der Straftaten aus den krankheitswertigen Abnormitäten nicht auszuschließen sei. Peter wurde zuerst 10 Jahre im Gefängnis, dann im Maßregelvollzug untergebracht: mit den gleichen Argumenten, den gleichen wissenschaftlichen Untersuchungen.
Zwei Gerichte, zwei verschiedene Entscheidungen. Sie sehen also,

mit der Objektivität ist es so eine Sache! Die Ableitbarkeit von Peters Straftaten von seinen Abnormitäten ist plausibel. Wie die Abnormitäten aber entstanden sind, ist eine Frage der Interpretation.

Die Ohnmacht, die manchmal da ist

17 Jahre nach seinem ersten Mord, 14 Jahre nach seinem letzten Mord, 13 Jahre nach der Verurteilung, drei Jahre nach der Aufnahme im Maßregelvollzug hatte sich bei Peter nichts geändert.
Wer hätte das auch erwartet? Den Eindruck, den er auf mich machte, war der Eindruck eines Menschen, der sich überhaupt nicht mit seinen Taten auseinandergesetzt hatte. Er wirkte wie jemand, der noch keine tiefe Trauer empfunden hatte; wie jemand der versuchte, den psychiatrischen Sachverständigen hinters Licht zu führen und sich selbst ins rechte Licht zu rücken. Peter hat einige Floskeln aus der Therapie übernommen. Die benutzte er zusammenhangslos bei der Exploration.
Er sagte, daß alle seine Opfer Ähnlichkeiten mit seiner Mutter gehabt hätten. So viele Ähnlichkeiten seien nicht gut, meinte er. Nur eine einzige Mutter dürfe es geben, sagte er.
Verwirrend sind die Angaben über seine Motive. Er berichtete, daß er Rache an seinen Freundinnen nehmen wollte. Deswegen habe er die Frauen getötet – aus Rache, weil seine Freundinnen ihn immer mit fadenscheinigen Argumenten verlassen hätten. Und die erste Frau, die er getötet hatte? Damals hatte er noch keine Freundin gehabt. Peter sagte immer wieder etwas anderes über seine Motive. Niemand konnte ihm glauben. Viele seiner Aussagen blieben offen. Das war so bei früheren Gutachten, das war so in der Therapie – und bei mir. Er versuchte, die positiven Aspekte seiner Lebensgeschichte in den Vordergrund zu stellen. Wenn die Therapeuten seine Wünsche nicht erfüllen wollten, drohte er ihnen mit dem Rechtsanwalt.
Für mich zeigte sich, daß Peter die schrecklichen Taten, die er begangen hat, nicht als eigene akzeptiert hatte. Er berichtete über sie, als ob ein Fremder sie begangen hätte. Er blieb während der Exploration bei den mechanischen Einzelheiten. Emotionale Schwingungen und emotionale Betroffenheit waren nicht zu erkennen. Negativ beeindruckt war ich auch von der Darstellung seiner Zukunftsperspektive und der Therapieziele: Peter sieht in der Therapie die Vorbereitung für das Leben draußen. Er sieht aber in die-

ser Vorbereitung eher die technischen Aspekte und nicht die Notwendigkeit, seine Persönlichkeitsproblematik zu bearbeiten. Er sagte: »Ich war ja 14 Jahre aus dem Verkehr. In diesen 14 Jahren hat sich draußen viel geändert. Ich muß vorbereitet sein!« Es ist wohl nicht verwunderlich, daß ich die Prognose als ungünstig bezeichnete und die Fortsetzung der Unterbringung im Maßregelvollzug empfahl.

Peter hat bei mir intensives Nachdenken über die grundsätzliche Möglichkeit der Therapie bestimmter Sexualmörder ausgelöst, auch über unsere Ohnmacht. Einige Sexualtäter sind wahrscheinlich nicht therapierbar! Aber gewiß nicht alle.

Peter gehört zu den Ausnahmen.

Q

Der Kampf zwischen Normalität und Perversion

Quincy: Die Geschichte eines verlorenen Kampfes

Die Botschaft, die ich mit der Geschichte von Quincy übermitteln möchte, hat mit dem Kampf zwischen Normalität und Perversion zu tun.

Quincy überfiel ein achtjähriges Mädchen und würgte es bis zur Bewußtlosigkeit. Anschließend versuchte er, es sexuell zu mißbrauchen. Er brach die Tat aus Mitleid mit dem Kind ab, als er merkte, daß es noch atmete. Sechs Wochen später überfiel er ein anderes 10jähriges Mädchen und würgte es ebenfalls bis zur Bewußtlosigkeit. Diesmal vollendete er die Vergewaltigung und verließ das blutende, bewußtlose Kind in der Überzeugung, daß es tot sei.

Quincy wurde aufgrund von Indizien verhaftet. Er war sofort voll geständig. Während der Haftzeit wucherten seine Phantasien weiter. Zur Zeit der Gerichtsverhandlung war er gequält von der Vorstellung, irgendwann das zu tun, was er bis jetzt nicht getan hatte: die Tötung eines Mädchens. Er konnte die Spannung nicht aushalten und versuchte, sich umzubringen, wurde jedoch gerettet. Die Phantasien quälen ihn auch drei Jahre nach der Tat noch, sie machten ihn unglücklich. Er äußerte immer wieder Suizidabsichten, aber er hoffte auch auf eine Therapie.

Quincy war 25 Jahre alt und verlobt, als das Drama stattfand. Er war ein kräftiger, durchtrainierter Mann. Wir untersuchten ihn im Rahmen der Prognosebegutachtung. Er war nach dem Gerichtsurteil in einer Maßregelvollzugsanstalt untergebracht worden. Er sprach mit leiser Stimme, äußerte spontan seine Befürchtungen, daß er noch einmal ein Mädchen überfallen könnte. Er sprach über seine Gefährlichkeit und wie fassungslos er deswegen sei. Er suchte Hilfe und erwog gleichzeitig die Selbsttötung, um dadurch seine Tragödie und die anderer zu beenden.

Quincy hat vier Geschwister, einen Bruder und drei Schwestern, mit denen er im gemeinsamen Elternhaus aufwuchs. Sein Vater fuhr zur See. Daher zog die Familie bis zu Quincys 8. Lebensjahr im In- und Ausland häufig um. Quincys Vater überließ die Erziehung der Kinder weitgehend der Mutter. Er war wenig zu Hause und kümmerte sich kaum um die Kinder. Das Verhältnis zu seiner Mutter bezeichnete Quincy als gut. In der Familie gab es kaum Streit. Quincy lernte erst etwa mit 5 Jahren das Sprechen. Bis zum 11. oder 12. Lebensjahr war er Bettnässer. Fremden gegenüber war er als Kind gehemmt. Der Vater starb mit 46 Jahren, als Quincy 13 Jahre alt war..

Sexuell aufgeklärt wurde Quincy in der Schule, teils durch den Sexualunterricht, teils durch Mitschüler. Seine ersten diesbezüglichen Erlebnisse waren »Doktorspiele« mit gleichaltrigen Kindern. Zum ersten sexuellen Kontakt kam es, als er etwa 13 Jahre alt war. Er küßte während einer Schulfeier ein gleichaltriges Mädchen. Beide kamen dann überein, daß sie miteinander »Sex machen wollten«. Eine dauerhafte Beziehung oder längere Freundschaft zu diesem Mädchen entwickelte sich aber nicht. Kurz danach hatte Quincy für etwa ein halbes Jahr ein Verhältnis mit seiner damals 14jährigen Schwester. Beide Kinder fühlten sich zueinander hingezogen, weil – wie Quincy sagte – ihr Vater sie abgestoßen hatte. Es kam während dieser 6 Monate mehrmals zum Geschlechtsverkehr, meistens spontan. Die Geschwister beendeten ihr unentdeckt gebliebenes Verhältnis, als ihnen bewußt wurde, daß es nicht richtig war, was sie taten.

Zwischen Frauen und kleinen Mädchen hin- und hergerissen

Etwa seit dem 12. Lebensjahr interessierte sich Quincy für Mädchen, die sieben oder acht Jahre alt waren. Er beobachtete sie beim Spielen, weil es ihn sexuell erregte. Manchmal spielte er auch mit ihnen, um sie berühren zu können. Sex beherrschte einen Großteil seines Lebens, insbesondere seiner Gedanken. Mit etwa 18 Jahren begann für Quincy eine Zeit häufiger sexueller Kontakte mit erwachsenen Frauen. Die Verhältnisse dauerten meistens jedoch nur kurz, oft blieb es sogar bei einem einmaligen Geschlechtsverkehr. Das Alter der Frauen lag zwischen 16 und 34 Jahren. Quincys Interesse für kleine Mädchen wurde davon nicht berührt. Er versuchte, es zu unterdrücken, indem er bis spät abends arbeitete. Seine Gedanken und sexuellen Phantasien waren jedoch stets vorhanden. Zum Teil schrieb er sie auf und notierte sehr detailliert, wie er sich den Geschlechtsverkehr mit kleinen Mädchen vorstellte. Diese Phantasien verschwanden auch nicht, als er eine intensivere Beziehung mit einer Frau, seiner späteren Verlobten, einging. Beim Geschlechtsverkehr mit ihr projizierte er seine sexuellen Phantasien teilweise auf sie.

Einige Zeit vor der Tat hatte Quincy sexuellen Kontakt mit der damals elfjährigen Tochter einer befreundeten Familie. Das Mädchen war damit einverstanden gewesen. Er nahm einen Schlüpfer von ihr und einen ihrer jüngeren Schwester als Fetische mit, um seine sexuellen Gedanken anzuregen und sie zur Selbstbefriedigung zu nutzen. Ebenfalls als Fetische benutzte er Slips seiner Verlobten.

Quincy, der seine sexuelle Andersartigkeit erkannt hatte, brachte es trotzdem nicht fertig, mit jemandem über seine sexuellen Phantasien zu sprechen. Er versuchte wohl mehrfach, seiner Verlobten seine Probleme darzulegen, ohne sie ihr richtig erklären zu können. Stets hatte er Angst, daß sie ihn nicht verstehen würde. Auch als sie eine Aufzeichnung seiner sexuellen Phantasien fand und ihn fragte, ob dies wirklich alles geschehen sei, kam es nicht zu einem klärenden Gespräch zwischen den beiden.

Schweigen kann tödlich sein. Aber es braucht auch einen Zuhörenden.

Quincy berichtete, daß seine sexuellen Vorstellungen sich während der Pubertät langsam entwickelten. Zu Beginn erregte es ihn einfach, kleine Mädchen zu sehen. Später kamen Bilder dazu, in denen er sich vorstellte, Mädchen zu sehen und dabei zu masturbieren. Dabei masturbierte er auch. Dann wollte er sie berühren oder mit ihnen spielen.

Mit fünfzehn belästigte er ein kleines Mädchen. Er steckte seine Hand in ihr Höschen. Als sie es ihrer Mutter erzählte, wurde er zum ersten Mal von der Polizei vernommen. Er verbrachte dort mehrere Stunden und wurde erst entlassen, als seine Mutter ihn abholte. Man tat das damals als einmaliges Ereignis ab. Er selbst wußte jedoch bereits, daß dem nicht so war. Er wußte auch, daß er von diesem Zeitpunkt an würde vorsichtiger sein müssen. Niemand versuchte, mit ihm darüber zu reden oder herauszufinden, warum er das getan hatte. Niemand fragte ihn, auch die Mutter nicht. Er glaubt heute, daß er etwas darüber erzählt hätte, wenn man ihn danach gefragt oder darauf angesprochen hätte.

Die Phantasien wuchsen und wuchsen. Sie breiteten sich aus, progredient und suchtartig, wurden zu Gewaltphantasien mit sadistischen Zügen. Obwohl er in Wirklichkeit nie jemanden gefesselt hatte, fesselte er im Geiste kleine Mädchen und schlug sie. In der

Realität verhielt sich Quincy anders. Zu seiner Verlobten war er immer sehr freundlich und liebevoll. Er übte keine körperliche Gewalt gegen Frauen aus. Er versuchte nie, Fesseln oder Schlagen ins erotische Repertoire einzubringen.

Quincys perverse Phantasien hörten mit der Verurteilung nicht auf. Er berichtete, daß sie im Gegenteil seit seiner Verhaftung schlimmer, unerträglicher geworden seien:

»Ich habe einige Phantasien gehabt, in denen das kleine Mädchen sterben könnte. Das ist nicht das, was ich will. Ich will niemanden töten, ich bin zwar wegen versuchten Mordes angeklagt worden, das ist jedoch niemals meine Absicht gewesen. Das ist wahrscheinlich mehr Pech oder auch meine Dummheit gewesen, daß ich das Kind gewürgt habe. Diese Phantasien, daß ein Kind sterben könnte, habe ich auch nicht gehabt, bevor ich die beiden Straftaten begangen habe. Diese Phantasien sind erst aufgetreten kurz vor oder kurz nach der Gerichtsverhandlung. Ich habe immer wieder über diese Entwicklung nachgedacht.

Ich fühle bei diesen Phantasien Panik. Als ich realisierte, was da Schreckliches vor sich ging, hat mich das geängstigt. Es ist keine Erregung gewesen, sondern Furcht. Ich habe gedacht, um Gottes Willen, was denke ich denn da.

Ich habe versucht, diese Phantasien auszuklammern, vor ihnen wegzulaufen. Ich habe gedacht, das ist doch unmöglich, ich bin neunundzwanzig Jahre alt, da kann ich doch nicht Phantasien haben, in denen ich kleine Mädchen umbringe. Ich habe mich krank gefühlt. Ich habe Angst gehabt, irgend jemand zu erzählen, daß meine Phantasien so weit gehen.«

Quincys Kampf ist ein Kampf zwischen Normalität und Perversion. Die ersten Erfolge der Therapie lassen Hoffnung, daß die neu begonnene Runde gewonnen wird.

Einige Voraussetzungen für ein Eindämmen der zerstörenden Perversion

Wir haben Perversionen kennengelernt, die seit der Kindheit den Menschen isolieren, der sie hat. Abweichende sexuelle Phantasien können aber auch Jahre und Jahrzehnte lang neben einem sozial konformen Sexualverhalten existieren oder erst nach Beginn eines sozial angepaßten Sexuallebens auftreten. Sie können ein Leben lang neben der normalen Sexualität existieren, ohne gefährlich für andere oder für den Betroffenen zu werden. Sie können gelenkt und in den Hintergrund gedrängt werden.

Das setzt voraus, daß der Betroffene die Macht hat, sie zu zähmen, daß er Persönlichkeitseigenschaften besitzt – Abwehrmechanismen und Bewältigungsstrategien –, die zur Zähmung taugen. Gerade bei Menschen mit Perversionen sind diese Fähigkeiten häufig wenig ausgeprägt, vor allem, wenn die Perversion progredient verläuft. Wie schafft man sich also Macht über seine Phantasien?

Auf diese Frage gibt es keine allgemeingültige Antwort. Aber einige Voraussetzungen kennen wir, andere vermuten wir:

Die erste Voraussetzung

Schweigen kann töten! Das ist sicher. Allein schafft man es nicht! Über seine Phantasien sprechen, ist ein möglicher erster Schritt. Die Erfahrung belegt es. Die psychotherapeutische Praxis zeigt auch, daß gerade Menschen mit aggressiv-perversen Phantasien schon im Frühstadium Hilfe brauchen, um Herr ihrer Phantasien zu werden. Doch nicht jeder von ihnen nutzt die Möglichkeit einer psychotherapeutischen Unterstützung. Viele haben Angst, über ihre Probleme zu sprechen. Für viele gilt »darüber spricht man nicht«. Die Scham und die Scheu sind verständlich.

Die zweite Voraussetzung

Ein erste Voraussetzung ist das Reden. *Er setzt aber einen Zuhörenden voraus.* Den muß man suchen. Dieser muß in der Lage sein, Signale zu empfangen, die versteckte Botschaft zu entschlüsseln. Das ist eine schwere Aufgabe, die meisten Menschen sind damit überfordert. Aber es ist nicht zu viel verlangt, jemandem zu raten, einen Fachmann aufzusuchen, einen Psychiater oder einen Psychologen. Der Weg, der zum Ausweg werden kann, ist einfacher zu beschreiten, wenn es einen Begleiter oder eine Begleiterin gibt. Es ist sicherlich ein schwieriger Weg, aber er kann zur Abwendung der Katastrophe beitragen.

Die dritte Voraussetzung

Fachliche Hilfe zu suchen und die richtige Hilfe zu finden, stellen weitere Bausteine zur Befestigung des Dammes dar, der die Umsetzung der Phantasien in die Realität verhindern kann. Der Psychiater oder der Psychologe muß aufgesucht werden. Leider kann dieser Weg zu einem Irrweg werden. Nicht jeder Arzt oder Psychologe besitzt die Kompetenz, effektive, tragfähige Hilfe zu leisten. Man braucht spezielles Wissen, eine spezielle Ausbildung und Erfahrung. Nervenheilkunde, Psychiatrie, Psychologie haben sehr viele Spezialgebiete. Niemand ist in der Lage, alle Fachbereiche zu beherrschen.

Es ist nicht leicht, den richtigen Spezialisten zu finden. Vielen Patienten fehlen die dazu notwendigen Informationen. Es ist daher die Pflicht eines jeden Angesprochenen, den Hilfesuchenden aufzuklären und einen kompetenten Helfer zu empfehlen. Ich habe in dem Vierteljahrhundert meiner ärztlichen Tätigkeit leider Fälle erlebt, wo nicht so gehandelt wurde. Anton hatte mit seinem Arzt gesprochen, wahrscheinlich aber so verschlüsselt, daß dieser nicht verstand, was Anton sagen wollte. Man kann aber auch sagen: Er war an einen geraten, der kein Fachmann war, der die Signale nicht entschlüsseln konnte. So wählte Anton die ungeeignete Selbsthilfe. Oder denken Sie an Otto, der nicht gehört wurde.

Ich kenne auch einen anderen Patienten, der starke pädophile Neigungen hatte. Sein Wunsch, Kinder zu mißbrauchen, wurde im Laufe der Zeit immer stärker. Er kämpfte einen gigantischen Kampf und litt sehr darunter. Als die Neigung so konkret wurde, daß er fürchtete, zwei seiner Nichten zu mißbrauchen, tat er einen nicht leichten Schritt: Er ging zu seinem Hausarzt und schilderte sein Problem und seinen Kampf. Er bekam folgende Antwort: »Warum fahren Sie nicht nach Thailand? Dort ist es nicht verboten, mit Kindern Sex zu haben. Dann befriedigen Sie Ihre Neigung, und Sie haben kein Problem mehr.«!

Wie Sie sehen, ist nicht jeder der Richtige!

Die vierte Voraussetzung

Konsequenz und Hartnäckigkeit sind ebenso wichtige Bausteine des Dammes. Die Zähmung und die Behandlung der aggressiven Perversion verlangen einen hartnäckigen, konsequenten Kampf. Es ist nicht mit einem Besuch beim Fachmann getan, auch nicht mit einer kurzzeitigen Therapie oder mit einer stationären Aufnahme. Es muß lange gearbeitet werden.

Es gibt keine Alternative: Darüber sprechen, gehört werden, kompetente Hilfe suchen, konsequent und hartnäckig bleiben ist die einzige Möglichkeit, Lösungen zu finden, hoffen zu können.

R Noch einmal die hämmernde Frage nach der Vorbeugung

»... Aber was kann ich dafür?«,

fragte Anton. Dieser Satz ist ein schwieriger Satz. Er ist Frage und Antwort zugleich. »... was kann ich dafür ...?«
»Was kann man selbst dagegen tun?« haben wir vorher gefragt. Eine weitere Frage muß gestellt werden:
»Wann spätestens muß man selbst etwas dagegen tun?«

Richard:
Die zerstörende Perversion
Die nicht gezogene Bremse

Dazu werde ich die Geschichte von Richard erzählen. Der lange Weg, den Richard gegangen ist, stellt die Frage nach der eigenen Verantwortlichkeit: Wo beginnt die eigene Verantwortung für die Abwehr der drohenden Katastrophe, aller Dynamik der Perversion zum Trotz?
Ich habe schon erzählt, wie gefährlich das Leben mit den Phantasien sein kann, wie gefährlich Schweigen ist. Für das Schweigen kann man viele Erklärungen finden: Man ist nicht informiert. Man schätzt die Phantasien nicht als wirklich gefährlich ein. Man überschätzt die eigenen Widerstandskräfte, man ... Es gibt viele Erklärungen – manche sagen, es gibt viele Alibis.
Aber was ist, wenn eine Sturmwelle die andere jagt? Was ist, wenn die Umsetzung der Phantasie in Realität schon angefangen hat? Was ist, wenn planmäßige Vorbereitungen unmißverständlich das Unheil ankündigen, wenn schon das erste Opfer dem Tod knapp entgangen ist? Was ist, wenn es dem Tod nicht entgangen ist? Warum wartet man dann noch?
Gibt es einen eigenen Willen, wenn man Sklave der ausufernden, suchtartigen Diktatur der Sexualität ist? Gibt es dann noch einen eigenen Willen? Ja, es gibt ihn. Zwischen den Sturmwellen oder danach. Wie bei Anton, der sich nach der Tötung des Kindes stellte, um weitere Dramen zu vermeiden.
Anton hat sich gestellt. Richard nicht.
Richard hat in kurzen Abständen zwei Frauen getötet. In blinder Zerstörungswut. Er erzählte mir:

»Die ersten Phantasien haben angefangen, als ich 14 Jahre alt war. Sie waren so gestaltet, daß ich alleine mit einer mir unbekannten Frau im Zimmer, im Wald oder irgendwo anders war. Daß ich die Frau anschrie und ihr gegenüber Übermacht demonstrierte. Ich habe auch öfters eine sexuelle Erregung damit in Verbindung gebracht. Im Laufe der Jahre eskalierte jedoch das Phantasiegebilde. Aus der Anschreierei sind Drohungen geworden, dann Prügel, später Bedrohungssituationen, etwa mit einem Messer, dann Tötung und völlige Zerstörung des weiblichen Körpers.
Die Gewaltphantasien waren mit sexueller Erregung verbunden, die zur Selbstbefriedigung führten. Am Anfang genügten die relativ harmloseren Phantasien, wie etwa das Anschreien, um eine sexuelle Erregung zu haben. Im Verlauf der Jahre aber brauchte ich die massiveren Gewaltphantasien. Zuletzt ja die Tötungsphantasien. In der letzten Phase vor der letzten Tötung nahmen die Gewaltphantasien den Charakter der blinden Zerstörungswut, des unkontrollierten Kaputtmachens des weiblichen Körpers an. Nur so konnte ich eine sexuelle Erregung haben. Die Angstgefühle bei der angegriffenen Frau, die ich mir vorstellte, waren zu Beginn der Entwicklung meiner Gewaltphantasien ein wesentlicher Bestandteil meiner sexuellen Empfindung. Das wurde jedoch in einem späteren Stadium von der Zerstörung und Vernichtung des weiblichen Körpers abgelöst. Blinde Zerstörung, blinde Vernichtung. Auch bei dem Sexualverkehr mit meiner Frau, obwohl er immer normal verlief, brauchte ich die Tötungsphantasien dazu. Bemerkenswert ist, daß während des Sexualverkehrs mit meiner Frau das Opfer der Gewaltphantasien nie meine Frau war, sondern immer eine mir unbekannte Frau. Bemerkenswert ist auch, daß ich, obwohl der Oralverkehr immer ein Bestandteil meiner Gewaltphantasien darstellte, ihn nie mit meiner Frau ausgeübt habe.«

Richard lernte mit 14 Jahren durch seine Phantasien die Sexualität kennen. Den ersten sexuellen Kontakt hatte er mit seiner heutigen Ex-Frau. Er war damals 25 Jahre alt. Bis dahin hatte er keine Beziehung zu einer Frau gehabt, aus Angst vor seinen Phantasien. Irgendwie wußte er, daß diese nicht normal sein konnten. Die Beziehung zu seiner Frau sei ein Verzweiflungsakt gewesen, meinte er. Wie ein Ertrinkender hätte er sich an diesen Strohhalm geklammert, hätte versucht, ein nach außen hin akzeptables Leben aufzubauen. Er und seine Frau verstanden sich eigentlich ganz gut. Sie hätten viel geredet, aber nie darüber. Es entstand Vertrauen, wenn

auch nicht genügend, daß er ihr seine Phantasien anvertraut hätte. Sein Motiv für die Eheschließung sei nicht die große Liebe gewesen. Sie heirateten ein Jahr vor der Tragödie, weil ein Kind unterwegs war.
Aus welchem familiären und lebensgeschichtlichen Hintergrund stammt Richard? Richard haßte seinen Vater. Als der mit 50 Jahren an Krebs starb, war das für Richard ein »innerer Reichsparteitag«, ein Jubeltag, weil die jahrelangen Quälereien und Demütigungen von seiten des Vaters ein Ende fanden. Richard hatte seinem Vater nichts recht machen können, hatte nie ein liebes Wort von ihm gehört. Das einzige, was er kannte, waren »Rumbrüllerei, Prügel ohne Ende, permanentes Gemecker«.
Die Mutter lebt noch. Sie hatte zu Hause nichts zu sagen. Sie war schüchtern, litt unter dem Verhalten des Vaters und auch unter dem extremen Mangel an Geld. Ein inniges Verhältnis zu ihr hatte Richard nicht. Sie versuchte manchmal, ihn vor dem Vater in Schutz zu nehmen, konnte sich jedoch nicht durchsetzen. Sie war mehr oder weniger unbeteiligt. Richard war wütend auf die Mutter, die ihn nicht schützen konnte. Notgedrungen war er früh selbständig, weswegen die Mutter sich nicht mehr um seine Sachen kümmerte. Er hatte als Kind kein besonderes Vertrauen zu ihr. Er erhielt keine Wärme und brachte seiner Mutter keine Liebe entgegen.
Richard hat vier jüngere Geschwister. Die Beziehungen zu ihnen waren nie besonders eng. Irgendwie war er immer ein Außenseiter. Er besuchte die Realschule, seine Geschwister nur die Volksschule. Sein Vater hackte deshalb immer auf ihm herum, er komme sich wohl als was Besseres vor. Richard trug Einsamkeit, Isolation und Haß in seinem Herzen. Mit niemandem hatte er Kontakt. Es gab niemanden, der seine Last teilen konnte. Hierauf wurde später seine zerstörerische Perversion zurückgeführt.

Wie eine Horrorphantasie Gestalt annimmt

Nachdem die Gewaltphantasien bei Richard ihren Höhepunkt erreicht hatten, also in blinde Zerstörungswut übergegangen waren, begannen auch die Grenzen zwischen Phantasie und Realität allmählich zu schwinden. Er begann Tötungsutensilien in seinem Auto zu sammeln. Doch auch als er diesen gefährlichen Punkt erreicht hatte, läuteten keine inneren Alarmglocken. Er klammerte sich an Verleugnungs- und Rationalisierungserklärungen, wie etwa »die Tötung einer Frau ist doch nur so eine Idee«, »ich nehme die

Schnur mit ins Auto, weil man sie für viele Dinge brauchen kann«. Für alle Fälle?
Nach diesem ersten Schritt begann der Teufelskreis. Die Gewaltphantasien nahmen Gestalt an und das innere Hin- und Hergerissensein wurde stärker. Parallel zu den immer drastischeren Gewaltvorstellungen wuchs der Wunsch nach der Verwirklichung der Phantasien. Dann passierte es. Er traf sein erstes mögliches Opfer, eine junge Anhalterin, die er in seinem Auto mitnahm. Er wollte das Mädchen töten, wie er es in seinen Phantasien schon unzählige Male getan hatte. Der innere Kampf zwischen Angst und Drang begleitete ihn bei dieser ersten Begegnung mit dem Schicksal. Diesmal gewann er ihn noch. Er konnte die Phantasien noch einmal kontrollieren, die Umsetzung verhindern und das Mädchen absetzen. Beim nächsten Mal gelang ihm das nicht.
Die nächste Anhalterin hat er mit blinder Zerstörungswut getötet. Das Drama, das im Gutachten auf vielen Seiten beschrieben wurde, ist damit in einem einzigen Satz zusammengefaßt.
Er erzählte mir folgendes:

> »Ich habe es so erlebt, als ob ich wirklich jemand anderen gesehen habe, der jemanden umgebracht hat. Es war das totale Chaos. Das totale Chaos bedeutet, daß alles in mir hochgekommen ist: Frust, Ärger, wahrscheinlich auch Angst, ein totales Durcheinander. Am Schluß ist einfach nur Zerstörungswut übriggeblieben. Zu dem Zeitpunkt habe ich, so schätze ich es ein, mit absoluter Sicherheit meine Handlungen nicht mehr steuern können. Es ist nicht eine Spur von Befriedigung gewesen, auch keine sexuelle Entspannung. Ich habe damals das Gefühl gehabt, als ob ich lange unter Wasser gewesen und dann aufgetaucht bin. Da ist dann schlagartig Feierabend mit jeder Aktion gewesen, unabhängig davon, ob die Frau tot oder nicht tot war. Ich habe nur dagestanden und überhaupt nicht begriffen, was los gewesen ist. Danach habe ich Panik vor dem, was ich da angerichtet habe, gekriegt. Angst vor Strafe habe ich nicht gehabt, eher Angst vor mir selber.
>
> Im Verlauf des Tages ist diese Tat so weit weg gewesen, obwohl ich gewußt habe, daß ich es getan habe, als wenn ich damit gar nichts mehr zu tun habe. Ich habe meine normale Arbeit gemacht, bin nach Hause gefahren. Auch zu Hause habe ich mit äußerer Fassade den normalen Ablauf gemacht, wie seit Jahren. Irgendwie habe ich mich nicht wohlgefühlt, habe versucht, mich mit Händen und Füßen hochzuhalten. Ich glaube nicht, daß ich an dem Abend etwas mit

meiner Frau unternommen habe, es ist eigentlich ein »stinknormaler« Abend gewesen.
Die Leiche ist einen oder zwei Tage später entdeckt worden. Als ich das gelesen habe, ist mein erster Gedanke gewesen, tatsächlich, »was für eine Schweinerei«. Ich habe in der ersten Sekunde gar nichts damit zu tun gehabt, dann aber, »das bist du selber gewesen«, und dann aber sofort wieder weg, »da hast du nichts mit zu tun«.
Nach der Tat sind nach meiner Erinnerung die Phantasien entweder abgeschwächt oder ganz weg gewesen, allerdings auch relativ schnell wieder dagewesen. Der Gedanke, daß ich gefährlich bin, ist mir nicht direkt gekommen, ich habe mir selbst eingeredet, daß so etwas nicht noch einmal passiert, ich bin davon überzeugt gewesen. Einen Grund dafür hat es gar nicht gegeben, ich habe das anscheinend glauben wollen.«

Vier Monate nach dem ersten Mord passierte es wieder. Es war ein Samstagabend, der Geburtstag seiner Frau. Nach der Feier fuhren beide mit einem Taxi zu ihrer Wohnung, wo sie gegen 4.30 Uhr eintrafen. Richard wollte aber noch etwas unternehmen. Er erklärte seiner Frau, er wolle noch eine nahegelegene Gaststätte aufsuchen. Sie war einverstanden, daß er allein ging. Da die Gaststätte geschlossen war, entschloß er sich, mit seinem Auto wegzufahren, angeblich, um ein anderes Lokal oder eine Diskothek aufzusuchen. – War das tatsächlich der wahre Grund? Kannte er den Grund nicht?
Auf seiner Fahrt bemerkte Richard gegen fünf Uhr morgens eine 19 Jahre alte Anhalterin. *Dasselbe Szenario. Dasselbe Drama mit demselben Anfang, mit demselben Handlungsablauf, mit demselben Schluß. Die junge Frau mußte sterben.*
Zu Hause angekommen, es war inzwischen ca. 6 Uhr morgens, legte er sich gleich zu Bett. Nach dem Aufstehen reinigte er seine Hose von Blutspritzern, die von seinem Opfer stammten.
Nachdem die Leiche des Mädchens durch Spaziergänger entdeckt worden war, wurde Richard verhaftet. Jemand hat seine Autonummer notiert. Für alle Fälle! Hören Sie Richard selbst:

»Ich habe da nicht das Gefühl gehabt, daß ich irgend etwas machen muß, es ist erst durchgekommen, als ich das Mädchen gesehen habe, »Peng, und dann war es vorbei«. Es ist mit meinem Verhalten und dem Ablauf alles viel exzessiver gewesen, es ist auch noch ein Wagen hinter mir gewesen, weswegen ich ganz woanders hingefahren bin. Wenn ich klar hätte denken können, wäre mir eingefallen, daß man mein Autokennzeichen ja notieren würde. Wenn ich wirklich gekonnt hätte, hätte ich da ja noch abbrechen können. Es war so, daß, wenn jemand neben mir gestanden hätte, ich den überhaupt nicht gesehen hätte. Es ist nur mit aller Macht darum gegangen, den Ablauf der Phantasie aufrecht zu erhalten. Das Ganze hatte mit Denken gar nichts mehr zu tun, das ist wie ein Film gewesen, der einfach lief.«

Während dem ersten Tötungsdelikt eine längere innere Vorbereitungsphase vorausging, kam es zu der zweiten Tötung – zumindest für ihn – aus »heiterem Himmel«. Es reichte der Reiz des Anblicks des im Dunkeln alleine stehenden Mädchens, um bei ihm explosionsartig die verhängnisvollen Tötungsphantasien und deren Realisierung in Gang zu setzen. Es fand auch kein innerer Kampf statt. Mit dem Anblick des Opfers entstand der Entschluß, es zu töten. So fest stand dieser Entschluß, daß er in einem fast traumähnlichen Zustand (Depersonalisations- und Derealisationszustand nennen es die Fachleute) die Umgebung nur bruchstückhaft wahrnahm. So nahm er den Autofahrer, der seine Nummer notierte, nicht als Gefahr wahr. Das Fortschreiten seiner Störung schlug sich in der Zunahme und Ausdehnung der Tötungsdynamik und der zerstörerischen Wut nieder.

Weder nach dem ersten Versuch, seine Phantasien zu verwirklichen, noch nach der ersten Tötung unternahm Richard etwas. Spätestens da hätte ihm eigentlich klar sein müssen, wie gefährlich seine Phantasien waren. Dennoch unternahm er nichts. Er verdrängte. Er suchte weder die Hilfe eines Psychiaters noch die eines anderen. Er negierte die Wiederholungsgefahr auch noch, als die Gewaltphantasien einige Tage nach der ersten Tötung wieder einsetzten, und sogar zunahmen und bestialische Dimensionen erreichten. Auch nach der zweiten Tötung unternahm er nichts. Er versuchte weiterhin, ein angepaßtes Leben zu führen und eine intakte Fassade zu präsentieren.

Wie geht es nach den Tragödien weiter?

Sie werden es erkannt haben: Die Diagnose bei Richard heißt *Sadismus*. Seine Phantasien und ihre spätere Verwirklichung verkörpern bis zur Zerstörung reichende Allmachts- und Herrschaftsgefühle über Frauen, die mit sexueller Erregung verbunden sind. Richard wurde im Maßregelvollzug untergebracht. Dort untersuchte ich ihn 3 Jahre später. Die Frage kennen Sie: Ob es zu er-

proben sei, ob er außerhalb des Maßregelvollzuges leben könne, ohne andere zu gefährden.
In der Klinik hatte Richard sich positiv entwickelt. Seine bisherigen Hemmungen in Form von Schweigen und Abkapselung waren zurückgegangen. Von besonderem Interesse waren seine sexuellen Beziehungen, die er in der Klinik angeknüpft hatte. Nachdem sich seine Frau von ihm hatte scheiden lassen, entwickelte er eine erotische Beziehung zu einer dort tätigen Krankenschwester.
Solche Beziehungen sind ein Problem, manchmal sogar eine Gefahr im Maßregelvollzug. Denken wir an den Fall des schon erwähnten »Heidemörders«: Aus Liebe hatte seine Therapeutin seine Flucht ermöglicht, trotz der ihr wohlbekannten Gefahren!
Auch Richards Beziehung zu der Krankenschwester war, wie nicht anders zu erwarten, mit Problemen verbunden. Das hatte nicht nur mit ihrer Tätigkeit zu tun, sondern auch mit den unterschiedlichen Persönlichkeiten der beiden. Die Beziehung ging in die Brüche.
Unmittelbar danach ging Richard eine neue Beziehung zu einer anderen Frau ein. Auch dies ist eine »extreme« Beziehung: Die neue Freundin hatte eine Sendung über Maßregelvollzug im Fernsehen gesehen, in der Richard interviewt worden war. Die Frau war beeindruckt und suchte Kontakt mit ihm. Auf Umwegen, über Fernsehsender und Justiz, erhielt sie seine Adresse. Sie schrieb ihm und besuchte ihn dann regelmäßig. Daraus entwickelte sich nach und nach eine intensive erotische Beziehung, wie Richard sie in dieser Form zum ersten Mal in seinem Leben erlebte.
Richard beschrieb sie als eine Beziehung auf der Basis von Offenheit, Nähe und Wärme, gegenseitigem Getragensein und sexueller Beglückung und Bereicherung. Seine Freundin besuchte ihn häufig, mindestens einmal in der Woche, obwohl sie einige hundert Kilometer weit entfernt wohnte und wußte, was Richard getan und welche Probleme er hatte. Er stellte in dieser Beziehung fest, daß seine bisherige Phantasiewelt des Sadismus und der sexuellen unbändigen Triebhaftigkeit »nicht mehr existierte«. Meinte er.
Das ist eines der Probleme des Prognosegutachters. Er ist auf die Berichte des Betroffenen angewiesen. Wenn dieser sagt, die Phantasien sind verschwunden, kann niemand das überprüfen. Man ist auf die Ehrlichkeit des Betroffenen angewiesen und auf Erfahrungen aus anderen, vergleichbaren Fällen, um die Ehrlichkeit beurteilen zu können.

Ich mußte bei Richard selbstverständlich die Fortsetzung der Unterbringung empfehlen, obwohl er sagte: »Ich habe keine Gewaltphantasien mehr.« Gerade weil er die sexuelle Beziehung zu seiner Freundin in den Vordergrund seiner Erzählungen stellte, war ich skeptisch. Die Selbstsicherheit, mit der Richard auftrat, machte mich mißtrauisch. Es war zu wenig Zeit vergangen, um eine Stabilisierung oder therapeutische Fortschritte annehmen zu können. Er wiederholte wohl immer wieder: »Ich habe keine Gewaltphantasien mehr« und schien auch von seinen Taten affektiv betroffen, aber er war überhaupt nicht beunruhigt, was die Gefahr eines möglichen Rückfalls anging.
Nach welchen Kriterien entscheidet man in solchen Fällen? Wenn wir später über das »Wohin mit sexuellen Straftätern« sprechen, dann werden Sie sehen, daß diese Kluft zwischen der Aussage des Patienten und der Meinung des Gutachters ein schwieriges Dilemma darstellt.

Noch einmal die Frage nach der Vorbeugung

Man kann die Auffassung vertreten: Richard hätte sich spätestens nach der ersten Konkretisierung seiner Tötungswünsche dem Fachmann öffnen müssen. Man muß auf jeden Fall postulieren, daß er sich spätestens nach der ersten Katastrophe den Behörden hätte stellen müssen. Die Geschichte Richards zeigt einmal mehr, wie schwierig Vorbeugung, wie schwierig die Zähmung von Aggressionen und Perversionen ist. Erinnern Sie sich an die Diskussion darüber, ob gegen die Ausuferung der Perversionen etwas getan werden könne? Wir hielten vier Schritte fest:
darüber sprechen,
Zuhörer suchen,
richtige Fachhilfe finden,
hartnäckig bei der Therapie bleiben.

Was aber geschieht mit den Menschen die sagen: »*Ich habe Phantasien, daß ich Menschen quäle, daß ich Menschen töte. Ich habe Zerstückelungsphantasien. Ich habe kannibalistische Phantasien. Ich habe, ich habe ...*«. Was geschieht mit Anton, Bernd, Christian, Otto, Quincy, Richard?
Wie gehen wir mit ihnen um?
Therapieren natürlich! Doch eine erfolgreiche Therapie bei fortschreitender Perversion ist langwierig. Was machen wir während dieser Zeit? Was können wir tun, wenn der Betroffene sagt: »*Sie*

nehmen zu, die Gewaltphantasien. Der Druck nimmt zu. Ich habe Angst, ich werde es eines Tages tun müssen!« Sollen wir den Patienten, der zu uns gekommen ist und Hilfe sucht, wegen seiner Phantasien einsperren lassen? Mit welcher Begründung? Er hat ja noch kein Verbrechen begangen. Und wenn wir ihn festhalten könnten, wie lange dürfen wir ihn seiner Freiheit berauben? Ob es je zur Realisierung seiner Phantasien kommen wird, kann niemand mit Sicherheit sagen.

Was tun die Therapeuten, wenn sie Pädophile, Sadisten, Menschen mit kannibalistischen Phantasien, behandeln, die noch nichts getan haben? Es gibt keine rechtliche und keine ethische Grundlage, diese Menschen auf unbestimmte Zeit einzusperren. Das ist die Realität – *wir müssen mit dem Risiko leben.*

Es gibt keine Patentlösung. Wir müssen uns intensiv um diese Patienten kümmern und hoffen, daß wir Zeit genug haben, diesen Menschen zu helfen. Bevor es zur Katastrophe kommt.

S/T Sexuelle Gewalt ohne sexuelle Perversion

Die vielen Gesichter der sexuellen Gewalt

Nicht jede Tötung, die in irgendeiner Weise mit Sexualität in Verbindung steht, hat mit sexueller Perversion zu tun.

Auch wenn eine Tötung mit sexuellen Handlungen einhergeht oder sexuellen Handlungen folgt, handelt es sich nicht immer um eine sexuell motivierte Tötung. Manchmal sind es auch unbeabsichtigte, nicht geplante Tötungen. Sie folgen dem heftigen Widerstand des Opfers, oder hängen mit der panischen Angst des Täters zusammen. Die besondere Tragik dieser Fälle ist, daß die Tötung »zufällig« erfolgt, daß sie nicht beabsichtigt ist. Wir haben einige solcher Fälle in dieser Erzählung kennengelernt. Sie haben von Tötungen nach Vergewaltigungen gehört, die aus der Angst heraus geschahen, von dem Opfer identifiziert oder verraten zu werden. Man spricht dann von einer »Tötung zur Verdeckung einer Straftat«. Einige Psychiater kritisieren die Bezeichnung »Zur Verdeckung der Straftat« als vordergründig.

Eberhard Schorsch vertrat die Auffassung, daß in den Begriff der »Panik« etwas eingehe, was man nicht anders bezeichnen könne als den *»Durchbruch sexualisierter Vernichtungs-Impulse«.* Er mahnte die psychiatrischen Sachverständigen zu Skepsis: Stelle diese Erklärung nicht oft eine hineingefragte Rationalisierung für ein Tatgeschehen dar, für das der Täter keine rationalen Gründe anführen könne? Möglicherweise handle es sich um einen Erklärungsversuch des geständigen Täters auf nachvollziehbarer logischer Ebene, da er nicht in der Lage sei, tiefere Gründe anzugeben. Es gebe den sogenannten Deckungsmord zwar, aber er sei seltener als angenommen. Im Verlauf meiner Erfahrungen habe ich beides angetroffen: den Deckungsmord, der ein Deckungsmord ist, und den Sexualmord, der wie ein Deckungsmord aussieht, ohne daß so eine klare Dynamik wie bei Anton, Christian, Peter oder Richard zu finden ist.

Sven und Thomas: Zwei Geschichten in einer

Jeder Mord ist tragisch. Jeder Sexualmord ist abscheulich. Dennoch sind die Gefühle, die jeder einzelne Mensch in dieser Erzählung weckt, unterschiedlich. Ich werde Ihnen jetzt die Geschichte von zwei jungen Leuten erzählen, die gemeinsam eine furchtbare Tat begangen haben. Es handelt sich um zwei sehr verschiedene Menschen, um zwei Persönlichkeiten sehr unterschiedlicher Herkunft mit ganz verschiedenen Erfahrungen. Es ist die Geschichte von Sven und Thomas.

Sven, 21 und Thomas, 23, entwickelten während einer Geschäftsreise den Plan, eine Frau zu vergewaltigen. Sie trafen sich nach Feierabend, gingen in der Fußgängerzone der Stadt spazieren und versuchten, eine junge Frau zu isolieren, um ihr Vorhaben zu realisieren. Eine beiden bekannte junge Frau sollte das Opfer sein. Sie wurde von beiden vergewaltigt. Nach einer kurzen Pause, in der die drei – Täter und Opfer – miteinander redeten, beschlossen die beiden, das Opfer zu töten. Die junge Frau starb.

Wer sind Sven und Thomas? Aus welchen familiären Verhältnissen kommen Menschen, die imstande sind, so etwas zu tun?

Sven und seine Familie

Sven ist ein großer, schlanker junger Mann. Er war bei allen Explorationen scheu, selbstunsicher, weich, fast zutraulich. Er sprach mit leiser Stimme und beeindruckender Ehrlichkeit über alle Einzelheiten, auch wenn sie ihn noch so belasteten. Er mußte in ein anderes Jugendgefängnis verlegt werden, wo die Mitgefangenen von seiner Tat nichts wußten, weil die Verantwortlichen befürchteten, daß er mißhandelt werden könnte. Seine neuen Mitgefangenen glaubten, daß er einen Raub begangen habe. Sven war auch im Gefängnis gefährdet. Er wußte es, und er hatte Angst.

Ich werde versuchen, seine Lebensgeschichte zusammenzufassen, obwohl die Begutachtung 150 Seiten ergab.

Sven stammt aus geordneten familiären Verhältnissen. Seine Herkunftsfamilie kann der oberen Unterschicht zugeordnet werden. Der Vater arbeitete wie die Mutter im Handwerk. Sven ist das jüngste von vier Geschwistern. Mit Ausnahme einer Periode, die in Svens Pubertät fiel, kann das Familienleben als harmonisch bezeichnet werden. In dieser Zeit verfiel der Vater dem Alkohol mit allen negativen Folgen für die Familie. Versucht man, Svens Beziehung zu seinen Eltern zu analysieren, dann erkennt man Widersprüche in seinen Einstellungen und Emotionen. Man findet eine Polarität, die fast infantile Züge hat. Zum einen ist da eine Idealisierung des Vaters: Er war der beste Vater, den man sich wünschen kann, großzügig, warmherzig, kumpelhaft, Kamerad, Freund und Helfer. Zum anderen wird er als zornig, aufbrausend, ungerecht und verletzend beschrieben. Auffallend ist, daß Sven sowohl die negativen als auch die positiven Eigenschaften fast verklärt. Über sich selbst berichtete Sven schon in unserer ersten Sitzung, daß er als Dreizehnjähriger mit dem Küchenmesser vor der geschlossenen Tür des Elternschlafzimmers gestanden habe mit dem Wunsch, den Vater zu töten, weil dieser im betrunkenen Zustand die Mutter tyrannisiert hatte.

Svens Gefühle und Einstellungen zu seiner Mutter sind weniger extrem. Die Mutter verkörpert für ihn eher eine angenehme Normalität. Als ich seine Mutter kennengelernte, vermittelte sie mir tatsächlich ein Bild, das kaum von den Beschreibungen ihres Sohnes abwich. Obwohl Sven mit seinen drei älteren Geschwistern keine besonderen Probleme hatte und die Beziehungen zu den Geschwistern als normal gelten können, litt er unter seiner »Benjamin-Rolle«. Er war mit Abstand der jüngste. Vor allem litt er unter der dominierenden Person des in seinen Augen erfolgreichen Bruders. Er fühlte sich irgendwie als »der Minderwertigere«.

Schicksalhafte Minderwertigkeitskomplexe – schicksalhafte Begegnung

Ähnliche Minderwertigkeitsgefühle begleiteten Svens soziale Entwicklung in- und außerhalb der Familie. Seine Geschichte sollte zeigen, daß diese Minderwertigkeitsgefühle als schicksalhaft bezeichnet werden müssen. Schon im Kindergarten hatte er mit »Image«-Problemen zu kämpfen, die hauptsächlich durch einen Sprachfehler verursacht wurden. Er konnte bestimmte Buchstaben bzw. Kombinationen von Buchstaben nicht richtig aussprechen. Nach einer entsprechenden Behandlung verschwand dieser Sprachfehler.

Schwerwiegender waren die Probleme, die seine schulischen Leistungen und sein schulisches Leben begleiteten. Ein niedriges Leistungsniveau, eine geminderte Lernfähigkeit, gestörte Beziehungen zu Mitschülern und Lehrern führten zu einem Circulus viti-

osus: Sven schwänzte die Schule, hatte Auseinandersetzungen mit den Lehrern und wurde von den Mitschülern gehänselt. Das Gehänseltwerden war so schlimm, daß er die Schule wechselte und in einem anderen Ort zur Schule ging. Er nahm einen viel längeren Schulweg in Kauf, um dem für ihn unerträglichen Klima zu entfliehen. Bezeichnenderweise geschah dies, als er sitzengeblieben war und danach mit jüngeren Schülern zusammen sein mußte. Obwohl er nun größer als seine Mitschüler war, konnte er seine körperliche Überlegenheit nicht zu einem Vorteil wenden. Er wurde deshalb sogar gehänselt (»Du bist so lang, wie du doof bist«). Er fühlte sich abgestempelt, minderwertig, als Versager. Diese Gefühle begleiteten ihn in sein weiteres Leben. Er war nicht in der Lage, sie durch psychische Abwehrmechanismen abzufangen.
Was er durch eigene Kapazitäten und Eigenschaften nicht erreichen konnte – vor allem bessere Noten und bessere Akzeptanz von seiten seiner Lehrer – versuchte er durch Überanpassung wettzumachen. Aber das mißlang ihm, die Lehrer empfanden ihn als »schmierig«. Sven sah das im nachhinein teilweise ähnlich, obwohl auch dieses Verhalten widersprüchlich war. Die Überanpassung, die als »schmierig« erlebt wurde, wechselte mit einer Art Rebellion ab, die sich in unerwünschten Verhaltensmustern, in Schimpfwörtern und Frechheiten gegen die Lehrer usw. zeigte.
Die Gefühle des Versagens, der Minderwertigkeit, des Abgestempeltseins setzten sich im späteren beruflichen Leben fort. Sie wurden durch Mißerfolge, wenig Anerkennung und Beschimpfungen verstärkt. Kleine Andeutungen von Lob nahm er mit großer Dankbarkeit an. Er überbewertete sie und trug sie als Schild vor sich her, fast bis zur Lächerlichkeit.
Versagensideen und Minderwertigkeitsgefühle beherrschten weitgehend auch sein sexuelles Leben. Seine frühen sexuellen Erfahrungen waren problemlos, später änderte sich das: Anfangs beschränkte sich seine sexuelle Aktivität auf gegenseitiges Onanieren mit Mädchen. Als er zum ersten Mal die Möglichkeit hatte, seine Sexualität voll auszuleben, hatte er keine Erektion. Die Partnerin ließ ihn enttäuscht zurück. Das war verletzend und entwürdigend. Das Erlebnis des sexuellen Versagens verstärkte schon früher vorhandene Unsicherheiten und Minderwertigkeitsgefühle in der Beziehung zum weiblichen Geschlecht. Er hatte den intensiven Wunsch, mit einer Frau längere Zeit zusammen zu sein, hatte jedoch das Gefühl, von Frauen abgewiesen zu werden. Er war ent-

täuscht und traurig. Wiederholte Mißerfolge führten zu Frustration und Wut. Es kam zu wütenden und resignierenden Gedanken und Ausdrücken wie »Scheißfrauen«, »die können mich doch jetzt mal« und ähnliches. In seiner Resignation ging er soweit, daß er sogar wettete, in den kommenden zwei Jahren keine Frau bekommen zu können.

Dann aber lernte er seine jetzige Freundin kennen. Auch diese Beziehung war nicht frei von Enttäuschungen, Versagensgefühlen und Minderwertigkeitsideen. Vor allem die Tatsache, daß er an einem frühzeitigen Samenerguß litt, machte ihn wütend, weil er keinen Einfluß darauf hatte. Andererseits fühlte er sich traurig und bat seine Freundin um Entschuldigung. Sie zeigte zwar Verständnis, aber seine Gefühle des Versagens milderte das nicht.

Die sexuellen Beziehungen zu seiner Freundin waren für ihn auch deshalb schwierig, weil sie relativ selten waren. In der Zeit vor der Tragödie hatten die beiden sechs Wochen lang keinen sexuellen Verkehr gehabt. Sie wies Sven mit der Begründung ab: »Ich bin müde«, »ich habe Schmerzen«, »ich habe jetzt keine Lust«, »ich habe viele Probleme zur Zeit«. Das war ein Problem für ihn. Er diskutierte es mit ihr, suchte auch bei seiner Mutter Rat und Antwort auf die Frage, warum seine Freundin so abweisend sei und keine Lust auf sexuellen Verkehr habe.

Durch sein ganzes Leben ziehen sich wie ein roter Faden die Gefühle der Minderwertigkeit, des Abgewiesenseins, des Versagens und des Benachteiligtseins. Diese quälenden Gefühle führten zu seiner schicksalhaften Begegnung mit Thomas: Sven war von Thomas beeindruckt, ja fasziniert, wie er wiederholt betonte: von seiner Gewalttätigkeit, von seiner Fähigkeit, »krumme Sachen« zu machen, von der Tatsache, daß Thomas »so etwas« überhaupt machen konnte, von der Art wie er sprach, wie er sich benahm, was er tat. Beeindruckend war für ihn auch die Art, wie Thomas zum schnellen und großen Geld kommen wollte. Thomas war für Sven der harte Kerl, der, obwohl er so viel gelitten hatte und so viele Benachteiligungen erleben mußte, die Gesellschaft durch sein Tun und Lassen provozierte und seine Ziele unbeirrt durch Gewalt verfolgte. Diese Einstellung führte zu seiner Bindung an Thomas, und diese Bindung führte zu kriminellen Handlungen.

Sven hat gestohlen, eingebrochen, Menschen mißhandelt, hat schließlich vergewaltigt und gemordet, auch um Thomas zu beeindrucken, um ihm zu zeigen, daß er ein »ganzer Kerl« sei, um seine Anerkennung zu erlangen. Aber nur unter anderem, nicht ausschließlich. Svens Verhalten hatte außerdem das Ziel, auch andere zu beeindrucken. Er trug Waffen, eine Pistole, das Messer, das später zum Tötungsinstrument wurde, und ein zweites, größeres Messer in der Art eines »Samuraischwertes«, das er mit einem Bankkredit gekauft hatte. Alle diese Waffen hatten nicht nur einen dekorativen oder demonstrativen Charakter. Sie hatten auch einen »Handlungs-« und »Verwendungszweck«. Sven wollte sie in bestimmten Situationen anwenden und hat das auch getan.

Sven selbst meinte dazu: »Wenn man mit Thomas zusammen ausgeht, muß man immer ein Messer oder eine Waffe bei sich haben. Es könnten ja Überfälle oder Einbrüche vorkommen.« Oder: »Wenn man mit Thomas ausgeht, muß man auf alles gefaßt sein. Deswegen muß man eine Waffe bei sich haben.« Er nahm auch an Schießübungen teil, um in Form zu bleiben. Als seine Pistole einmal bei einer Schießübung versagte, geriet er in Panik. Er befürchtete, ausgeliefert zu sein, wenn seine Pistole in einer realen Situation nicht losgehen würde. Deswegen kaufte er ein »Samuraimesser«, um sich immer sicher fühlen zu können.

Bevor ich weiter über Sven erzähle, stelle ich Ihnen Thomas und seine Familie vor.

Thomas, seine Familie und sein Idol: Hitler

Thomas war bei der Tötung des Mädchens 23 Jahre alt gewesen. Ich traf ihn zum ersten Mal im Hochsicherheitstrakt eines Gefängnisses. Die Behörden hatten große Angst vor Flucht und weiteren Gewalttaten. Als er zur Begutachtung in die Klinik kommen mußte, wurden umfangreiche Sicherheitsmaßnahmen getroffen. Zum Gericht wurde er in Fußfesseln gebracht.

Als ich Thomas das erste Mal traf, trug er eine militärisch anmutende Uniform. Tarnhose, Tarnjacke, hohe Stiefel, kurze Haare. Thomas gehörte rechtsradikalen Kreisen an. Sein Idol war Adolf Hitler, der »Führer«, wie er ihn nannte. Er wollte ein politisches System, das dem nationalsozialistischen ähneln sollte. Während der vielen Stunden, die wir zusammen verbrachten, erzählte er mit Faszination von dem »Führer«, der nationalsozialistischen Zeit, den starken Männern, dem Opa, einem SS-Mann, der vieles im Krieg, im Osten getan habe.

Gewalt faszinierte Thomas, den ängstlichen, mißachteten, vernachlässigten Thomas, dem das Gesicht vor Unsicherheit kräftig zuckte, als wir miteinander sprachen. Diese Ticks, diese unkontrollierten Gesichtszuckungen verrieten seine innere Unruhe, seine Unsicherheit, seine Ängstlichkeit. Nur in den letzten Stunden der Explorationen ließen die Ticks nach, als er mit leiser, ja fast zutraulicher Stimme fragte: »*Warum machen Sie sich eigentlich so viel Mühe mit mir?*«

Thomas ist völlig anders als Sven. Ganz anders sind auch seine Schilderungen. Thomas bestritt die Vergewaltigungen. Er bestritt auch die Tötung. Er schilderte eine vollkommen andere Version der Vorfälle als Sven. Er berichtete über Ereignisse und Zustände im Tatvorfeld und -ablauf, die ihn entlasten könnten, obwohl Sven ihm standhaft widersprach. Thomas sprach auch von Erlebnissen, die er während der Tat gehabt haben will, die mich nicht überzeugten. Die hat er dann auch während der Gerichtsverhandlung zurückgenommen. Bis zur Gerichtsverhandlung aber betrieb Thomas ein Verwirrspiel. Das Verwirrspiel eines verwirrten Menschen. Ich werde versuchen, Ihnen ein Bild von Thomas zu vermitteln. Ich habe mit ihm und seinem Vater, mit seiner Tante, bei der er aufgewachsen war, mit seinem Freund Sven und Svens Eltern gesprochen, in der Hoffnung, daß ich ein einigermaßen vollständiges Bild von Thomas bekommen würde.

Nach diesen Gesprächen kann ich sagen, daß Thomas eine sehr unglückliche, streßvolle und belastende Kindheit und Jugend gehabt hat. Vor allem die familiären Verhältnisse waren dramatisch. Thomas kommt aus einer sogenannten »Broken-home-Situation«, aus zerrütteten familiären Verhältnissen. Als der Junge zwei Jahre alt war, trennten sich die Eltern. Sie wurden später geschieden. Der Junge blieb zunächst bei der Mutter. Die Mutter führte ein ausschweifendes, prostituiertenähnliches Leben und sprach dem Alkohol zu. Diese Zustände führten zur Vernachlässigung des Jungen, so daß er nachts häufig allein eingeschlossen zu Hause zurückblieb, während seine Mutter ausging. Niemand kümmerte sich richtig um ihn. Die Mutter weckt bei ihm bis heute Haßgefühle, Aggressivität und Verachtung. Sie ruft Tötungsphantasien hervor, die er bei der Exploration mit deutlicher Aufregung und in unverminderter Aktualität darstellte. Bis etwa zu seinem zehnten Lebensjahr wohnte er bei seiner Mutter. Diese Zeit ist ihm nur negativ in Erinnerung geblieben. Er erlebte Angst und Panik, wenn er nachts aufwachte und die Mutter nicht in der Wohnung war. Stottern und Bettnässen begleiteten diese Zeit. Er berichtete von Mißhandlungen durch seine Mutter. Zweimal soll sie ihm das Nasenbein gebrochen haben. Das Jugendamt mußte sich wiederholt einschalten. Als er etwa zehn Jahre alt war, übernahm eine Tante väterlicherseits die Erziehung des Jungen, um eine Heimerziehung zu vermeiden.

Die Zeit bei der Tante ist bis heute mit widerstrebenden Gefühlen besetzt. Thomas verbindet sie mit Schlägen, Bestrafung, Ungerechtigkeit, Härte. Er erlebte die Erziehungsmethoden seiner Tante als verletzend. Sie standen während der Pubertät im Zentrum seiner Erlebniswelt. Er erzählte mir, daß er mißverstanden, zu Unrecht und häufig und hart bestraft wurde, und daß es keine vertrauensvolle, von Wärme und Verständnis gekennzeichnete Beziehung zwischen ihm und seiner Tante gegeben habe.

Der Vater wurde von ihm als egoistisch, feindselig, gehässig, »klatschmäulig« und »stänkerhaft« beschrieben. Auch Äußerungen der Fürsorge und Sorge um den Sohn erlebte Thomas negativ. Der Vater erzeugt bei ihm Haßgefühle, Aggressionen, Verachtung. Für ihn ist er eine Person, die zu seiner unglücklichen Kindheit maßgeblich beigetragen hat.

Auch seiner Großmutter mütterlicherseits begegnet Thomas mit Haßgefühlen und Verachtung. Sie sei hinterhältig und falsch gewesen, ähnlich wie die Großmutter väterlicherseits. Nur sein Großvater, der ein SS-Mann gewesen war und dem Jungen viel über seine Taten während des Dritten Reiches und des Krieges erzählt hatte, imponierte ihm mächtig.

Die Schule konnte das häusliche Milieu nicht ausgleichen. Wegen Störungen der Lernfähigkeit, aber auch wegen Verhaltensauffälligkeiten mußte der Junge die Sonderschule besuchen. Als ein wichtiger Grund für die intellektuellen und verhaltenspsychologischen Abweichungen ist eine perinatal, d.h. um die Zeit der Geburt entstandene Hirnschädigung anzusehen. Vermutlich hat das Zusammenwirken der perinatalen Hirnschädigung mit den extrem ungünstigen psychosozialen Bedingungen auch zu Verzögerungen des Entwicklungsprozesses geführt.

Thomas' Zeit in der Sonderschule verlief sehr turbulent. Es war keine deutliche Besserung der Lernfähigkeit festzustellen. Seine Verhaltensauffälligkeiten nahmen antisozialen Charakter an: Er schlug Gegenstände kaputt; er schwänzte häufig die Schule; er stahl. Er zettelte Schlägereien an bzw. nahm an ihnen teil und neigte zur Bindung an Cliquen. Obwohl er auch den Lehrern gegenüber

Haßgefühle entwickelte, will er die Schule auch geliebt haben. Die Gemeinschaft, die Gruppenzugehörigkeit waren für ihn wichtig. Er konnte nicht einmal die Sonderschule abschließen. Auch nach Beendigung der Sonderschule gelang die soziale Anpassung nicht. Er brach mehrere Lehren ab. Zuletzt wurde er vom Vater als LKW-Fahrer beschäftigt.

Seine Sexualvorgeschichte ist durch Widersprüchlichkeiten und Unklarheiten gekennzeichnet. Er machte schon mit 13 Jahren seine erste heterosexuelle Erfahrung. Es kamen Perioden, in denen er angeblich wegen Alkohol und Drogen sowie Cliquenverhalten keine Zeit für Mädchen hatte. Thomas berichtete aber auch über Zeiten, in denen ihm wegen der Prügeleien und Mißhandlungen zu Hause jegliches sexuelle Interesse vergangen war. Obwohl er liebevolle und zärtliche Beziehungen zu zahlreichen Freundinnen gehabt haben will, sind seine Angaben über die Stabilität seiner heterosexuellen Bindungen widersprüchlich: Er spricht von Treue und Liebe zu einer bestimmten Person, berichtet gleichzeitig aber auch von häufigem Fremdgehen in derselben Zeit.

Ein bezeichnendes biographisches Merkmal ist Thomas' Zugehörigkeit zu rechtsextremistischen Kreisen und zu den Skinheads. Wie ich schon erwähnte, sprach er lange und in verklärender Form über Hitler und die Nazizeit. Hitler, von ihm immer nur »der Führer« oder »der Mann« genannt, ist sein Idol. Er wird als der Mann dargestellt, der alles im Griff hat, das Genie, der Übervater, der große Kumpel, die personifizierte Tugend und Intelligenz. Er wird von Thomas als der Fürsorger beschrieben, der fehlerlose Erzieher, der treue Freund. Die Vergasung der vielen Menschen betrachtet er als seinen einzigen Fehler, für den er aber eine Erklärung entwickelt hat. Er vermutet, daß der »Führer« in seiner Jugendzeit irgendwelche verletzenden Erfahrungen mit Juden machte und später seine Machtposition zur Rache ausnutzte. Thomas' Darstellungen lassen erkennen, daß Hitler in seiner Phantasie die Rolle der fehlenden Vaterfigur übernommen hat. Die heutigen demokratischen Politiker werden von Thomas als korrupte und unfähige Lachfiguren Hitler gegenübergestellt.

Auch die Nazizeit wird verklärt und verherrlicht. Sie wird als die Zeit der Gerechtigkeit, der Tugend, des Friedens, der Harmonie, der Konsequenz, der Leistung, der Zuverlässigkeit, der Menschlichkeit dargestellt. Die heutige Zeit ist dagegen für Thomas eine Zeit der Ungerechtigkeit, der Unterdrückung, der Kriminalität, der

Unsicherheit, der Korruption, der Untreue und der Tugendlosigkeit. Sein persönliches Schicksal, seine persönlichen Erfahrungen, seine persönlichen Verletzungen und Beziehungen zu Bezugspersonen seiner Familie werden mit der jetzigen demokratischen Gesellschaft gleichgesetzt und mit der verklärten Nazizeit verglichen. Sein persönlicher Haß auf Personen, die für ihn lebensgeschichtlich bedeutsam sind, wird auf die Gesellschaft, den Staat und seine Institutionen übertragen. Er ist bereit, alles zu tun, was diesem Staat und dieser Gesellschaft schaden könnte.
Aus diesem Haß heraus entstand sein Zugehörigkeitsgefühl zu den Skinheads. In dieser Gruppe fühlt er sich sicher, geschützt, verbunden, anerkannt. Die Gruppe wird als die eigene Familie erlebt und auch so bezeichnet. Negative Aspekte der Skinheads werden verharmlost, bagatellisiert, rationalisiert, ja zeitweise auch ignoriert. Die Verallgemeinerung des »privaten« Hasses zum allgemeinen Haß erreicht teilweise bizarre Formen, wie etwa den Respekt vor den RAF-Terroristen, die Verurteilung des Umgangs des Staates mit angeblichen RAF-Mitgliedern, die Tätowierung des RAF-Symbols auf seinem Körper. »Alles was diesen Staat kaputtmacht, respektiere ich.« Das ist seine Devise.

Der Weg, der zu der Tötung führte

Der Weg zur Tötung des Mädchens war lang. Die Voraussetzungen für die entsetzliche Tat von Sven und Thomas wurden bei beiden in der frühen Kindheit, in der langen Entwicklung ihrer Persönlichkeiten geschaffen. Damit wir uns richtig verstehen: Eine solche Entwicklung muß nicht zwangsläufig zu einer derart schrecklichen Tat führen. Nicht jeder, der diese Probleme hat, wird zum Verbrecher. Menschen wie Sven leiden in der Regel selbst unter den Folgen der eigenen Störungen. Selten entgleisen sie in die Delinquenz und Kriminalität. Für ihn war die Begegnung mit Thomas schicksalhaft.
Menschen mit Thomas Persönlichkeitsproblematik neigen dagegen eher zur Kriminalität – nicht alle, aber einige. Wenn beide, Thomas und Sven, die Möglichkeit und die Fähigkeit gehabt hätten, Herren ihrer Lage zu werden, hätten sie anderen Menschen und sich selbst viel Leid ersparen können. Aber wie hätten sie das schaffen können?
Die Suche nach dem »wie«, nach dem »wie kann man solchen Entwicklungen vorbeugen« hat unzählige Fachleute beschäftigt. Es

sind zahlreiche Artikel darüber geschrieben worden und viele Bücher dazu erschienen. Auch auf der praktischen Ebene macht man sich viel Mühe: Unzählige Menschen an der Basis, Mitarbeiter von Jugendämtern, Jugendpsychiater, Sozialarbeiter, Erzieher, Angehörige verschiedener Konfessionen und andere engagieren sich jeden Tag. Trotzdem zeigt die Erfahrung, daß dieses »viel« zu wenig ist. Es klingt demagogisch, wenn man sagt: »Es muß mehr getan werden!«, aber es ist leider so. Es muß noch viel getan werden. Das ist leichter gesagt als getan, zumal das »was« und »wie« umstritten sind. Ich fürchte, daß es keine einfache Lösung gibt.
Der Vergleich der Lebensgeschichten und der Familien von Thomas und Sven zeigt die Unterschiede zwischen den beiden Elternhäusern. Daß Eltern und die familiäre Umgebung eine hohe Verantwortung für die Entwicklung ihrer Kinder tragen, ist klar. Muß da nicht die Frage erlaubt sein, ob manche Eltern, wie die Eltern von Thomas, mit der Erziehung ihrer Kinder überfordert sind?
Ich habe auch in anderen Fällen Eltern von Straftätern exploriert. Manchmal konnten sie nicht länger als eine Viertelstunde über die eigenen Kinder sprechen. Mehr wußten sie nicht zu sagen. Auf meine Aufforderung: »*Erzählen Sie mir von Ihrem Sohn, von seiner Kindheit, seiner Entwicklung, seiner Pubertät. Was hat er gemacht, bis er das elterliche Haus verlassen hat?*«, sagten sie: »*Was soll ich erzählen, es gibt nicht viel zu erzählen*«. Die Eltern kannten ihre eigenen Kinder nicht. So auch der Vater von Thomas. Die Mutter von Thomas erschien überhaupt nicht. Sie nahm meine Einladung nicht an, ließ mir nur mitteilen: »Was soll ich erzählen?«.
Die Eltern von Sven dagegen waren besorgt. Sie taten viel für ihn, nachdem er in diese Katastrophe hineingeraten war. Aber sie waren überrascht, als sie geschah. Sie hätten so etwas nie für möglich gehalten. Sie wußten wenig über ihn. Hätten sie mehr über ihn wissen können?

Die Zeit nach dem Drama

Sven und Thomas beschreiben diese Zeit in allen Einzelheiten. Ich werde versuchen, sie für Sie zusammenzufassen. Nachdem beide das Mädchen vergewaltigt hatten, boten sie ihr eine Zigarette an. Sie nahm sie an. Während des Rauchens beschlossen die beiden in stiller Übereinkunft, das Mädchen zu töten. Abwechselnd stachen die beiden auf sie ein, bis sie starb.
Beide waren von ihrer Tat fasziniert. In der Wohnung von Thomas

angekommen, wechselten sie nur Ausdrücke wie: »*Wahnsinnig, wahnsinnig*«.
Die Gefühle des faszinierenden Entsetzens und der entsetzlichen Faszination nach der Tötung des Mädchens ließen in den folgenden Tagen nach und wurden von Allmachtsgefühlen abgelöst. Irgendwann zu Beginn der zweiten Woche nach der Tat waren die Allmachtsgefühle so extrem, daß sie sogar im Benehmen von Sven sichtbar wurden: Er ging, wie er sagte, »wie ein Gorilla«, breitbeinig, breitarmig, mit schweren Schritten. Er benahm sich so, als ob ihm keine Grenzen mehr gesetzt seien. Gedanken, wie »*jemandem, der so etwas gemacht hat, kann nichts passieren, der braucht keine Angst zu haben*« beherrschten ihn. – Beherrschten oder verhüllten?
Thomas berichtete über Szenen des Triumphes, der Provokation und der »Angeberei«, vor allem bei Sven. Sie beschrieben Szenen, in denen ahnungslosen Leuten das Tötungsmesser für alltägliche Tätigkeiten gegeben wurde, wie etwa Brote schmieren oder Gegenstände schneiden. Sven erlebte das mit provokativem Genuß. Er erzählte Thomas triumphierend davon. Die Gefühle der Überlegenheit und der Allmacht beherrschten Svens Leben in einer Weise, daß er sich selbst zur Ordnung rufen mußte. Nicht zu viel Allmacht, nicht zu viel Triumph zeigen! Er tat dies jedoch nicht aus Reue, Trauer oder Betroffenheit, sondern aus Überlegenheit nach dem Motto – wie er es selbst formulierte: »Du warst immer großzügig und gut zu anderen Leuten, jetzt brauchst Du nicht arrogant und unerreichbar zu werden, weil Du so etwas gemacht hast.«
Normalität ist ein anderes Merkmal der postdelinquenten Zeit. Normalität in dem Sinne, daß in den Familien, im beruflichen und sozialen Umfeld vieles so weiterlief, als ob nichts gewesen wäre. Die schreckliche Tat, die Vergewaltigung und Tötung der jungen Frau, bewirkte keine Zäsur. Weitere Verbrechen folgten. So brachen Sven und Thomas beispielsweise mit anderen eine Woche später in ein Haus ein und entwendeten viele wertvolle Gegenstände. Andere delinquente Handlungen wurden in dieser Zeit mindestens geplant.
Und dann passierte eine weitere erschreckende Tat. Zwei Wochen nach der Vergewaltigung und Ermordung der Frau vergewaltigten und beraubten sie auf der Flucht eine junge Prostituierte und versuchten, sie zu töten.
Die Flucht nahm einen grotesken Charakter an. Mit Hupkonzer-

ten und großen Abschiedsszenen hatte sie sowohl bizarre als auch triumphale Züge. So verabschiedete Sven sich von seiner Freundin mit der Bemerkung: »Ich muß weg, ich habe eine Frau vergewaltigt, sie hat mich erkannt, und ich mußte sie töten. Aber ich komme wieder zurück als ein reicher Mann. Die krummen Sachen gehen weiter.« Und gleichzeitig sagte er weinend: *»Du hast was Besseres verdient.«* Infantilität und Widersprüchlichkeiten in einigen wenigen Sätzen!

Sind Sven und Thomas schuldfähig?

Durch Untersuchungen konnten wir ausschließen, daß Sven und Thomas bei der Begehung ihrer Straftaten an einer »krankhaften seelischen Störung«, einem »Schwachsinn« oder an einer »tiefgreifenden Bewußtseinsstörung« litten. Hingegen diagnostizierten wir bei beiden eine *Persönlichkeitsstörung*, also eine *»schwere andere seelische Abartigkeit«* im Sinne des Gesetzes. Bei Thomas eine *dissoziale Persönlichkeit*, bei Sven eine *unreif-infantile Persönlichkeit mit Zügen der Borderline-Persönlichkeitsstörung*.

Die Diagnose ist aber nur ein erster Schritt. Es wurde damit lediglich der erste Stock des zweistöckigen Gebäudes zur Beurteilung der Schuldfähigkeit errichtet. Die *»psychisch-biologische Ebene«* reichte aber längst nicht aus, um die Frage zu beantworten, ob Sven und Thomas bei der Begehung ihrer Straftaten in ihrer Schuldfähigkeit beeinträchtigt waren. Es mußte, wie wir schon gesehen haben, ein zweiter Stock gebaut werden, also die *»normative Ebene«*. Beide Ebenen müssen miteinander verbunden sein. Es genügt nicht, daß wir den Hintergrund einer Tat aus der Persönlichkeit und den Erlebnissen eines Menschen »ableiten« können. Es reicht nicht aus, daß wir die Motive in der gestörten oder gesunden Persönlichkeit des Täters finden oder ahnen können. Es muß gezeigt werden, daß durch die Störung, die auf der ersten Ebene festgestellt wurde, die Fähigkeit des »Anders-können« und »Anders-wollen« eines Menschen erheblich beeinflußt oder aufgehoben wurde. Für Sven konnte ich auf den vielen Seiten des Gutachtens darstellen, wie man seine Straftaten aus seiner Persönlichkeit heraus »verstehen«, die Motive erkennen kann, daß jedoch seine Fähigkeit zum »Anders-können« und »Anders-wollen« trotz der Persönlichkeitsstörung, trotz des erkennbaren Motivs weder aufgehoben noch erheblich beeinträchtigt war.

Ich habe bei Sven zwar dem Gericht empfohlen, von der vollen

Schuldfähigkeit auszugehen, aufgrund seiner unreifen Persönlichkeit aber und aufgrund der Tatsache, daß er noch keine 21 Jahre alt war, sollte Jugendrecht angewendet werden. Das Gericht nahm meine Empfehlung an. Sven wurde zu 10 Jahren Jugendstrafe verurteilt.

Bei Thomas sahen wir eine Beziehung zwischen seiner schweren Persönlichkeitsstörung und den Straftaten. Wir argumentierten, daß seine Schuldfähigkeit durch die psychische Störung nicht aufgehoben, aber unseres Erachtens durch die genannten Störungen erheblich vermindert war. Eine weitere Gefährlichkeit annehmend, empfahl ich dem Gericht, Thomas' Unterbringung im Maßregelvollzug zu veranlassen. Das Gericht akzeptierte meine Empfehlungen. Thomas wurde zu 15 Jahren Freiheitsstrafe verurteilt und wurde im Maßregelvollzug untergebracht.

Wohin mit den Sexualmördern?

Auch eine Frage der Zeiten und der Kulturen

»Wohin mit den Sexualtätern?« fragte Gerhard Mauz 1995 in einer Titelgeschichte des »SPIEGEL«, nachdem der »Heidemörder« – ein gefürchteter Sexualmörder – aus einer geschlossenen Abteilung des Maßregelvollzuges in Hamburg geflohen war. Ein Jahr später wiederholte »FOCUS« die gleiche Frage: *»Was tun mit den Sex-Tätern?«*, als der Belgier Marc Dutroux (der jahrelang kleine Mädchen gefangengehalten, vergewaltigt und getötet hatte) gefaßt wurde. So ähnlich fragte auch der »STERN«, fragte die gesamte Presse. Die »WELT AM SONNTAG« beschäftigte sich in einer Reihe von Artikeln damit. Namhafte Juristen und andere Experten wurden befragt. Ruprecht Eser suchte in einer bewegenden Fernsehsendung nach Antworten von Kriminologen und Polizeibeamten. (Bewegend deswegen, weil während der Sendung sich – unerwartet – die Großmutter der kleinen Kim zuschaltete. Das kleine Mädchen war wenige Tage vorher in Ostfriesland Opfer eines Sexualmörders geworden. Die Großmutter, verletzt und betroffen, bat sogar um Mitgefühl für die Mutter des Täters.) Alle Medien stellten die gleiche Frage:
»Können Triebtäter therapiert werden, oder sollte die Justiz sie zum Schutz der Allgemeinheit auf immer wegsperren?«
Das ganze Dilemma konzentrierte sich auf die Frage: *»Was wiegt schwerer, das Recht der Gesellschaft, vor psychisch gestörten Mördern geschützt zu werden oder das Recht des Kranken auf Therapie?«*
Dabei kann es keinesfalls um ein *»Entweder – Oder«* gehen, denn beides gehört zusammen: Die relative Sicherheit in einer Gesellschaft ist um so größer, je mehr sie sich um ihre kranken Mitglieder kümmert. Wie aber können größtmögliche Sicherheit und Therapie erreicht werden?
Viele der Fälle, die Richard von Krafft-Ebing in seinem Buch »Psychopathia sexualis« beschrieb, endeten mit einer Hinrichtung. Bis vor wenigen Jahrzehnten war in allen europäischen Ländern – auch in Deutschland – die Todesstrafe die Antwort auf Sexualmord. Das ist zum Glück vorbei. Mit der deutschen Strafrechtsreform zu Beginn der siebziger Jahre wurde die »schwere andere seelische

Abartigkeit« als eine mögliche Beeinträchtigung der Schuldfähigkeit anerkannt. Das machte den Weg frei für eine Therapie der Sexualstraftäter.

Es gibt allerdings immer noch Staaten, die die Todesstrafe anwenden. Ich denke dabei weniger an Asien oder Afrika, deren Recht durch uralte, religiöse Bräuche geprägt ist, als an die USA, wo Sexualmörder auf dem elektrischen Stuhl enden können, auch wenn es sich um Jugendliche, Geisteskranke oder Hirngeschädigte handelt. Das »kreuzige, kreuzige ihn« findet bei manchem immer noch Gehör. Die Todesstrafe macht den Rückfall des einzelnen Täters zwar unmöglich, dennoch wird die Zahl der Sexualmorde insgesamt dadurch nicht geringer. Man fragt sich: Kann eine Gesellschaft so ihre Probleme lösen? Gibt es nicht auch andere Möglichkeiten? Die Suche nach anderen Wegen ist auch in den USA in vollem Gange. Auch dort erprobt man therapeutische Methoden.

In Europa haben die Niederlande bis jetzt die meisten Fortschritte erreicht. Sie haben auch den meisten Mut gezeigt. Wird in Deutschland ein Sexualmörder als schuldfähig betrachtet, muß er lebenslänglich ins Gefängnis. Die damit verbundenen Risiken kennen Sie schon. Ich erinnere an die Geschichten von David und Emil. Ich halte diesen Weg für prinzipiell falsch. Die Rückfallgefahr ist groß, Hilfe für den Betroffenen gibt es nicht. Wird jedoch ein Sexualmörder als schuldunfähig oder vermindert schuldfähig anerkannt und ist die Wiederholungsgefahr gegeben, dann wird er im Maßregelvollzug untergebracht. Dadurch ist aber nur ein Aspekt der Frage »wohin mit den Sexualmördern« beantwortet nämlich die räumliche Frage. Das ist wenig befriedigend.

Viele im Maßregelvollzug Tätige klagen, daß die Gesellschaft die Probleme einfach auf ihre Schultern verlagere, daß sie Ansprüche stelle, ohne die schwierige Aufgabe anzuerkennen. Statt dessen reagiere man nur mit Kritik und Polemik auf Mißerfolge. Die eigentliche Frage, die zu stellen ist, lautet: *»Sind Sexualmörder überhaupt therapierbar?«*

Daten aus dem Dunkelwald

Schauen wir uns zuerst einige Fakten an: Sexualdelikte, vom Exhibitionismus bis zur Pädophilie, von der Nötigung bis zum sexuellen Mord, sind erfreulicherweise selten. Das mag überraschen, weil wir so häufig davon hören. Aber wenn wir die Kriminalstatistik der Bundesrepublik anschauen, dann sehen wir, daß nur 0,7

Prozent der Straftaten Sexualdelikte sind. Andererseits gibt es eine hohe Dunkelziffer, vor allem was Vergewaltigung und Kindesmißbrauch betrifft. Ich habe in meiner klinischen Laufbahn viele Frauen kennengelernt, die von Familienangehörigen oder von Bekannten vergewaltigt worden sind. Sie schlossen ihr Trauma in ihrem Herzen ein und zeigten den Täter nicht an. Ich habe Kinder kennengelernt, die von Onkeln und Stiefvätern, sogar von ihren eigenen Vätern mißbraucht worden sind. Auch in diesen Fällen wurde niemand angezeigt. Nicht einmal ihre Mütter zeigten die Täter an – dem familiären Frieden zuliebe?

Diese Dunkelziffer wird sogar noch höher, wenn wir auch die Vergewaltigung in der Ehe berücksichtigen, die eine Vergewaltigung ist wie jede andere auch, auch wenn das erst in den letzten Jahren in das öffentliche Bewußtsein eingedrungen ist. Dennoch sind die bekannten Sexualdelikte im Vergleich zu anderen Delikten selten. Auch andere europäische Länder kennen ähnliche Prozentsätze der Sexualdelinquenz wie wir. In England und Wales z.B. sind es ebenfalls 0,7 Prozent. In absoluten Zahlen ausgedrückt heißt das, in der Bundesrepublik sind zur Zeit ungefähr 3.100 Sexualstraftäter inhaftiert. Im Maßregelvollzug befinden sich um die 500. Im Vergleich: insgesamt sind da zur Zeit etwas mehr als 4.300 Patienten im Maßregelvollzug untergebracht, wovon ca. ein Drittel wegen Alkohol- oder Drogensucht dort sind.

Für letztere wird die Unterbringung im Maßregelvollzug über den Paragraphen 64 StGB geregelt. Der besagt folgendes: Wenn jemand seine Straftaten aus Hang zu alkoholischen Getränken oder berauschenden Mitteln begangen hat und deswegen auch andere Delikte zu erwarten sind, dann soll der Betroffene in einer Entziehungsanstalt untergebracht werden, vorausgesetzt, daß eine Entziehungstherapie Aussicht auf Erfolg hat. Bis vor kurzem hieß es noch: »Die Unterbringung in einer Entziehungsanstalt unterbleibt, wenn die Therapie von vornherein aussichtslos erscheint.«

Weil aber kaum jemand wagte, die Therapie eines Süchtigen von vornherein als aussichtslos zu bezeichnen, nahm in den achtziger und zu Beginn der neunziger Jahre die Zahl der Unterbringungen von Alkoholikern und Drogensüchtigen im Maßregelvollzug rasch zu. Dies führte zu katastrophalen Zuständen in den Anstalten und zu schlechten Therapiebedingungen. Die Kliniken waren voller Menschen ohne jede Behandlungsmotivation. Wir haben selbst eine Studie erstellt, die das belegt. Mit der Reform des § 64 StGB erhofft man sich, bald Herr der Lage zu werden. Der wesentliche Unterschied zwischen dem § 64 StGB und dem § 63 StGB, der die Voraussetzungen der Unterbringung aufgrund einer psychischen Störung regelt, ist die Festlegung der Dauer der Unterbringung. Bei Unterbringungen nach § 63 ist die Dauer nach oben offen; die Höchstdauer für Süchtige liegt bei zwei Jahren.

Werfen wir noch einen weiteren Blick auf die Kriminalstatistik. Im wiedervereinigten Deutschland sind im Jahr 1995 rund 6.700.000 Straftaten verübt worden. Ungefähr 47.100 betrafen Handlungen wider die sexuelle Selbstbestimmung. Das häufigste Sexualdelikt war der Mißbrauch von Kindern. Ca. 16.000 Fälle wurden bekannt. An zweiter Stelle steht der Exhibitionismus mit ca. 9.100 Fällen, gefolgt von der Vergewaltigung mit mehr als 6.200 angezeigten Fällen und sexueller Nötigung mit fast 5.200 bekannten Fällen – vergessen wir die Dunkelziffer nicht! Über 1.200 Straftaten waren Morde, darunter befanden sich 24 Sexualmorde. 1992 war diesbezüglich ein trauriges Rekordjahr: Es wurden 47 Sexualmorde registriert.

Wenn eine Gesellschaft mit ihren 1.200 Mördern und ihren 6.700.000 Straftaten pro Jahr fertig werden kann, kann sie dann nicht auch mit ihren 24 oder 47 Sexualmördern fertig werden?

Wir sollten Lösungen für diese 24 oder 47 Mitglieder der 80 Millionen Menschen umfassenden deutschen Gesellschaft finden können. Nachdem wir erkannt haben, daß dieses Problem nicht mit der Todesstrafe gelöst werden kann, müssen wir nach Alternativen suchen.

Therapien von Sexualgewalttätern: Theorie und Praxis

Leider bewähren sich viele theoretische Konzepte in der Praxis nicht. Das liegt an der schweren Behandelbarkeit von Menschen, die einen Sexualmord begangen haben und auch an der großen Wiederholungsgefahr. Welche Probleme sich aus der Verbindung der beiden Ziele »Besserung« und »Sicherung« ergeben, habe ich schon erwähnt. Die schwere Therapierbarkeit der Patienten, der große Sicherheitsbedarf führen gelegentlich zu therapeutischem Radikalismus.

Solch eine Form des therapeutischen Radikalismus war die sogenannte *Psychochirurgie*. Damit versuchten Neurochirurgen, bestimmte Zentren im Gehirn, die den Hormonhaushalt regulieren, außer Funktion zu setzen. Dies war ein Irrweg, der außer Verän-

derungen der Persönlichkeit oder hirnorganischen Schädigungen kaum Ergebnisse zeigte.
Eine andere umstrittene Methode ist die *chirurgische Kastration* – die chirurgische Entmannung also. Sie ist in Deutschland nur auf freiwilliger Basis möglich, in einigen Ländern überhaupt nicht. Eine in diesem Jahr veröffentlichte Untersuchung von Wille und Beier belegt, daß von 104 Männern, die sich freiwillig kastrieren ließen (vor allem pädophile und aggressive Sexualstraftäter), nach mehr als zehn Jahren nur 3 % rückfällig geworden sind. Im Vergleich dazu: 43 % der Sexualstraftäter, deren Anträge auf Kastration abgelehnt worden waren, wurden in dem gleichen Zeitraum rückfällig. Die beiden Autoren sehen in dem Erfolg der freiwilligen Kastration nicht nur einen Schutz der möglichen Opfer, sondern auch einen positiven Aspekt für den Betroffenen: Mißglückte Sexualität kann auch eine Quelle von Frustration, Leid und Verstimmung sein.
Die chirurgische Kastration hat viele Kritiker, vor allem wegen der Unwiderruflichkeit der Maßnahme. Sie reduziere die Problematik nur auf eine somatische Ebene und diene der Befriedigung der Selbstbestrafungstendenzen der Betroffenen. Nach Ansicht der Kritiker dieser Methode ist die psychologische Komponente, die Persönlichkeit des Betroffenen viel wichtiger als die Biologie. Heute wird die chirurgische Kastration trotz der o.g. Befunde selten angewendet.
Eine andere biologische Therapiemethode ist zwischen therapeutischem Radikalismus und therapeutischem Pragmatismus einzuordnen: die *pharmakologische Dämpfung* des Sexualtriebes. Sie kann eine vorübergehende Lösung sein. Sie kann eine Brücke zwischen der quälenden Gegenwart und den zukünftigen Therapiezielen schlagen. Viele kritisieren auch die pharmakologische Dämpfung aus Gründen, die wir schon kennen: Nicht der Sexualtrieb sei gestört, sondern die Psyche und die Persönlichkeit des Menschen. Befürworter solcher Methoden meinen: Das sei zwar richtig, aber die Störung manifestiere sich im Zusammenspiel mit der Sexualität, bei der Hormone eine Rolle spielten. Bis also Psyche und Persönlichkeit geholfen werden könne, seien vorübergehend die Hormone zu dämpfen, so daß die Triebe den an sich selbst arbeitenden Patienten nicht stören und ihn in Ruhe lassen. Später könne der Sexualtrieb schrittweise wieder zugelassen und in die weitere Psychotherapie einbezogen werden.

Es gibt Einrichtungen, in denen wird versucht, den Sexualtrieb mit *Psychopharmaka* zu dämpfen, die man auch bei Psychosen verordnet. Diese Methode hat zu Recht viele Kritiker, weil sie nicht nur den Sexualtrieb, sondern auch viele psychische Funktionen beeinflußt und beeinträchtigt. Medikamente, die nur auf den Sexualtrieb einwirken, werden häufiger angewendet und ernsthaft diskutiert. Am häufigsten ist die sogenannte *Androcur-Behandlung*. Die anfängliche Euphorie über die kurzfristigen Erfolge der pharmakologischen Therapie wurde inzwischen weitgehend von Skepsis und Enttäuschung abgelöst. Man weiß heute: Mit Dämpfung allein ist nichts erreicht, weil nicht nur die Sexualhormone sondern auch die Psyche in ihrer Gesamtproblematik an der Delinquenz beteiligt ist. Deshalb ist man heute viel zurückhaltender bei der Anwendung dieser Therapie. Ich glaube, daß die Meinung von Müller-Isberner, Leiter der Anstalt Haina in Hessen, einer großen Maßregelvollzugsanstalt mit differenzierten Therapieplänen für Sexualstraftäter, repräsentativ ist:
»Insgesamt haben wir den Eindruck, daß im Maßregelvollzug nur recht selten eine Indikation zur Gabe triebdämpfender Mittel gestellt werden kann. Hinzu kommt, daß die notwendige Bereitschaft nicht sehr verbreitet ist. In Einzelfällen aber ist eine triebdämpfende Behandlung als Unterstützung weiterer Therapiemaßnahmen zweifellos äußerst hilfreich.«
Daß diese Therapie in Einzelfällen und zur Unterstützung weiterer Therapiemaßnahmen als Brücke angewandt werden kann, wird deutlich im Tagebuch eines Patienten, der mit Androcur® (Cyproteronacetat, Abkürzung CPA) behandelt worden ist.
Ich zitiere ausführlich aus der entsprechenden Publikation Hans-Jürgen Horns, weil ich sie für sehr anschaulich halte. Es handelt sich um die Aufzeichnungen eines 40jährigen Mannes, der wiederholt wegen sadistischer Handlungen auffällig geworden war und sich aufgrund eines sadistischen Tötungsdeliktes an einem 10jäh rigen Mädchen im Maßregelvollzug befindet.
Hier sein Tagebuch aus der Zeit vor Beginn der Androcur-Behandlung:

> »Bei der Selbstbefriedigung stelle ich mir vor, daß Nicole in meiner Gewalt ist, daß sie gefesselt ist und vor Angst zittert. Ich quäle sie mit Nadeln, Messer, Schere. In der Erregung schneide ich ihr beide Ohren ab. Dies bringt mich noch mehr in Erregung, so daß ich mit meinen Folterungen weitermache, indem ich ihr die Brüste aufschlit-

ze und auch den Bauch aufschneide, daß die Eingeweide herauskommen. Am Ende trenne ich ihr Kopf und Beine ab.«
... »Beim Durchblättern eines Kataloges wurde ich durch das Betrachten der jungen Mädchen stark erregt. In meiner Phantasie malte ich mir Bilder aus, daß sie in meiner Gewalt wären. Sie sind mir vollkommen ausgeliefert. Je mehr sie schreien, desto mehr erregt es mich.«
... »An einem Tag dreimal Selbstbefriedigung mit starken Sexphantasien. Anlaß war das Betrachten eines Pornoheftes. Dabei ließ ich meiner Phantasie freien Lauf. Ich ließ noch einmal den Ablauf der Tötung an mir vorbeiziehen. Meine Erregung wurde immer größer und stärker.«
... »Drei Tage ohne Selbstbefriedigung.«
... »Eine Frau in meiner Gewalt. Das erregt mich so, daß ich es auch mehrmals am Tag machen kann. Ihre Angst und Schreie lösen bei mir Freude und Lust aus. Beim Onanieren ist der Höhepunkt da, wenn ich die Frau am Töten bin.« –
... »Heute betrachtete ich die Gerichtsakten mit den Bildern von meinem Mord. Ich wurde erregt und bekam Lust, diesen Mord noch einmal zu erleben. Es macht mir Spaß, mein Opfer zu beobachten, wenn es ahnungslos in die Wohnung kommt. Ich habe dann schon eine Art wie Vorfreude.«
... »Bei jeder Phantasie genieße ich die Gewalt. Es macht mir Spaß, Menschen zu töten. Bevor sie sterben, muß ich sie erst quälen und foltern. Sie leiden zu sehen, macht mir Freude und bringt mir Lust.«
... »Heute habe ich mal versucht, auch mal normal zum Samenerguß zu kommen und das gelang mir auch, auch wenn es mir nicht so viel Freude gebracht hat.«
... »Ich hatte 3 Mädchen in meiner Gewalt. Alle 3 waren an Händen und Füßen gefesselt, so daß sie sich nicht bewegen konnten. Ich ergötzte mich an ihrer Angst, die sie vor mir hatten.«
... »An einem Tag zweimalige Wiederholung der Sexphantasien. Danach deprimiert und niedergeschlagen. Ich empfinde dann keine Freude mehr und ekle mich selbst an. Ich verachte mich, weil ich nicht dagegen ankomme.«
... »Meine sexuellen Phantasien beziehen sich nicht nur auf Frauen oder Mädchen. Ich habe schon in meiner Phantasie, daß es mir auch Spaß macht, Knaben zu foltern und zu töten.«

Zu dieser Zeit wurde die Therapie mit CPA (Androcur®) begonnen. Etwa 14 Tage danach schreibt der Patient in seinem Tagebuch über Veränderungen seines Verhaltens und seiner Phantasien. Er könne jetzt nackte Frauen auf Bildern betrachten, ohne eine Erregung zu verspüren oder ein Verlangen nach Selbstbefriedigung. Wörtlich heißt es auszugsweise weiter:

... »Heute kein Verlangen und auch keine Lust zu onanieren, obwohl in meinem Zimmer Bilder von nackten Frauen hängen.«

... »12 Tage frei von Masturbationsverlangen. Ich kann heute in Zeitschriften und Kataloge schauen, ohne daß sich bei mir etwas regt.«

... »Heute habe ich wieder versucht, zu onanieren. Ich mußte mich dazu zwingen. Nach 5 Minuten gab ich auf, obwohl ich dabei versuchte, meine früheren Sexphantasien ins Spiel zu bringen. Die Bilder kamen nicht, und nach kurzer Zeit verlor ich die Lust.«

... »Wieder Versuch zu onanieren. Nach einer Viertelstunde kam ich zu einem Samenerguß. Meine Lust auf Selbstbefriedigung mit gewalttätigen Sexphantasien ist zurückgegangen. Ich muß mich heute regelrecht dazu zwingen.«

... »Ich kann fast selbst noch nicht daran glauben, daß es heute anders ist als noch vor einigen Wochen – wie eine Befreiung. Auf der anderen Seite belastet es mich, wenn ich heute weiß, daß ich davon geheilt worden wäre und das Mädchen heute noch leben könnte.«

... »Ich bin froh, die Tabletten wirken bei mir. Ich verspüre kein Bedürfnis zur Selbstbefriedigung, keine Sexphantasien. Ich selbst bin der glücklichste Mensch darüber, weil nämlich dadurch die seelische Belastung bei mir weg ist.«

... »Es lastet jetzt eine tiefe Schuld auf mir, die Schuld am Tode von Nicole. Ich muß lernen, mit dieser zusätzlichen Belastung fertig zu werden. Andererseits ist es sehr schwer im Moment für mich, wenn ich daran denke, daß ich nie mehr mit einer Frau schlafen kann. Ich werde mir mit der Zeit einen Ausgleich bzw. Beschäftigung suchen. Ich bin aber über die Veränderung sehr glücklich.«

... »Ich habe mehr das Bedürfnis, mich jemandem anzuvertrauen, über meine Tat zu reden, über meine Fortschritte zu reden. Ich habe jetzt schon 3 Wochen nicht mehr onaniert, habe keine Sexphantasien gehabt. Ich glaube an das kleine Wunder.«

... »Masturbationsversuch, der nach 10 Minuten aufgegeben wird. Es war mir zu anstrengend. Die Operation wird eine Erlösung für mich sein.«

... »Selbst die Berichte über Gewaltverbrechen, die mich früher sehr erregt haben, erfüllen mich heute mit Abscheu. Die Tage vergehen, und ich gewöhne mich daran, daß mein zukünftiges Leben ohne sexuelles Gefühlsleben weitergehen wird. Das habe ich früher für unvorstellbar gehalten.«

... »Die Schuldgefühle werden noch größer. Ich würde alles geben, könnte ich die Tat ungeschehen machen. Während eines Fernsehfilmes überkamen mich Depressionen. Ich war innerlich sehr aufgewühlt. Mir schien in diesem Moment das Leben wertlos. Ich dachte noch lange über meine begangene Tat nach. Ich konnte auf einmal die Bilder der nackten Frauen an der Wand nicht mehr ertragen. Ich stand auf und riß alle Bilder von der Wand. Danach fühlte ich mich wohler. Ich brauche viel Ruhe und muß viel allein sein. Für mich ist jeder Tag eine Herausforderung, wieder einen Sinn in meinem Leben zu finden und zu sehen.«

... »Ich will anderen Menschen raten und helfen. Ich will von der Krankheit geheilt werden. Die Chance besteht in den Tabletten, später in der Operation. Mein Leben ist anders geworden. Ich bin reifer und selbstbewußter.«

... »Seitdem ich die Tabletten nehme, prägt sich das Schuldgefühl stärker aus. Ich denke oft an meine Schuld. Es ist nicht leicht, mit der Erkenntnis zu leben, daß der Mord zu verhindern gewesen wäre, wenn ich einen Arzt gefragt hätte. Da die Tabletten Wirkung zeigen, bin ich noch stärker bereit, mich der Operation zu unterziehen. Schon lange keine Selbstbefriedigung mehr. Es ist wie eine Erlösung.«

... »Keiner sieht es, wenn ich allein bin, wie mich die Tat innerlich zerreißt und wie ich jeden Tag damit fertig werden muß. Ich will kein Mitleid. Ich will nur Hilfe für mein gesetztes Ziel. Ich spüre immer mehr, daß die Tabletten mir helfen und mich von den Sexphantasien befreit haben. Eines Tages werde ich geheilt werden durch die Operation. Ich würde sie lieber heute als morgen machen lassen.«

... »Die Schuld in mir wird immer größer. Ich verfalle oft in seelische Depressionen. Ich brauche viel Zuspruch und Gespräche. Dann sind es wieder Stunden, bis ich mich erholt habe. Solche Depressionen hatte ich am Anfang der Tat, dazwischen lag eine Zeit, wo die Tat gut verdrängt wurde. Ich muß aber immer mit jemandem darüber reden. Dann fühle ich mich wieder gestärkt. Ich muß innere Stärke gewinnen. Es ist eine schwierige Zeit. Ich muß durch dieses Tief.«

Wie aus diesen Aufzeichnungen ersichtlich ist, kann die medikamentöse Therapie bei einigen Patienten tatsächlich die Brücke darstellen. Vor allem scheint sie jenen Patienten zu helfen, die die Sexualphantasien, die sexuelle Dranghaftigkeit als belastend und

bedrohlich erleben; jenen, die dadurch eine Entlastung von ihrem Leidensdruck erfahren, und sich so zur Bewältigung ihrer Probleme der Psychotherapie zuwenden können.
Von großer Wichtigkeit bei aggressiver sexueller Perversion sind aber die *Psychotherapien*, die Angst beseitigen und dem Menschen mehr Vertrauen in sich selbst geben können. Psychotherapien eröffnen andere Methoden zur Konfliktbewältigung und ermöglichen einen anderen Umgang mit den Mitmenschen. Es sind Therapien, die Anpassungsmöglichkeiten an die Gesellschaft und ihre Normen aufzeigen, die zu anderem Umgang mit der Aggressivität beitragen können.

Therapieerfolge: Anspruch und Realität

Wie sehen die Therapieerfolge in den Maßregelvollzugsanstalten aus? In Deutschland liegen zur Zeit die Unterbringungszeiten im Durchschnitt bei vier Jahren, früher waren sie doppelt so lang. In diese statistische Durchschnittszahl sind allerdings auch die Daten der leicht therapierbaren Patienten eingegangen, etwa die der akut psychotischen Patienten oder anderer mit leichten Delikten. Es sind ja nicht nur Sexualstraftäter im Maßregelvollzug untergebracht.
Bei Sexualmördern führt häufig erst eine langjährige Therapie zum Erfolg. In manchen Fällen bleibt der Erfolg auch aus. Beispiele dafür haben wir in dieser Erzählung kennengelernt. Dennoch gilt auch für den Maßregelvollzug der Grundsatz der Verhältnismäßigkeit. So entschied das Bundesverfassungsgericht. Das heißt, daß die Länge der Unterbringung im Verhältnis zur Schwere der begangenen und der zukünftig zu erwartenden Taten stehen muß. Es ist zu fragen: Was bedeutet bei Sexualmördern verhältnismäßig? Wie schwer die begangene Tat ist, ist bekannt. Wie schwer eine zukünftige Tat sein würde, ist ebenfalls leicht auszumalen. Wird es überhaupt zu neuen Taten kommen? Diese Frage ist nur individuell zu beantworten.
Sie wissen inzwischen: *Den* Sexualmörder gibt es nicht. Jeder ist anders, jeder hat unterschiedliche Möglichkeiten und unterschiedliche Gefahrenpotentiale. Und: Es wird immer Sexualmörder geben, die keiner Therapie zugänglich sind, die untherapierbar bleiben.
Man nimmt an, daß es sich um etwa 20 Prozent handelt. Manche Statistiken rechnen sogar mit bis zu 60 Prozent. Engagierte Ver-

antwortliche des Maßregelvollzuges kennen diese bittere Wahrheit aus eigener, leidvoller Erfahrung. Dazu möchte ich aus einem Interview mit der früheren Leiterin der größten Maßregelvollzugseinrichtung Deutschlands, Vera Schumann, folgendes zitieren:
»Ich bin zu der Überzeugung gekommen, daß man sexuelle Perversionen mit den uns gegenwärtig zur Verfügung stehenden Mitteln und Erkenntnissen nicht behandeln kann. Ein gewisser Prozentsatz der Patienten im Maßregelvollzug ist nicht zu bessern. Da muß man andere Maßstäbe anlegen. Wir hatten einen Patienten, der nach 16 Jahren Maßregelvollzug die gleiche Tat wieder begangen hat. Auch andere Straftäter, die 20 Jahre im Strafvollzug gesessen haben, kommen heraus und begehen ein ähnliches Delikt wie vorher, wenn das auch seltene Ereignisse sind. Ich denke, daß diese ganz schweren und ganz frühen Störungen mit sadistischen Komponenten nicht behandelbar sind. Das sollte man akzeptieren und an die Folgen denken, an die Opfer, die meist Kinder oder Frauen sind.«
Aber in dem nachfolgenden Abschnitt des Interviews führt sie dann aus: »Pessimisten sprechen von »nothing works«. Das denke ich auf keinen Fall. Das wäre das Schlimmste, was passieren könnte. Wenn man die Biographien dieser Patienten sieht, haben sie häufig keine Chance gehabt. Natürlich gibt es Menschen mit einer ähnlichen Biographie, die keine Straftaten begehen. Der Mensch ist kein unbeschriebenes Blatt, wenn er auf die Welt kommt. Ich denke, daß er bestimmte Grundeigenschaften mitbringt. Sehr häufig aber waren Straftäter selber Opfer. Da kann man eine ganze Menge machen. Das zeigt die Tatsache, daß die Rückfallquoten aus dem Maßregelvollzug geringer als aus dem Strafvollzug sind.
Es gibt wirklich Patienten, die jahrelang auf der Stelle getreten haben, und dann gibt es doch eine Entwicklung. Sie brauchen vor allen Dingen eine Beziehung. Das sind Menschen, die wurden von vornherein diskriminiert. Ihr Selbstwertgefühl ist ihnen systematisch abtrainiert worden oder konnte sich erst gar nicht entwickeln. Sie stammen aus Verhältnissen, wo der Vater die Mutter verprügelt oder beide trinken; sie haben keinen Platz zum Schularbeiten machen, keinen Raum, wo sie geschützt sind. Sie leben, ich weiß nicht, mit acht Kindern zusammen in zwei Zimmern. Das sind keine Einzelfälle. Sie sind von klein auf trainiert, einzuschätzen, was macht der andere, was hat er für Fehler, wo kann ich ihn pak-

ken. Sie entwickeln bestimmte Überlebenstechniken. Die beruhen darauf, daß sie keine Gefühle und keine Beziehung zulassen. Weil es tödlich für sie wäre, entwickeln sie kein Gefühl für den anderen. Sie fühlen tatsächlich nichts. Und sie können sich nicht in den anderen hineinversetzen. Ihnen ein Selbstwertgefühl zu geben, halte ich für eines der grundlegenden Erfordernisse.«

Ein weiteres ungelöstes Problem ist: Wie erprobt man bei einem Sexualmörder, ob die Therapie erfolgreich war oder nicht? Ein in den Medien verbreitetes Zitat des sachverständigen Psychiaters im Prozeß gegen den Schweizer Serienkindermörder Werner Ferrari ist dafür bezeichnend. Auf die Frage des Richters nach dessen Therapierbarkeit antwortete er: »Blindheit können Sie nicht heilen. Ein blindes Kind können sie nur fördern. Aber jedes Mal, wenn sich irgendein Erfolg einstellt, muß die Probe aufs Exempel gemacht werden. Dann schlägt die Stunde der Wahrheit.« Die Stunde der Wahrheit wird nicht immer erfreulich sein. Sie kann auch tragisch sein.

U/V Ein Doppeltitel zu einer Doppeltäterschaft:

Mord mit Sexualgewalt als Ausdruck von Dissozialität
oder:
Die gesellschaftliche Verantwortung – die Verantwortung der Medizin

Uwe und Volker: Gestörte Persönlichkeiten, gestörtes soziales Milieu, zerstörtes Leben

Sie wissen es schon: Eine sexuelle Gewalttat ist nicht immer Ausdruck einer gestörten Sexualität. Sie kann auch Ausdruck einer Lebenskrise einer gestörten Persönlichkeit sein, Ausdruck blinder Aggression. Die Sexualität wird dann zur Aggression. Die Tat kann auch Ausdruck einer Dissozialität sein, der bewußten und ständigen Verachtung von sozialen Normen. Entsprechend ist nicht jeder Mord, der von sexueller Gewalt begleitet wird, ein Sexualmord. Ich werde versuchen, dies anhand der Geschichte von Uwe und Volker zu erläutern.

Es war eine Winternacht, als Gabi verschwand. Die 20jährige Studentin hatte nur kurz das Studentenheim verlassen wollen, um einen Brief an ihren Freund in den Briefkasten unten an der Straßenecke zu werfen. Sie kam nie zurück. Zwei Wochen lang war die ganze Stadt in Aufregung: Was war mit Gabi passiert?

Ihre Leiche wurde in einem Waldstück, 15 km außerhalb der Stadt gefunden. Sie war mehrmals vergewaltigt und mit mehreren Messerstichen getötet worden.

Ihre Mörder wurden wenige Tage später verhaftet: Uwe, ein Strafgefangener, der erst im Sommer auf Bewährung entlassen worden war, und Volker, fast noch ein Kind, nur 16 Jahre alt. Bei Volker wurden zufällig persönliche Wertsachen von Gabi gefunden. Dies führte zur Aufklärung des Mordfalls.

Das Drama muß sich etwa wie folgt abgespielt haben: Uwe und Volker brauchten Geld, weil sie eine Reise planten. Da sie nicht warten wollten, bis Uwe seine Sozialhilfe erhalten würde, beschlossen sie, sich das Geld durch Raub zu beschaffen. Sie suchten geeignete Plätze und lauerten potentiellen Opfern auf. Das Los fiel auf Gabi. Der 16jährige Volker bedrohte die überrumpelte Gabi

mit einer Waffe. Er befahl ihr, mit ihm in einen nahegelegenen Park zu gehen, wo Uwe wartete, und verlangte ihr Geld. Sie hatte jedoch nur ein paar Münzen und ihre Scheckkarte bei sich. Sie zwangen sie, die Geheimnummer zu verraten. Dann schleppten sie Gabi in ein halbverwahrlostes Haus, wo ein ihnen bekanntes Paar wohnte. Uwe nannte den Mann »Vater«. Dieser stimmte zu, daß Täter und Opfer bei ihm blieben. Angeblich wußte er nicht genau, worum es ging.
Täter und Gastgeber saßen bis tief in die Nacht im Wohnzimmer und tranken Alkohol. Das Opfer wurde mit Beruhigungsmitteln vollgestopft, damit es »keine Dummheiten mache«. Gabi wurde in eine Wohnung im selben Haus gebracht und dort fünf Tage lang gefangengehalten. Dort wurde sie von Uwe mehrmals vergewaltigt. In der Nacht nach dem fünften Tag nahmen die beiden Gabi mit. Nach einem Fußmarsch von 15 km zerrten sie sie in einen Wald. Das Opfer wurde wieder mit verschiedenen Beruhigungsmitteln vollgestopft, fast bis zur Bewußtlosigkeit, und erneut von Uwe vergewaltigt. Anschließend tötete der 16jährige Volker Gabi nach Uwes Anweisungen. Zuerst versuchte er es mit einer Schlinge, dann gab Uwe ihm ein Messer. Damit endete das Leben von Gabi. Die ganze Beute des ganzen Dramas – 140 Mark – wurde für Alkohol ausgegeben.

Wer ist Uwe?

Uwe kommt aus einer zerstörten Familie. Er war das uneheliche Kind eines Kriminellen. Seinen angeblichen Vater lernte er mit 30 Jahren im Gefängnis kennen, als ein Mitgefangener sich ihm als sein Erzeuger vorstellte. Ob dies tatsächlich sein Vater war, blieb ungewiß. Uwe hatte seit seiner frühen Jugend einen Stiefvater. Auch dieser war kriminell und hatte eine lange Gefängniskarriere hinter sich. Er war brutal und schlug die Mutter und die Kinder. Uwe erinnert sich an eine Szene, in der der Stiefvater die Mutter durch das Fenster werfen wollte, weil sie angeblich fremdgegangen sei. Schon als kleines Kind stand Uwe mit einem scharfen Messer vor seiner Mutter, um sie vor dem wütenden Stiefvater zu schützen.
Die Schule war ein Mißerfolg. Uwe störte den Unterricht, hatte Auseinandersetzungen – auch tätliche – mit den Lehrern und schwänzte fast jeden Tag die Schule. Er blieb über Nacht von zu Hause weg und beging Einbrüche und Diebstähle. Mit 14 Jahren kam er zum ersten Mal ins Gefängnis. Seitdem war er nur selten

auf freiem Fuß. Er ist heute 34 Jahre alt. Bis zur Tötung von Gabi hatte er fast 20 Jahre in Haft verbracht. Im Gefängnis wurde er zwei oder drei Jahre lang von kräftigeren und älteren Mitgefangenen sexuell mißbraucht. Dann war er selbst kräftiger und älter als andere und mißbrauchte seinerseits jüngere. *»So ist das eben. Es ist dort ein Hierarchiesystem. Man muß sich fügen. Ich wurde von den älteren genommen, später habe ich das mit den jüngeren gemacht. So ist das eben.«*, sagte er.

Uwe mußte immer wieder ins Gefängnis, weil er wiederholt stahl, Einbrüche verübte und Menschen verletzte. Zuletzt wurde er wegen versuchten Mordes an einem Homosexuellen, mit dem er Streit gehabt hatte, verurteilt. Er beging diesen Mordversuch am gleichen Tag, an dem er aus dem Gefängnis entlassen wurde.

Nach der erneuten Entlassung aus der Haft im Sommer schloß er sich einer Gruppe von vagabundierenden Obdachlosen an und erhielt einen »OFW«-Ausweis, woraus er ganz selbstverständlich einige Rechte ableitete. »OFW« heißt »ohne festen Wohnsitz«. Er fuhr mit anderen Obdachlosen zusammen von Stadt zu Stadt, bettelte dort an Bahnhöfen und in Trinkhallen und übernachtete in Obdachlosenheimen. Zu seiner Mutter und seinen Geschwistern hatte er seit 15 Jahren keine Beziehung mehr.

Wer ist der minderjährige Volker?

»Seit meinem 12. Lebensjahr lebe ich zwischen Legalität und Illegalität. Ich beschaffe mir Geld durch Diebstähle und Gewaltanwendung«, sagte der 16jährige Volker. Er stand schon mehrere Male wegen Diebstählen, Einbrüchen, Raub und Körperverletzung vor Gericht. Volkers Vater starb an Alkoholvergiftung, als Volker gerade ein Jahr alt war. Zwei Jahre später kam ein Stiefvater in die Familie, zu dem er keine gute Beziehung hatte. Prügeleien, Krach und Spannungen führten dazu, daß er häufig weglief. In der Schule war es schlecht gelaufen, zweimal blieb er sitzen, nicht wegen seiner Leistungen, sondern wegen aufsässigen Verhaltens. Mit 13 fing er an, in großen Mengen Alkohol zu konsumieren und Hasch zu rauchen. Er wurde im Heim untergebracht, wieder entlassen und wenig später erneut ins Heim eingewiesen. Einige Monate vor der Tötung von Gabi war er wieder aus dem Heim entlassen worden. Zu Hause warteten die alten Probleme; er konnte dort nicht leben. In diesen Tagen lernte er Uwe kennen und beschloß, mit ihm zu vagabundieren.

Volkers Beschreibung der Ereignisse um Gabi deckten sich mit den Ermittlungsergebnissen. Daß er Gabi töten sollte, war Teil einer Abmachung mit Uwe; im Falle einer Entdeckung hatte Volker nur mit einer Jugendstrafe zu rechnen. Volkers Persönlichkeit erwies sich als emotional labil. Er war leicht reizbar und setzte Gewalt zur Durchsetzung seiner Interessen ein. Auch zeigte er keine sichtbare Reue und berichtete ohne wirkliche innere Beteiligung oder Betroffenheit über die Tat.

Ein Empfehlungsdilemma

Unsere Untersuchungen zeigten, daß Uwe eine *gestörte Persönlichkeit* – genauer eine *dissoziale Persönlichkeitsstörung* – hat, aus einem gestörten Milieu kommt und ein zerstörtes Leben hinter sich hat. Ich konnte nicht die geringste Empathie (also Mitgefühl mit dem Leid anderer) bei ihm erkennen. Kalt und unbeteiligt berichtete er über die Entführung, die Gefangenschaft, den Mißbrauch und die Tötung von Gabi. Die Gewaltanwendung bei den jüngeren Gefangenen, den Spaß am Obdachlosendasein, das Stehlen und Rauben (mehrmals sprach er von ›Geldleihen‹) stellte er als normal dar, ohne emotionale Regung, ohne Skrupel, ohne Nachdenken.

Und die Tötung von Gabi? Alles ein großes Mißverständnis, meinte er. Sie sei nicht beabsichtigt, geschweige denn geplant gewesen. Die Ergebnisse der Ermittlungen und Volkers Berichte seien nicht richtig. Richtig sei vielmehr folgendes: Er und Volker planten eine Reise. Sie wollten nicht bis zur Auszahlung der Sozialhilfe warten und beschlossen, durch Betteln »Kohle zu ziehen«. Unterwegs zu einer Trinkhalle sahen sie die junge Studentin. Er sagte zu Volker: »Du kannst von ihr Kohle ziehen«. Er habe nur gemeint, daß er von ihr Geld erbetteln könne. Volker sei zu dem Mädchen gegangen, er selbst habe im benachbarten Park austreten müssen. Minuten später sei Volker mit dem Mädchen gekommen und habe eine Pistole an ihre Schläfe gehalten. Volker filzte sie, Gabi hatte aber nur vier Mark und die Scheckkarte bei sich. Bereitwillig soll das Mädchen ihnen die Geheimnummer verraten haben. Uwe hatte keine Ahnung, wie sie zu der Entscheidung gekommen waren, das Mädchen mitzunehmen. Keine Gabe von Beruhigungsmitteln, keine Gewalt, nichts sei passiert mit Gabi. Sexueller Verkehr? Ja, aber keine Vergewaltigung. Sie habe sich ja nicht deutlich dagegen gewehrt. Die Tötung des Mädchens? Ein totales Mißverständnis.

Er habe an diesem Tag zwar dem Volker gesagt, er solle mit dem »Scheiß« endlich ein Ende machen, aber er habe damit etwas ganz anderes gemeint. Er habe erst im nachhinein mitbekommen, daß Volker Gabi getötet habe.

Kalt, emotionslos, geschäftsmäßig präsentierte Uwe seine Version. Er hat eine gestörte Persönlichkeit und ist doch auch selbst ein Bedrängter. Ein Bedrängter, der andere bedrängt. Eins ist gewiß: Von Uwe geht auch in Zukunft Gefahr aus. Was aber sollte mit ihm geschehen?

Uwe erfüllt die Kriterien für die Diagnose einer »schweren anderen seelischen Abartigkeit« und ist auch in Zukunft gefährdet und gefährlich. Er erfüllt also beide Bedingungen, die der § 63 StGB (Maßnahmen zur Besserung und Sicherung) verlangt. Die entscheidende Frage ist jedoch, ob seine Persönlichkeitsstörung die Einsichts- und Steuerungsfähigkeit während der Tat beeinträchtigte. Auch der Laie erkennt, wie gestört Uwe ist. Aber hätte Uwe anders handeln können, als er gehandelt hat? Nachdem alle Möglichkeiten der Handlungsmotivation untersucht und diskutiert waren, antworteten wir mit »Ja«, daß heißt, daß *Uwe hätte anders handeln können, als er gehandelt hat. Für diese bestimmte Tat konnte keine Beeinträchtigung der Einsichts- oder Steuerungsfähigkeit festgestellt werden.*

Gewiß, ein Mensch mit der Fähigkeit zur Empathie hätte keine solche Tat begehen können. Dennoch spricht vieles dafür, daß er anders hätte handeln können: die Dauer des ganzen Geschehens, dessen zielgerichtete, überlegte und kaltblütige Planung und Durchführung, das postdelinquente Verhalten sowie die gezielte Instrumentalisierung des minderjährigen Volkers. Uwe setzte ganz bewußt den minderjährigen Jungen ein, damit im Falle der Entdeckung die Strafe für ihn milder ausfiele. Die komplizierten, zielgerichteten, überlegten und geplanten Handlungsabläufe sprachen gegen die Beeinträchtigung der Steuerungsfähigkeit. Auch die Einsichtsfähigkeit in das Unrecht seiner Tat war nie beeinträchtigt. Uwe wußte, was er tat. Kein Maßregelvollzug also, weil Uwe voll schuldfähig war. Der Maßregelvollzug ist für Menschen vorgesehen, die dies nicht sind.

Kein Maßregelvollzug? Steht diese Empfehlung nicht im Widerspruch zu dem Tenor dieser Erzählung? Ich beschrieb den Maßregelvollzug als sicherer als das Gefängnis. Ich brachte so viele Beispiele, in denen die Täter nicht im Maßregelvollzug, sondern im Gefängnis untergebracht wurden und die mit Katastrophen endeten!

Auch bei Uwe konnte eine Wiederholungstat nicht ausgeschlossen werden. Aber das geltende Recht sieht vor, daß für eine Unterbringung im Maßregelvollzug die Schuldunfähigkeit oder die verminderte Schuldfähigkeit Voraussetzung ist. Und dies war bei dieser Tat nicht der Fall. Uwes Handlungen waren nicht das Resultat einer Perversion, eines Impulsdurchbruchs oder eines Schwachsinns. Kein Zwang, kein Drang, auch keine Psychose beeinträchtigten seine Handlungs- und Steuerungsfähigkeit.

Der Maßregelvollzug ist nicht ein »anderes Gefängnis«. *Der Maßregelvollzug ist primär eine medizinische Einrichtung, genauer eine medizinisch-psychologische Einrichtung.*

Die Gesellschaft darf ihre ungelösten Probleme nicht der Medizin aufbürden – zumindest nicht ausschließlich. Trotz der Verpflichtung, unter anderem auch der Psychiatrie, für alle Bedrängten da zu sein, ist eine Rollen- und Aufgabenabgrenzung zwischen Medizin, Gesellschaft, Politik und Justiz notwendig; *alle müssen ihre Aufgaben im Bereich der Besserung und Sicherung wahrnehmen.*

Der Maßregelvollzug ist eine spezielle medizinische Einrichtung, die nur dann funktionieren kann, wenn sie nicht zur Verwahrung mißbraucht wird. Die Gesellschaft, die Politik und die Justiz müssen zusätzliche Maßnahmen und Institutionen der Besserung und Sicherung entwickeln. Trotz der klaren gesetzlichen Regelung bleibt eine Beklemmung zurück, denn ein persönlichkeitsgestörter Mensch mit Gefährlichkeitspotential wird auch nach einer möglichen Entlassung aus dem Gefängnis weiter persönlichkeitsgestört und weiter gefährdet und gefährlich bleiben.

Das Problem mit dem minderjährigen Volker ist noch größer, noch bedrückender, bedarf noch dringender einer angemessenen Lösung. Als wir unsere Überlegungen im Rahmen der Begutachtung machten, stand ein Gedanke im Vordergrund: *»Was kann man für dieses junge Leben tun? Was kann man für seine Besserung und gleichzeitig für die Sicherung anderer tun?«*

Aber auch bei Volker trafen die Voraussetzungen für eine Unterbringung im Maßregelvollzug nicht zu. Wir versuchten herauszufinden, ob Volker Uwe hörig gewesen war oder große Angst vor ihm gehabt hatte und ob dies sein Tun und Lassen determinierte. Aber wir konnten nichts dergleichen feststellen.

Es stellten sich die gleichen Probleme, die gleichen Fragen wie bei

Uwe, es blieb das Unbehagen, das bei dem minderjährigen Volker noch eindringlicher nach differenzierten Lösungen rief.
Das Gericht ist bei beiden von einer uneingeschränkten Schuldfähigkeit ausgegangen. Sie wurden beide zu Höchststrafen verurteilt.

W Sexualisierte Gewalt, die aus der Schwäche kommt

Winfried: Ein sensibler junger Mann

Sexuelle Gewalt entsteht häufig aus erlebter Schwäche. Dies möchte ich anhand der folgenden Geschichte zeigen.
»Ich wollte einmal Gewalt und Macht ausüben, auch wenn das das letzte sein sollte, was ich auf dieser Welt tue.« Das sagte Winfried, ein sensibler junger Mann. Winfried erinnerte mich sehr an Anton. Ich untersuchte ihn in einem kleinen Zimmer derselben Psychiatrischen Landesklinik. Ich mußte auch bei ihm die Frage beantworten, ob es zu verantworten sei, ihn aus dem Maßregelvollzug zu entlassen. Er erzählte bereitwillig und detailliert seine Geschichte, wie Anton. Wie er sprach auch Winfried mit leiser Stimme, die bei der Beschreibung seiner Taten zitterte und erzählte von seinen davongeflogenen Träumen, von seinem Scheitern. Er war auch zerquetscht.
Er hatte sich intensiv mit seinen Problemen, mit seinen Taten auseinandergesetzt. Genau wie Anton litt er sehr unter seinen Taten, erkannte die eigene Verantwortlichkeit und die eigene Schuld. Winfried zog zum Teil selbstzerstörerische Konsequenzen: Suizidgedanken und Suizidversuche prägten die letzten Jahre. Seine Biographie war anders verlaufen als bei Anton, aber auch bei ihm wurde eine *»Borderline-Persönlichkeitsstörung«* diagnostiziert, nach den Kriterien, die ich schon dargestellt habe. Der Unterschied: Bei Anton ist sie mit einer progredienten sexuellen Perversion verbunden. Bei Winfried nicht.
Winfried hatte eine ältere Frau vergewaltigt, gefesselt und sie anschließend beraubt. Einige Zeit später attackierte er eine Prostituierte mit dem Messer, stach mehrere Male auf Brust und Hals ein. Ein Freund des Opfers, der zu Hilfe geeilt war, wurde von ihm genauso attackiert. Beide wurden schwer verletzt.
Wie konnte es so weit kommen?
Winfried wuchs als Einzelkind bei seinen berufstätigen Eltern und der Großmutter auf. Letztere versorgte ihn während der Abwesenheit der Eltern. Sie gehörten der Mittelschicht an. Mit dem Abschluß der mittleren Reife verließ er die Realschule und begann

eine Lehre als Schlosser. Seinen Traumberuf, Chemielaborant, konnte er nicht erlernen, weil er keine Lehrstelle fand. Die anschließende Ausbildung an einer Fachoberschule mußte er aus Schwierigkeiten mit dem theoretischen Teil abbrechen.

Winfrieds Hauptprobleme waren außergewöhnlich starke Beziehungs- und Kontaktschwierigkeiten, verknüpft mit einer großen Selbstunsicherheit. Er hatte vor den Gewalttaten nur einen einzigen Freund gehabt, nie eine emotionale Beziehung zu einer Frau. Er war zwar einmal verliebt gewesen, hatte jedoch aus Angst vor einer Zurückweisung seine Gefühle nie gezeigt.

Winfried war sehr leicht kränkbar. In der emotionalen und sozialen Isoliertheit, in der er lebte, fühlte er sich unglücklich, minderwertig, benachteiligt, nicht anerkannt. Er litt darunter und reagierte depressiv. Gleichzeitig bildete sich ein Aggressionspotential.

Eine emotionale Beziehung zu den Eltern hatte er kaum. Er äußerte sich nur wenig dazu, aber es scheint eher eine rationale Beziehung, ein Nebeneinander und formelles Zusammenleben gewesen zu sein. So ist zu erklären, daß die Eltern von den Problemen des Jungen kaum etwas mitbekamen.

Winfried versuchte, seine bedrückende, arme und deswegen gefährliche Realität mit ungeeigneten Mechanismen zu durchbrechen: Imponiergehabe, vorgetäuschte Eigenschaften und Besitz sollten ihm Anerkennung und Beziehungen verschaffen. Bodybuilding, gute Kleidung, Kampfsport und Motorräder sollten dem Umfeld imponieren. Dies gelang natürlich nicht, er verstärkte im Gegenteil seine Isolierung, so daß die fehlende soziale und sexuelle Befriedigung ein hohes aggressives Potential schufen. *»Ich wollte einmal Gewalt und Macht ausüben, auch wenn das das letzte sein sollte, was ich auf dieser Welt tue.«*

Die Einsamkeit und die Gewalt

Mit 17 ging Winfried erstmals zu einer Prostituierten. In der Folge suchte er jeweils im halbjährlichen Abstand ein »Fotomodell« auf. Er sprach mit niemandem über seine Besuche, ebensowenig über seine Depressionen oder über diverse quälende Selbstvorwürfe. Schon gar nicht sprach er über seine unendliche innere Einsamkeit. Mit niemandem konnte er über sich sprechen!

Im Sommer des Jahres, in dem Winfried seine Taten begehen sollte, litt er ganz besonders unter seiner Einsamkeit. Ein dreiwöchiger Urlaub auf einer Mittelmeerinsel war enttäuschend verlaufen, die Abende auf der Urlaubsinsel hatte Winfried grübelnd und allein in seinem Hotelzimmer verbracht. Nach dem Urlaub begann er ziel- und richtungslos, nach Ablenkung suchend, in den Tag hineinzuleben. Während er seinen Eltern weiterhin den beflissenen Schüler vorspielte, trieb er sich tagsüber in der Innenstadt herum. Außerdem begann er Lotto zu spielen. In diesem Einsamkeitssommer verspielte er 10.000 DM, darunter das von seiner Großmutter auf ein gesondertes Sparbuch eingezahlte Geld.

Im nachfolgenden Herbst verschaffte Winfried sich nach Ladenschluß unter einem Vorwand Zugang zu einem Geschäft. Die Inhaberin, eine ältere Frau, war allein. Er zog plötzlich Handschellen hervor, fesselte die Frau und bedrohte sie mit einem Stilett. Dann riß er ihr die Kleider vom Leib und warf sie auf den Boden. Als er sich seinen Unterkörper entblößte, flehte ihn die Frau an, sie nicht zu vergewaltigen: »Ich könnte ja deine Mutter sein!« Dies traf ihn und er unterbrach für kurze Zeit seinen Angriff. Aber dann folgte er der anderen »Stimme«, die aus seiner Tiefe kam und vergewaltigte die Frau. Anschließend bedrohte er sie mit dem Stilett und einer Schreckschußpistole, durchsuchte den Schreibtisch und fand 4.000 DM, mit denen er das Geschäft verließ.

Eine Woche später besuchte er ein »Fotomodell«. Er brachte ein verstecktes Messer mit. Während er noch mit ihr verhandelte, zog er bereits das Messer aus der Tasche, bedrohte sie und versuchte, sie zu vergewaltigen. Die Frau schrie auf, als sie die Gefahr bemerkte. Er zielte mit dem Messer auf ihre linke Brust. Sie duckte sich geistesgegenwärtig, so daß der Stich nicht in die Herzgegend traf, sondern nur eine Schnittwunde unterhalb der linken Ohrmuschel hinterließ. Sie schrie laut und versuchte, zu fliehen. Winfried riß sie aber vor Erreichen der Tür zu Boden, kniete sich auf sie und stach mehrfach in ihren Brustkorb. Er schrie währenddessen: »Bleib ruhig!«

Von Winfried unbemerkt hielt sich ein Freund der Frau nebenan im Wohnzimmer auf. Dieser wurde durch die Schreie des Opfers aufgeschreckt und stürzte in den Flur. Er packte Winfried bei den Schultern und riß ihn von dem Opfer weg. Winfried stach jetzt auf ihn ein. Das Messer drang in seine linke Brusthöhle und verletzte die Lunge. Im Verlauf des Kampfes stach er immer weiter auf ihn ein. In der Zwischenzeit hatte sich das Mädchen erhoben und war in den Treppenflur geflüchtet. Als Winfried dies bemerkte, warf er das Messer nach ihr, um sie von der Flucht abzuhalten. Die Waffe

traf sie im Rücken, links, in Schulterblatthöhe. Sie konnte aber um Hilfe schreien und die Leute im Haus alarmieren.
Winfried wurde gestellt und verhaftet. Beide Opfer wurden in lebensgefährlichem Zustand ins Krankenhaus eingeliefert, wo sie mehrere Tage auf der Intensivstation künstlich beatmet werden mußten.
Dies alles tat der schwache, einsame Winfried.

Die Schwäche, die Reue, die Introspektion

Winfried erzählte mir, daß beide Taten ihn unablässig verfolgten. Inzwischen waren drei Jahre vergangen. Die Erinnerungen quälten ihn nach wie vor. Er erinnerte sich mit Schmerz an die Details. Er sah, so erzählte er mir, häufig – auch drei Jahre danach – das Gesicht des Fotomodells vor seinem inneren Auge. Am schlimmsten empfand Winfried die Vergewaltigung der älteren Frau, die seine Mutter hätte sein können. Er dachte sehr oft an sein Opfer. Vergewaltigung sei das Schlimmste, was einer Frau passieren könne, sagte er. Er müsse an die psychischen Schäden denken, die diese Frau gewiß davongetragen habe. Das alles mache ihn sehr traurig.
Die Idee, eine Frau zu vergewaltigen, habe er schon mehrere Monate vor dieser Tat gehabt. Er habe diesen Gedanken lange mit sich herumgetragen. Er gab ihm ein Gefühl der Macht und Überlegenheit. Er fühlte sich nicht mehr länger als ein Schwächling, als ein Leidender: Andere lägen statt dessen zu seinen Füßen. Andere litten statt dessen unter ihm – *»Ich wollte einmal Gewalt und Macht ausüben…«*
Hat er darüber mit jemandem gesprochen?

> »Ich habe es einfach nicht gemacht. Mit meinen Eltern habe ich auch nicht darüber gesprochen. Solche Diskussionen haben nie stattgefunden. Psychiater? Damals wußte ich nicht, daß es so was gibt. Freunde, mit denen ich so was besprechen konnte, habe ich nie gehabt.
> Nach der Vergewaltigung habe ich die ganze Nacht geweint. Ich habe an meinem Schreibtisch gesessen und auf die Polizei gewartet. Ich habe Zyankali gesucht, aber nicht gefunden. Ich habe geplant, mich anders umzubringen, den Mut hatte ich jedoch nicht. Ich bin am nächsten Tag in die Stadt gefahren, ich wollte mich vor den Zug werfen, der Mut hat mich jedoch wieder verlassen. Ich habe es nicht gemacht.

> Bald aber begann ich, an die Sache mit dem Fotomodell zu denken, an das Messer, an die Gewalt, an die Vergewaltigung.«

Winfried wurde aufgrund seiner Persönlichkeitsstörung und der Gefahr der Wiederholbarkeit im Maßregelvollzug untergebracht. Er macht in seiner Therapie deutliche Fortschritte, so daß ich hoffe, daß er nach einigen weiteren Jahren Behandlung ein straffreies Leben in Freiheit führen kann.

Von »Triebtätern« und »Sexualmördern«

Sind Triebtäter »Triebtäter«?

Der »Triebtäter«: Laien und Nichtlaien nennen ihn so. Damit reduziert man aber eine komplexe Problematik auf ein Wort. Wir haben darüber gesprochen: Sexualität und Sexualverhalten sind sehr komplexe Phänomene: nicht rein biologische, nicht rein psychologische, nicht rein soziologische. Die Bezeichnung »Triebtäter« reduziert eine Sexualstraftat auf eine rein biologische Ebene, wenn auch vielleicht nur atmosphärisch. Sigmund Freud hatte die »Triebe« psychologisiert, die Psychoanalyse sie in den Mittelpunkt ihrer Erklärungsmodelle gestellt.

Sexualität ist komplex. Sexuelle Delinquenz ist noch komplexer. Sie haben gesehen, daß die, die aus sexuellen Motiven Menschen getötet haben, unterschiedliche Gründe dafür hatten: Die jeweiligen Lebensgeschichten, Probleme und Umstände haben in ihrer Gesamtheit dazu geführt – nicht nur die »Befriedigung des Sexualtriebs«, wie es so einfach im Gesetz heißt.

Dies ist auch denjenigen bewußt, die lieber den Begriff »Triebtäter« benutzen. Sie unterscheiden zwischen *»echten Triebtätern«* und *»unechten Triebtätern«*, wie Willi Schumacher . Zu den »unechten Triebtätern« gehören der dissoziale Sexualstraftäter und der allgemein aggressive Delinquent. Ein dissozialer Sexualstraftäter ist derjenige, der mit aggressiven Mitteln sein sexuelles Erleben erzwingen will. Als aggressiver Delinquent wird derjenige bezeichnet, der sein aggressives Verhalten über die Sexualität abreagiert. Solche Täter haben wir kennengelernt, als wir über abnorme Persönlichkeiten sprachen. Sie sind keine »echten« Triebtäter, weil Gewalt oder Aggression für sie nicht Quelle des sexuellen Lustgewinns, sondern Mittel zum Zweck ist. Als »echte Triebtäter« werden diejenigen Sexualtäter bezeichnet, bei denen die Aggression Bestandteil ihres sexuellen Erlebens ist oder die sexuelle Gewalt als Abwehr ihrer Impotenz einsetzen. Auch der sadistische Triebtäter gehört dazu.

Alle diese Aspekte haben wir dargestellt, als wir über Perversion sprachen. Ich meine, Sexualität ist eine komplexe Sache und »Trieb« eine unangemessene Vereinfachung. Aber drückt infolgedessen

auch der Begriff »Triebtäter« eine Vereinfachung aus, die verhindert, daß wir dem Problem gerecht werden?
Schauen wir uns dazu den Vergewaltiger an: Vergewaltigung ist eines der schlimmsten Verbrechen. Ein Vergewaltiger kann kein »normaler« Mensch sein. »Normal« ist hier im weitesten Sinne des Wortes gemeint. »Nicht normal« ist nicht zwangsläufig krankhaft. Ist ein Vergewaltiger ein Triebtäter? Dazu kann ich folgendes sagen: Ich habe nur wenige Vergewaltiger kennengelernt, die über überdurchschnittliche sexuelle Potenz verfügen. Meistens ist sie eher unterdurchschnittlich und gestört. Viele, die vergewaltigen wollten, waren dabei nicht einmal sexuell erregt! Es ist nicht selten, daß die Opfer ihren Peiniger sexuell stimulieren müssen. Von überdurchschnittlicher sexueller »Triebkraft« kann keine Rede sein!
Der dissoziale oder antisoziale Sexualtäter, der das »sexuelle Gut« so nimmt wie ein anderer Diebesgut, ist nicht nur ein »Triebtäter«. Auch nicht derjenige, der aus Haß oder Wut jemanden vergewaltigt, ebensowenig jener, der Macht ausüben oder seine Schwäche damit kompensieren will. Der Schwächling ist selten ein Triebtäter. Die Begriffe »Trieb« und »Triebtäter« reduzieren die Problematik – trotz des Vokabulars der Psychoanalyse.
Benennen wir Tat und Täter deshalb als das, was sie sind.

Sind Sexualmörder Mörder?

Wer ist ein Mörder? Das deutsche Strafgesetzbuch definiert dies im § 211: »*Mörder ist, wer aus Mordlust, zur Befriedigung des Geschlechtstriebs, aus Habgier oder sonst niedrigen Beweggründen, heimtückisch oder grausam oder mit gemeingefährlichen Mitteln oder um eine andere Straftat zu ermöglichen oder zu verdecken, einen Menschen tötet.*«
Das ist eine umstrittene Fomulierung. Aber sie ist Gesetz! Sie erkennen, daß nach den Buchstaben des Gesetzes diese Merkmale auf viele der in dieser Erzählung vorgestellten Täter zutreffen: Befriedigung des Sexualtriebs, eine Straftat verdecken wollen oder eine solche ermöglichen. Andere Täter jedoch erfüllen diese Merkmale nicht. Dann spricht man von Totschlag oder von gefährlicher Körperverletzung mit Todesfolge. In manchen Fällen dieser Erzählung sind die Opfer nicht gestorben. Die Täter sind also keine Mörder – weder formell noch real.
Sie haben bemerkt, daß ich auch von »Menschen, die andere Men-

schen getötet haben« gesprochen habe. Oder von »Tötungsdelikten« oder von »Tötungen«. Trotzdem habe ich die etikettierende Bezeichnung »Sexualmörder« beibehalten. Ein Mord ist ein Mord. Auch wenn wir die Motive, die dahinter stehen, erkennen können. Auch wenn diese Motive krankhaft sind. Daß ich diesen furchterregenden Begriff »Sexualmörder« beibehalten habe – auch für diejenigen, die keine sind – hat einen Sinn: Die Schwelle für die Inszenierung solch furchtbarer Dramen darf nicht niedriger werden. Sie muß höher werden.

Dazu tragen auch Begriffe und Bezeichnungen bei, selbstverständlich auch die Strafandrohung. Wir können mit verstehender Betroffenheit dazu beitragen, indem wir Therapie anbieten und uns zur Zuwendung überwinden. Wir bleiben aber bei der Bezeichnung »Sexualmörder«, wohlwissend, daß »Sexualmörder« nicht immer Mörder sind!

X Der Sexualmörder, der Nicht-Sexualmörder und die Öffentlichkeit

Xavier
und seine Geschichten

An einem kalten Adventstag fanden Spaziergänger am Ufer eines Sees eine männliche Leiche. Die Leiche war skalpiert. Die Gerichtsmediziner entdeckten viele Messerstiche. Sie zählten 19 Stiche an verschiedenen Stellen des Körpers, an der Brust, am Bauch, am Rücken, am Hals, am Gesicht. Die Haut des skalpierten Schädels war nicht auffindbar. Die Leiche wurde als die des 23jährigen Matthäus identifiziert, eines unauffälligen ledigen Handwerkers.

Diese Tat sorgte für große Aufregung. Ein Motiv war nicht erkennbar. Wochenlang tappte die Polizei im Dunkeln. Ob Rechtsradikale im Spiel waren? Der Name des Opfers deutete eventuell auf eine jüdische Abstammung. Die Skalpierung der Kopfhaut könnte an die Kopfbedeckung religiöser Juden erinnern. Könnte es auch ein sexuell motivierter Mord gewesen sein? Die Leiche war ja bestialisch zugerichtet worden. Die Tatsache, daß die Kopfhaut nicht auffindbar war, könnte auch auf Kannibalismus schließen lassen. Das Opfer hatte keine partnerschaftlichen Bindungen und auch erotische Beziehungen waren nicht bekannt, ob doch alles im Rahmen einer sexuellen Perversion geschehen war? Viele Motive wurden diskutiert, viele Spekulationen angestellt. Die Antwort war schrecklich: Es war ein Brudermord!

Der Täter war der 17jährige Xavier. Er hatte den Mord mit Mitwissen und unter Mitwirken eines 19jährigen Freundes begangen. Niemand hatte das für möglich gehalten. Niemand konnte es verstehen. Großes Erstaunen in der regionalen und überregionalen Presse. Großes Interesse in den Medien. Dennoch unterblieb diesmal ein öffentlicher Aufschrei. Es gab kein Etikett, wie wir es von Anton, Christian, Bernd und vielen anderen kennen. Aber ist dieser Brudermord nicht genauso abscheulich wie die beschriebenen Sexualmorde? Ist die Art und Weise, wie Matthäus getötet wurde, nicht genauso bestialisch, grausam und brutal?

Xavier bestritt bis zuletzt, seinen Bruder Matthäus getötet zu haben. Er versuchte mit gewagten, manchmal akrobatisch anmutenden Argumenten, das Gericht von seiner Unschuld zu überzeugen. Xavier hatte jedoch einen Komplizen. Der war geständig. Er hatte auch weitere Mitwisser. Die waren gesprächig. Ich erzähle die Geschichte aber am besten der Reihe nach.

Der Brudermord und seine Vorgeschichte

Die Familie stammt aus der früheren DDR. Die Eltern sind fleißige Leute. Der Vater war während der DDR-Zeit als Handwerker, die Mutter im kaufmännischen Bereich tätig. Nach der Wende versuchten die Eltern, im selbständigen Kleinhandel ihr Auskommen zu finden. Der Erfolg war mäßig, weswegen sie in den alten Bundesländern Arbeit suchten und fanden. Der Vater war zum zweiten Mal verheiratet. Matthäus stammte aus der ersten Ehe. Dann kam Xavier zur Welt, der 6 Jahre jünger war als Matthäus. Xavier war ein überdurchschnittlich intelligentes Kind. In der Schule hatte er keine Schwierigkeiten. Nach der Schule wollte er möglichst schnell viel Geld verdienen. Zuerst versuchte er es als Straßenverkäufer zusammen mit seinen Eltern. Das klappte nicht. Nebenbei absolvierte er ein »Studium« der Parapsychologie. Er mußte bei einem betrügerischen Institut Bücher kaufen, um eine ominöse Prüfung abzulegen, eine Fernprüfung. Innerhalb eines Jahres bekam er zwei Diplome, einmal als Psychologe, das andere Mal als Parapsychologe. Auf beiden Diplomen stand, daß er »lebensberatend« tätig sein dürfe. Er war damals 16 Jahre alt.

Mit 17 Jahren lernte er die Clique seines Komplizen und Mitangeklagten kennen. Dort wurde der Mordplan geboren. Ich untersuchte beide, Xavier und seinen Komplizen. Ich mußte das Gericht in der Frage beraten, ob die beiden bei der Begehung der schrecklichen Tat schuldfähig oder vermindert schuldfähig waren.

Nach den Angaben des Mitangeklagten hatte die Planung der Tötung von Matthäus eine spezielle Vorgeschichte, die mit der Freundschaft zu Xavier begann. Xavier hatte ihm erzählt, daß er aus einer sehr wohlhabenden Familie stamme und ein sehr großes Vermögen besitze. Dieses Vermögen bestünde vor allem aus Villen, Hotels und anderen Immobilien in der Karibik und in Las Vegas. Der Lebensstil des 17jährigen Xaviers war der Beleg für diesen Reichtum, er trug dunkle Anzüge und hatte stets ein Mobiltelefon bei sich (er hatte Telefonkosten zwischen 2.000 DM und 3.000 DM pro Monat!). Mit Geld war er großzügig, er gewährte seinem Mitangeklagten sogar Zugang zu seinem Girokonto. Er

wollte ihn auch zu seinem gesetzlichen Vormund für finanzielle Angelegenheiten machen; er war ja selbst erst 17 Jahre alt. Der vermeintliche Reichtum Xaviers und seiner Familie wurde im Laufe der Wochen und Monate zum zentralen Diskussionsthema zwischen den beiden und ihrer Clique. Xaviers Bereitschaft, seinen künftigen Mitangeklagten und andere an seinem Reichtum teilhaben zu lassen, stimulierte die Phantasie und die Begeisterungsbereitschaft seiner Kumpels. Es wurden teilweise grotesk anmutende Pläne geschmiedet. So etwa der, daß die Gruppe mit einem speziellen Hubschrauber nach Amerika fliegen, und der Geheimdienst, mit dem Xavier angeblich in enger Beziehung stand, sie mit Pässen versorgen würde. Ein Termin für die Abreise wurde vereinbart. Mitglieder der Clique verkauften oder verschenkten deswegen ihre Wertsachen wie Stereoanlage, Personalcomputer etc.
Der junge, unerfahrene und dafür nicht ausgebildete Mitangeklagte sollte das Management des Hotelimperiums von Xavier in Las Vegas übernehmen. Daß Xavier zuwenig Geld für die Reisepläne hatte, wurde mit kindlich anmutenden Argumenten weggewischt: In Deutschland sei kein Geld vorhanden; bzw. hier könne der noch minderjährige Xavier nicht darüber verfügen (wohl aber über das Hotel- und Immobilienimperium in den USA und in der Karibik!). Die Erschließung von finanziellen Quellen zur Verwirklichung ihrer Vorhaben wurde zum Hauptdiskussionsthema. Xavier überzeugte seinen Bruder, daß sie beide eine Lebensversicherung abschließen und sich gegenseitig als Erben einsetzen sollten.
Nachdem die Versicherungen der beiden Brüder abgeschlossen waren, äußerte Xavier gegenüber seinem Mitangeklagten und anderen Mitgliedern der Clique, daß er sich von seinem Bruder Matthäus bedroht fühle. Sein Bruder sei ein Waffenhändler; er habe Beziehungen zur Unterwelt und brauche große Summen für seine Waffenschieberei. Deswegen habe dieser einen Killer beauftragt, ihn zu töten, um die Versicherungssumme bzw. das Geld zu kassieren, das auf einem Konto in Luxemburg sei. Schnell kam die Idee und schließlich auch der Vorschlag auf, seinem Bruder zuvorzukommen und ihn zu töten – zum einen, um der Bedrohung zu entfliehen, zum anderen aber auch, um die angeblichen 2 Millionen (tatsächlich waren es nur 80.000 DM, Xavier hatte die anderen auch in diesem Punkt betrogen) der Lebensversicherung zu kassieren und damit die Auswanderungspläne zu finanzieren. Der Mitangeklagte hatte sich damit einverstanden erklärt.

In einem Frühstadium der Mordpläne wurden als Opfer auch die Eltern Xaviers in Betracht gezogen, damit er Alleinherrscher des Vermögensimperiums werden könne. Die Eltern, die in Wirklichkeit Kleinhändler waren, sollten angeblich beträchtliche Anteile der RTL-Studios besitzen. Sie sollten durch einen geheimnisvollen Amerikaner namens Frank eliminiert werden. Der Frank, der sich im nachhinein als imaginär erwies, spielte in der phantasievollen Geschichte von Xavier den allmächtigen Supermann, der ihm zu seinem Vermögen bzw. bei der Vermehrung des Vermögens geholfen habe, der ihm Beziehungen verschaffte, ihn schützte und bereit war, Menschen für ihn zu ermorden.

Einige Wochen vor der Ermordung von Matthäus teilte Xavier seinem Mitangeklagten mit, daß Frank mit einem Hubschrauber abgestürzt und dabei umgekommen sei. Die Pläne wurden hierauf in dem Sinne geändert, daß die Ermordung der Eltern durch die »Anwälte« von Xavier in Auftrag gegeben werden solle. Die Ermordung seines Bruders solle dagegen am besten von ihm selbst und dem Mitangeklagten durchgeführt werden. Xavier hatte dem Mitangeklagten versichert, daß er viele Anwälte habe, vor allem in Luxemburg, die seine Angelegenheiten regelten. Jeder wisse nur einen Teil der Wahrheit, so daß sie nicht gefährlich werden könnten.

Wenige Tage nach dem Inkrafttreten der Lebensversicherung beschlossen beide, Matthäus an einem Wochenende zu ermorden. Zu diesem Zwecke nahmen sie Urlaub und suchten zunächst ein Waffengeschäft auf. Xavier kaufte dort das spätere Tatmesser, der Mitangeklagte eine Schreckschußpistole. Der Mitangeklagte brachte eine Sprengstoffmischung mit. Dieser sollte Matthäus aus der Stadt heraus in eine einsame Gegend locken – angeblich, um dort den Sprengstoff zu erproben und zu zünden. Bei dieser Gelegenheit wollten sie ihn umbringen. In einer anderen Stadt kaufte Xavier zwei Flugtickets. Waffen und Sprengstoff brachten sie ohne Schwierigkeiten durch die Flughafensicherheitskontrolle. Als Grund für die Reise gaben sie an, daß Xavier eine Wohnung mieten wolle. Sie suchten eine Vermieterin auf und schauten sich die Wohnung an. Dieser Kontakt sollte als Alibi dienen. Anschließend besuchten sie das spätere Opfer.

In der Stadt kauften sie einen Elektroschocker, um Matthäus außer Gefecht zu setzen und so leichter töten zu können. Anschließend gingen sie in ein weiteres Geschäft, um eine Ersatzbatterie

für den Elektroschocker zu kaufen. Sie wollten ganz sichergehen, denn sie hatten gehört, daß man einen Elektroschocker mit einer Batterie höchstens zweimal wirksam anwenden könne.
Am Samstagabend verabredeten sie sich mit Matthäus in einer Diskothek. Dazu nahmen sie die spätere Mordwaffe, die Pistole, den Elektroschocker und den Sprengstoff mit. Gegen Mitternacht fuhren sie zu Matthäus' Wohnung. Sie gaben vor, den Sprengstoff ausprobieren zu wollen. Er solle dafür einen einsamen Ort ausfindig machen. So fuhren alle drei zu einem See außerhalb der Stadt. Dort angekommen, beschäftigte der Mitangeklagte sich mit der Erprobung des sogenannten Sprengstoffs. Der »Sprengstoff« gab nur ein zischendes Geräusch von sich, nicht mehr. In dem Moment, in dem der Mitangeklagte sagte, »das war es«, begann Xavier, seinen Bruder mit dem gekauften Messer zu attackieren. Der Mitangeklagte sah, wie Matthäus zum Wasser lief und seinen Bruder aufforderte, aufzuhören. Er rief, daß sein Anwalt Bescheid wisse. Xavier rannte trotzdem weiter hinter ihm her, stach immer wieder zu und wandte auch den Elektroschocker an. Anschließend schnitt er den Hals des Bruders durch und skalpierte ihn.
Dann fuhren beide zu ihrer Unterkunft zurück. Unterwegs fragte der Mitangeklagte Xavier, warum es nötig gewesen sei, seinen Bruder zu skalpieren. Darauf antwortete Xavier: »Um sicher zu sein, daß er tatsächlich tot ist. Jeder weiß, daß das Skalpieren den sicheren Tod bedeutet.« Zu Hause angekommen, sprachen sie wenig. Sie legten sich ins Bett und sahen fern, bevor sie einschliefen. Vier Wochen später wurden die beiden verhaftet.

Die Beurteilung. Das Urteil

Ich hatte die Frage zu beantworten: Waren Xavier und sein mitangeklagter Komplize zum Zeitpunkt der Tat schuldfähig oder vermindert schuldfähig? Sie haben sicher erkannt, daß die Geschichten mit der Karibik und Las Vegas, mit den Villen und Hotels, mit dem Hubschrauber, mit dem Geheimdienst, mit dem Amerikaner Frank, mit dem vielen Geld und den Hotelimperien nicht »normal« sein können. Die Frage ist aber, ob sie Ausdruck einer Krankheit sind. Daß ein 17jähriger Junge seinen Bruder tötet und Mordpläne gegen seine Eltern schmiedet, um an Geld zu kommen, ist entsetzlich. Ist das aber auch krankhaft im medizinisch-pychologischen Sinne?
Ich werde versuchen, meine Diagnose und meine Empfehlung an

das Gericht in wenigen Zeilen wiederzugeben. Es ist leicht zu erkennen, daß Xavier durch seine extreme Selbstbezogenheit und Beschäftigung mit sich selbst, durch seine vorgetäuschten unrealistischen Fähigkeiten und Leistungen, durch seinen ständigen Kampf, im Mittelpunkt zu stehen, zu charakterisieren ist. Wir stellten die Diagnose einer *»narzißtischen Persönlichkeitsstörung«*.
Bei seinem Komplizen standen seine Unreife und seine Naivität im Vordergrund. Er glaubte alles und machte alles mit. Er war voller unrealistischer Tagträume. Bei ihm wurde die Diagnose einer *»infantilen unreifen Persönlichkeitsstörung«* gestellt.
Nach dem nun schon bekannten Prinzip errichteten wir ein zweistöckiges Gebäude zur Beurteilung der Schuldfähigkeit, fanden aber keine Verbindung zwischen dem ersten (Diagnose) und dem zweiten Stock (Handeln). Wir kamen zu der Schlußfolgerung, daß die diagnostizierten Persönlichkeitsstörungen weder die Einsichtsfähigkeit in das Unrecht der Tat noch die Steuerungsfähigkeit der beiden erheblich beeinträchtigten.
Aus diesem Grund empfahl ich dem Gericht bei Xavier die Anerkennung der vollen Schuldfähigkeit. Das Gericht übernahm meine Empfehlung. Xavier wurde zu der höchstmöglichen Jugendstrafe verurteilt, nämlich zu 10 Jahren Jugendhaft. Auch für seinen Komplizen empfahl ich die Annahme der vollen Schuldfähigkeit, allerdings verbunden mit der Anwendung des Jugendstrafrechts, obwohl er schon 20 Jahre alt war. Ich hatte ja bei ihm eine infantile, unreife Persönlichkeitsstörung diagnostiziert. Er wurde zu 7 Jahren Haft verurteilt.

Nach der Tat: Atmosphäre und Reaktion

Ich fürchte, ich kann die Atmosphäre, die bei allen Explorationen und bei den langen, langen Gerichtsverhandlungen herrschte, nicht wiedergeben. Xavier versuchte die ganze Zeit, mich mit allen möglichen Argumenten zu überzeugen, daß er mit dem Mord an seinem Bruder nichts zu tun habe. Ich verbrachte viele Tage und Stunden damit, mit ihm zu sprechen. Nicht einmal die Aussage seines Mitangeklagten konnte ihn dazu bewegen, seine Tat zuzugeben. Auch als alle Indizien gegen ihn vorgebracht waren, beharrte er auf seiner Unschuld.
Während der Verhandlung verhielt sich der inzwischen 18jährige Xavier wie ein erfolgreicher 40jähriger Wirtschaftsmanager. Die Gerichtsverhandlungen fingen in einer heißen Augustwoche an.

Wir hatten alle das Bedürfnis, nur leicht bekleidet im Gerichtssaal zu sitzen. Richter, Staatsanwälte, Verteidiger zogen ihre schwarzen Roben aus und legten die Krawatten ab. Aber der junge Xavier kam immer in dunklen Anzügen, mit Krawatte oder Fliege. Manchmal trug er eine schwarz-rote smokingartige Jacke und natürlich die passende Fliege. Er hatte immer einen Diplomatenkoffer in der Hand, mit dicken juristischen Büchern, die er während des fast 5 Monate dauernden Prozesses jeweils an entsprechenden Stellen zitierte. Er schrieb und schrieb und schrieb. Er schrieb alles mit, was im Gerichtssaal gesagt wurde. Anträge wegen Befangenheit wurden von ihm selbst gestellt. Dreimal stellte er einen Antrag auf Ablehnung seines Verteidigers. Er verlangte die Vernehmung von abenteuerlichen Zeugen. Er erzählte phantastische Geschichten, die dubiose Zeugen bestätigen sollten.

In der Exploration bezeichnete er seinen Bruder als die Person, die er am meisten geliebt habe. Die Beziehung zu ihm sei die engste menschliche Beziehung gewesen, die er jemals gehabt habe. Im Gerichtssaal änderte er seine Strategie und versuchte, den armen Matthäus als einen Schurken darzustellen. Der anwesende Vater, gleichzeitig Vater von Täter und Opfer, brach bei diesen Schilderungen zusammen. Er konnte nicht anhören, wie der Getötete so schlecht gemacht wurde. Alles dies beeindruckte Xavier nicht. Tatsächlich nicht? Ich habe zum ersten Mal gesehen, daß einem Menschen innerhalb von wenigen Tagen sein volles prächtiges Haar ausfiel und er eines Tages mit Glatze ins Gericht kam. Das zeigte den Streß, unter dem er stand.

Die Vorsitzende Richterin, Frau Kräuter, ist eine in der Jugendstrafkammer erfahrene Richterin. Ich habe mit ihr einige bedrükkende Prozesse erlebt. Richterin Kräuter ist eine demokratische, fortschrittlich gesinnte Frau. Sie sagt von sich selbst mit Stolz, daß sie einige der Einstellungen der 68er Generation »rübergerettet« habe. Sie ist eine liberale und tolerante Richterin. Auch mit den beiden jugendlichen Tätern ging sie ruhig und mit großem Fingerspitzengefühl um. So, als ob eine Mutter ihre irregeführten Kinder zu beurteilen habe. Ich habe mit der Vorsitzenden Richterin Kräuter ekelerregende Prozesse durchgestanden, z.B. solche gegen Angeklagte, die im betrunkenen Zustand Kinder mißbrauchten. Ich wußte, daß sie Ekel und Abscheu hinter einer neutralen Miene verbergen konnte. Aber bei dem Prozeß von Xavier konnte man ihre Empörung, ihr Erstaunen spüren. Man konnte erkennen, daß sie so etwas Schlimmes noch nie erlebt hatte. Aber so erging es nicht nur der Richterin. Die Staatsanwälte, die Psychologen, Psychiater, Rechtsmediziner hatten alle die gleiche Empfindung. Es scheint, daß diesmal die Fachleute stärkere Abneigungsgefühle gegen das Geschehen und die Täter hatten als die Allgemeinheit, die sich von einem Sexualmord viel mehr betroffen zeigt als von einem Brudermord: Ein Sexualmord mobilisiert Hirn und Herz, Bauch und Unterbauch und damit auch Ängste.

Viele wissen, daß die Sexualität den Grat zwischen Normalität und Anomalität darstellen kann. Es sind viele unter uns, die von der Diktatur der Sexualität ahnen. Und wir sind uns im klaren darüber, daß nicht alle die Kraft haben, sich gegen eine solche Diktatur zu behaupten. Auf dem schmalen Weg zwischen Normalität und Anomalität kann man leicht ins Rutschen kommen. Mit dem Aufschrei »kreuzige, kreuzige ihn!« kann man – unter anderem – auch die eigenen Ängste neutralisieren. Diesen Aufschrei habe ich bei dem Brudermord nicht gehört, wohl bei jedem Sexualmord. Ein Sexualmord scheint mehr zu berühren als andere Morde.

Darum habe ich Ihnen diese Geschichte etwas ausführlicher erzählt – zum Vergleich.

Y Weibliche Sexualgewalt

Frauen als Sexualstraftäter

Bisher habe ich immer von Männern als Täter erzählt. Frauen waren nur Opfer, nicht Täterinnen. Es gibt tatsächlich selten Frauen, die Sexualstraftaten begehen. Gewalt ist im allgemeinen bei Frauen viel seltener als bei Männern. Auch Gewalt bei psychisch gestörten Frauen ist seltener als bei psychisch gestörten Männern. Untersuchungen belegen dies (so etwa die große Studie von Norbert LEYGRAF): Nur drei Prozent der Insassen des Maßregelvollzugs in Deutschland sind Frauen.

Die meisten psychisch gestörten Frauen, die gewalttätig wurden, sind entweder psychotische Patientinnen (vor allem schizophrene) oder Patientinnen mit geistiger Behinderung. Die Gewalttaten richten sich in der Regel gegen den Lebenspartner. Die Delikte haben kaum mit Sexualität zu tun, es sei denn auf der Basis von Eifersucht oder manchmal – ganz selten – auch im Rahmen eines »Liebeswahns«. »*Liebeswahn*« heißt, daß eine Patientin (es sind in der Regel Frauen) die wahnhafte Überzeugung hat, daß jemand in sie verliebt sei. Dabei kann es ganz selten auch zu Gewalttätigkeiten kommen – entweder gegen die betroffene Person selbst oder gegen ihre Angehörigen, die als Hindernis für die Verwirklichung der Liebe betrachtet werden.

Halten wir fest: Aggressive Gewalttaten bei Frauen sind viel seltener als bei Männern. Aggressive Gewalttaten bei psychisch gestörten Frauen sind viel seltener als bei psychisch gestörten Männern. Man versucht dieses Phänomen sowohl biologisch als auch psychologisch zu erklären. Man sagt, daß die männlichen Chromosomen und Sexualhormone das Aggressionspotential steigern. Hormone und Substanzen, die zwar nicht direkt mit dem Geschlecht zu tun haben, aber mit Aggression, kommen bei Männern in höheren Konzentrationen vor. Das gilt z.B. für das Serotontin. Dies ist eine der Substanzen, die zwischen den verschiedenen Gehirn- und Nervenregionen Signale vermitteln. Serotontin hat also eine »Neurotransmitter-Funktion«. Es spielt u.a. eine Rolle bei der Regulierung von Stimmung, Antrieb, Lust und Aggressivität.

Andere vertreten die Auffassung, daß Männer stärker zu Fremdaggression neigen, Frauen dagegen häufiger zu Autoaggressionen. Deswegen seien Suizidversuche bei Frauen auch häufiger als bei Männern. Auch Selbstverletzungen oder Selbstbeschädigungen – sogenanntes selbstdestruktives Verhalten – sind bei Frauen häufiger. All dies sind jedoch Theorien, die das Phänomen nicht hinreichend erklären.

Weibliche Perversion

Nicht nur die Gewaltbereitschaft, auch die sexuelle Perversion tritt bei Frauen seltener auf als bei Männern. Deutlich seltener ist die aggressive sexuelle Perversion: Nicht, daß es sie nicht gäbe, man muß nur die sado-masochistische Szene betrachten. Ein großer Teil dieser Szene besteht aus Frauen. Es scheint jedoch, daß ungewöhnliche sexuelle Praktiken von vielen Frauen lediglich als Bereicherung ihres sexuellen Lebens erlebt werden. Ab und zu gibt es in der internationalen Berichterstattung oder in der Fachliteratur Nachrichten über aufsehenerregende Fälle von weiblichem Vampirismus, also sexuelle Erregung beim Trinken von Blut, oder sogar über Kannibalismus. Spektakulär war ein Fall in den USA, bei dem drei Frauen auf dem Höhepunkt ihrer sexuellen Erregung dem gemeinsamen Geliebten die Brust öffneten und sein Herz aßen. Fälle von Asphyxiophilie (sexuelle Erregung beim Ersticken) sind auch bei Frauen bekannt. Eine große Vielzahl ungewöhnlicher autoerotischer Methoden wird auch von Frauen praktiziert.
Aber die Perversion, wie wir sie kennengelernt haben, kommt bei Frauen viel seltener vor als bei Männern. Und halten wir noch einmal fest: Aggressive weibliche Perversion ist eine Rarität. Dies belegen sowohl die Kriminalstatistik wie auch die Erfahrungen, die die Psychiatrie gesammelt hat.
Aber es gibt sie, die weibliche Perversion, auch wenn dieses Phänomen aufgrund kultureller Bedingungen und historischer Gegebenheiten vernachlässigt worden sein dürfte. Es ist noch nicht lange her, daß ernsthaft diskutiert wurde, ob Frauen überhaupt sexuelle Empfindungen haben! Das könnte eine Erklärung dafür sein, warum man sich so wenig mit weiblicher Perversion beschäftigt hat. Wir haben ja schon darauf hingewiesen, daß die Psychoanalyse zumindest auf diesem Gebiet andro-zentrisch, also auf den Mann konzentriert ist. Einige sagen sogar, sie sei phallo-zentrisch, das heißt am männlichen Glied orientiert (phallos ist die griechische Bezeichnung für das männliche Glied).

In jüngster Zeit hat Klaus Beier, den wir schon kennengelernt haben, als wir über Dissexualität sprachen, einen erneuten Versuch unternommen, die verhältnismäßig geringe Zahl von Frauen mit »klassischen« Perversionen zu erklären: Er vertritt – sehr vereinfacht gesagt – die These, daß der »Austragungsort« einer Perversion der Ort sei, wo sich die Sexualität abspiele, also da, wo sich die Geschlechtsteile befinden. Das könne verstehen helfen, warum die Perversion beim Mann nach außen gerichtet sei, diejenige der Frau aber meistens anders aussehe. Die Perversionsbildung bei der Frau findet nach Beier ihren »plausiblen Ort« in den weiblichen Genitalorganen, die gleichzeitig die Organe sind, die es den Frauen ermöglichen, ein Kind zu empfangen und es zu gebären. Der »Ort« der Perversion sei – nach Beier – im Inneren des Körpers der Frau zu suchen, in der Mütterlichkeit, im reproduktiven Bereich. Als Folge sieht er – wieder vereinfacht ausgedrückt – weibliche Perversion anders ausgestaltet als männliche. Für ihn gründet die weibliche Perversion in dem »pathologischen Kinderwunsch«, z.B. den damit verbundenen Ängsten, der Aggressionsproblematik u.ä. Beier prägte analog zur Perversion den Begriff der »Reproversion«, von der Reproduktion abgeleitet.
In den 20er Jahren erschien ein dickes Buch von einem gewissen Dr. Erich Wulffen aus Dresden, Ministerialdirektor im Sächsischen Justizministerium. Das Buch hieß »Das Weib als Sexualverbrecherin« und muß damals einen großen Eindruck gemacht haben, denn schon zwei Jahre nach dem Erscheinen 1923 wurde eine zweite Auflage nötig. Meine Enttäuschung aber war groß, als ich las, daß *»bei dem Weibe die meisten kriminellen Auswirkungen aus naheliegenden psycho-physiologischen Gründen in irgendeinem näheren oder entfernteren Zusammenhange mit seinem Geschlechtsleben stehen. Also auch die Diebin und Betrügerin, die Erpresserin und Brandstifterin, die Raubmörderin und Verwandtenmörderin, kann in solchem Sinne eine Sexualverbrecherin sein«*. Dieser Unsinn wird weiter ausgeführt: Alles was die Frau tue, sei ein Sexualverbrechen.
Nur ganz wenige Beschreibungen bei Wulffen können für uns interessant sein. Der Autor wird nicht müde, immer wieder zu betonen, daß viele der beim Mann bekannten perversen strafbaren Handlungen bei Frauen sehr selten sind. Er schrieb: *»Selbst bei Nymphomanen ist der Geschlechtstrieb nicht derartig monströs, daß er zu Lustmord, Nekrophilie und Kannibalismus gelangt.«*

Ich habe, wie Sie wissen, viele männliche Sexualstraftäter kennengelernt. Ich habe bisher jedoch nur eine Frau getroffen, auf die diese Bezeichnung zutrifft: Eine Sexualstraftäterin im engeren Sinne. Ich erzähle Ihnen ihre Geschichte.

Yvonne: Eine außergewöhnliche Geschichte

Yvonne hat ihren sehr alten Mann mit Hilfe eines Mittäters getötet, um, wie man vermutet, mit seiner Leiche sexuellen Verkehr zu haben.

Ich untersuchte Yvonne im Rahmen einer Prognosebegutachtung im Maßregelvollzug. Sie sprach eine lebhafte, aber einfache Sprache. Yvonne beeindruckte durch die außergewöhnliche Vielfalt ihrer Perversion, durch ihre verwirrte Seele, durch ihre einzigartige Innenwelt und durch ihre einzigartige Lebensgeschichte. Yvonne hat fast alle Merkmale, die Dr. Erich WULFFEN bei weiblicher Perversion vermißte!

Sie hat eine polymorphe Perversion mit grotesken Wünschen und bizarren Sexualpraktiken. Sie hat aber auch eine chronische schizophrene Psychose, eine Persönlichkeitsstörung und dazu eine geburtsbedingte Hirnschädigung. Viele Fachleute, die Yvonne gesehen und begutachtet haben, sind der Meinung, daß zwischen der schizophrenen Psychose, den Sexualpraktiken und den Delikten keine Beziehung bestehe. Sie vertreten die Meinung, daß es sich hierbei um verschiedene Störungen handele. Zum einen bestehe eine Persönlichkeitsstörung mit perversen Elementen, zum anderen eine schizophrene Psychose und eine »perinatale« (geburtsbedingte) Hirnschädigung. Man spricht in diesem Zusammenhang von »Komorbidität«, also von einem Zusammentreffen oder Zusammenbestehen verschiedener Störungen.

Wer ist Yvonne?

Yvonne ist ein Zwilling. Ihre Geburt erfolgte drei Stunden nach der des ersten zweieiigen Zwillings aus Steißlage durch manuelle Entbindung, nachdem die Herztöne bereits zeitweise ausgesetzt hatten. Yvonnes frühkindliche Entwicklung verlief verzögert. Nach den Angaben der Mutter hat sie erst mit eineinhalb Jahren Laufen gelernt und mit dreieinhalb Jahren Sprechen. Zunächst wurde angenommen, daß sie taub sei, weil sie nichts zu hören schien und auf Geräusche nicht reagierte. Auch ihre weitere Entwicklung war verlangsamt.

Es gibt eine familiäre Belastung mit psychischen Störungen: Die Großmutter, der Bruder und zwei Onkel litten an Schizophrenie. Darüber hinaus waren wahrscheinlich auch andere Mitglieder des engeren Familienkreises psychisch gestört. Über Yvonnes Beziehungen und Gefühlen zu Mutter, Vater, Geschwistern und anderen wichtigen Personen konnte ich leider wenig und nur indirekt in Erfahrung bringen,

Auch Yvonne war schon als Kind psychisch auffällig. Sie wurde von Psychiatern behandelt, in Heimen untergebracht und in psychiatrische Kliniken aufgenommen. Außerdem entwickelte Yvonne sehr viele sexuelle Perversionen.

Die bunten bizarren Perversionen von Yvonne

Yvonne zeigt sado-masochistische, fetischistische, transvestitische, sodomitische, nekrophile, vampiristische, auto-vampiristische und viele autoerotische Auffälligkeiten. Das klingt wie ein Inhaltsverzeichnis aus dem Buch der Perversionen. Yvonnes abweichende sexuelle Entwicklung begann schon sehr früh. So erzählte sie mir, daß sie im Alter von fünf Jahren damit »einverstanden« war, dem damals 16jährigen Bruder das Glied bis zum Samenerguß zu massieren. In der Schule hatte sie sexuelle Spielereien mit Klassenkameraden. Mit dreizehn Jahren kam es zu solchen mit den Schäferhunden der Familie, die über einen längeren Zeitraum andauerten. Sie hätte gerne Geschlechtsverkehr mit den Hunden gehabt, fürchtete aber, daß die Hunde sie dann nicht mehr in Ruhe lassen würden.

Aus ihren tagebuchartigen Aufzeichnungen mit dem Titel »Meine Angstüberwindung der Pferde« geht ihr damaliges lebhaftes, sexuell getöntes Interesse an Pferden hervor. Sie hatte einen »Lieblingshengst«. Sie erzählte mir, sie habe sich immer wieder vorgestellt, wie sie einen Hengst auf sich lasse, habe aber bald gemerkt, daß das nicht gehe. Dazu kamen autoerotische sexuelle Praktiken mit Waffen, mit Maschinenteilen, mit Messern, mit Scheren, mit Äxten, mit Stiletten, Schallplatten und anderen scharfen Gegenständen.

Mit einer Spritze zog sie sich anfangs täglich, später alle zwei Tage Blut aus ihrer Armvene. Das Blut trank sie oder spritzte es sich in die Scheide und befriedigte sich so. Mit vierzehn Jahren begann sie nach eigenen Berichten damit, sich mit Gummiband, Verbindungskabeln oder eisernen Maschinenteilen selbst zu befriedigen. So

»verliebte« sie sich an ihrer Arbeitsstelle in ein eisernes Teil einer Maschine. Sie hatte sich eigens für den Abstellraum, in dem die Maschine stand, einen Schlüssel nachmachen lassen, um dort ungestört zu sein. Etwa ein halbes Jahr lang befriedigte sie sich zweimal täglich während der Arbeitspausen an dieser Maschine, die sie am liebsten gekauft und zu Hause aufgestellt hätte. Da sie diese Maschine in der Fabrik nicht genug körperlich lieben konnte, entfernte sie eine Öse der Maschine, mit der sie dann zu Hause onanierte. Damit manipulierte sie so lange in ihrer Scheide, bis es zu Blutungen kam, was ihr hohen Sexualgenuß bereitete. Sie tat das dreimal täglich und öfter. In ihrem Tagebuch schrieb sie dazu:

> »Ich liebe meine Maschine. Mal sehen, ob es was wird, daß ich sie nach einem Jahr dann bekomme. Ich werde die Maschine in meine zukünftige Wohnung ... in mein Zimmer stellen. Vielleicht müßte ich noch umbauen, um überhaupt Platz für den kleinen Teufel zu haben«.

Sie onanierte mit verschiedenen Waffen, denen sie Namen gab. Sie gebrauchte sie geladen, gespannt und entsichert. Das »Geile« daran war die Angst, daß sie losgehen könnten, erzählte sie. Sie besaß fünfzehn Waffen: Luftpistolen, Luftgewehr, Gas- und Alarmrevolver und Schreckschußpistolen.

Sie erzählte mir weiter, daß sie mit frischem Fleisch onanierte, oder das Blut des Fleisches absaugte. Sie stellte sich dabei einen Metzger vor, der ein Stück rohes Fleisch um sein Glied wickele und sie damit befriedige. Deshalb gab sie eine Annonce auf, in der sie einen Metzger suchte. Vierzehn meldeten sich. Einen wollte sie sich aussuchen, um mit ihm durch den Schlachthof zu gehen, im Fleisch zu liegen und sich in den Fleischbergen zu befriedigen.

Ihr Vormund berichtete unter anderem, daß Yvonne vor Jahren eine Spirale zur Empfängnisverhütung eingesetzt wurde, die sie darauf selbst entfernte, um sie an einer Kette um den Hals zu tragen. Sie transportierte den Grabstein ihres Onkels vom Friedhof in ihr Zimmer und machte damit »körperliche Liebe«. Die Mutter bestätigte, daß sie miterlebt habe, wie sich ihre Tochter mit Instrumenten, Messern, Schere, Hammer und anderen Gegenständen befriedigte. Die Mutter wußte auch, daß Yvonne sich Blut abgezogen und getrunken und rohes Fleisch in die Scheide eingeführt hatte.

In allen Krankenblättern fanden sich gleiche oder ähnliche Beschreibungen über die sexuellen Auffälligkeiten, die von Zeugen bestätigt wurden. So berichtete ein Freund, daß er Yvonne fotografieren mußte, als sie nackt in einem Sarg lag und sich mit einer Banane befriedigte oder als sie in olivgrüner Bundeswehrkleidung mit einer Flinte in der Hand vor dem Sarg stand. Yvonne erzählte mir vergnügt und heiter von diesen sexuellen Praktiken, als handele es sich um etwas ganz Selbstverständliches. Sie konnte nicht nachvollziehen, daß andere ihre Verhaltensweisen nicht verstehen oder sogar mißbilligen.

»Meine süße kleine Leiche«: Liebe mit dem Tod, den Leichen, den Grabsteinen

Seit Jahren wird Yvonnes Phantasiewelt von Tod und Leichen beherrscht. Seit ihrem neunten Lebensjahr betrachtete sie gern Horror- und Gruselfilme, vor allem solche, in denen Leichen eine Rolle spielen oder Menschen zerstückelt werden. Während des Geschlechtsverkehrs mit einem älteren Mann bedeutete es für sie eine erhebliche Luststeigerung, sich ihn als Leiche vorzustellen. Als Schülerin hatte sie großes Interesse am Zerstückeln von Tierleichen, wie etwa den Kadavern von Hunden und Vögeln. Mit zwölf Jahren riß sie aus einem Anatomiebuch die Darstellung eines Skeletts heraus. Sie küßte das Bild, sprach zu ihm und nahm es mit ins Bett. Nach dem Tod eines älteren Nachbarn freute sie sich an seiner Leiche und ging mehrfach in die Leichenhalle, um sein Gesicht zu küssen, seine Hände zu streicheln, zu ihm zu sprechen und kleine »Abschiedspredigten« zu halten. Sie mochte ausschließlich männliche Leichen. Sie begann, die Leichen »körperlich zu lieben«. Sie verbrachte ihre Freizeit am liebsten auf Friedhöfen, ging zu Beerdigungen, spielte Leichenwärtern vor, eine gute Bekannte des Toten zu sein, um in die Leichenhalle hineingelassen zu werden. Aus ihren Notizen geht hervor, daß sie einen geradezu familiären Umgangston mit den Toten pflegte:

> »Vielleicht gehe ich jetzt wieder am kommenden Dienstag die Toten schauen, aber nicht alleine, ein Freund wird diesmal mit mir zusammen gehen. Dann werden wir uns jeden Toten einzeln anschauen.
> Ich wollte nur nochmals sagen, daß ich heute bei dem toten K. eine halbe Stunde war und eine kleine Predigt gehalten habe. Habe mit ihm gesprochen. Zum Abschied gab ich ihm dann einen Kuß auf die rechte Wange und einen Kuß auf die Stirn und habe ihn nochmals zum Abschied getätschelt«.

Dem Friedhofsmeister gab sie Zigaretten, damit er sie in das Lei-

chenhaus ließ. Als sie in einer Illustrierten das Foto einer männlichen Leiche mit erheblichen Kopfverletzungen entdeckte, verliebte sie sich in das Bild »weil es eine Leiche war«. Sie trug das Bild bei sich, sprach zu ihm und nahm es mit ins Bett. Sie ließ ein Bild eines grausam ermordeten jungen Mannes aus einer Illustrierten vergrößern und vervielfältigen. Während eines Klinikaufenthaltes trug sie das stark verschmutzte Bild bei sich. Auf die Rückseite hatte sie geschrieben: *»Meine kleine Leiche im Sarg. Die glückliche Leiche«.* Mit dem Bild sei sie regelmäßig zu Bett gegangen. Dort habe sie es »geküßt« und mit dem abgegriffenen Foto ihre Brust gestreichelt. Sie habe angesichts des Bildes onaniert und erklärt, sie wisse, daß der Leichnam sie gerne möge, weil er »so lieb im Sarg liegt«. Sie schämte sich vor »ihm«, wenn sie mit der Metallöse onanierte und ihm »untreu« war. Sie war richtig verliebt in *»meine süße kleine Leiche«.*
Über all dies erzählte sie mir ungeniert. Als man einmal in ihrer Anwesenheit die Leiche eines Mannes, die schon ganz steif und schwer war, wieder aus dem Sarg hob, überlegte sie sich, daß, wenn die Leiche steif ist, auch das Glied steif sein müsse – *»da kann man doch eigentlich mit der Leiche schlafen«.*
Dazu kamen sado-masochistische Neigungen: Schon als Schülerin hat sie sich nicht gescheut, gleichaltrige Jungen zu verhauen, was ihr in der Schule den Spitznamen »Boxer« einbrachte. Schläge auszuteilen und anderen, vor allem kleineren Kindern absichtlich Schmerzen zuzufügen, bereitete ihr ebenso Freude und Vergnügen wie das Quälen von Tieren. So berichtete Yvonne, es habe ihr viel Spaß gemacht, kleinere Kinder ins Gesicht zu schlagen und ihnen Schmerzen zu bereiten. Genauso habe es ihr Freude gemacht, Tiere zu quälen. Hühner und Katzen fand sie *»toll«*... Schon im Kindergarten lockte sie Katzen zu sich heran, um sie erst zu streicheln, dann am Schwanz zu packen, sie durch die Luft zu wirbeln und sie wegzuschmeißen. Das habe ihr große Freude gemacht, *»da lache ich heute noch drüber«.* Hühnern riß sie Federn aus, schlug und trat sie, zog sie mit dem Kopf durch den Maschendrahtzaun und drückte sie hin und her. Ihrem Wellensittich rupfte sie Federn aus, die Fische aus dem Aquarium daheim nahm sie einzeln heraus, legte sie auf den Rasenmäher und fuhr sie dann im Garten spazieren. Die Fische haben »wie verrückt gezappelt«. Das bereitete ihr Freude. Auch aus früheren Berichten ergaben sich sadistische Neigungen. So quälte sie einen früheren Freund, indem sie mehrfach brennende

Zigaretten auf seinem Körper ausdrückte, wobei sie eine sexuelle Erregung empfand. Die sadistischen Tendenzen waren mit masochistischen gepaart. Bereits im Alter von zwölf Jahren zeigte sie Neigungen zur Selbstbeschädigung. Sie ritzte sich mit einer Rasierklinge blutige Striemen in den Oberkörper und stach sich wiederholt mit Injektionsnadeln. Dabei empfand sie die Schmerzen und das Bluten der Wunde als aufregend.

In Yvonnes Phantasien herrschten jedoch die Todesmotive, die Gräber, die Särge, die Grabsteine, die Leichen vor. Sie fühlte sich von alten Männern, die möglichst über 70 Jahre alt sein sollten, angezogen. Sie stellte sich dabei vor, sie würde mit einer Leiche schlafen. So hat sie sich einem älteren Mann von 73 Jahren genähert. Der alte Mann entwickelte eine Sympathie für die 30jährige Yvonne. Es war Sympathie vermischt mit Mitleid, mit Fürsorge und Schutzbereitschaft, mit Hilfsbereitschaft, aber auch mit Liebe. Er machte das Angebot, Yvonne zu heiraten. Yvonne sollte ein Zuhause haben und seine Rente erben. Yvonne nahm das Angebot an. Es war eine schwierige Ehe. Der alte Mann mußte reichlich Geduld und Liebe aufbringen, um die bizarren Verwirrungen seiner Ehefrau zu ertragen.

Bald begann in ihr ein Plan Gestalt anzunehmen: Yvonne wollte den alten Ehemann umbringen, um eine Leiche zu haben. »Eine süße kleine Leiche«. Sie erzählte mir, daß sie sich von ihm auch bedroht fühlte, unverstanden, daß er gegen sie gewesen sei. Vor allem aber war auch die »liebe süße Leiche« ein Anreiz für ihren Plan. Zur Mittäterschaft überredete sie einen anderen alten Mann. Er war ziemlich verwahrlost und dem Alkohol stark zugetan. Sie sicherte ihm einen Teil der Rente zu und versprach ihm weitere Vorteile. Yvonne und ihr Komplize attackierten den alten Ehemann in seiner Wohnung. Sie schlugen mit einem harten Gegenstand auf seinen Kopf, bis er starb. Dann versteckten sie die Leiche. Yvonne konnte sich aber nicht lange an der »lieben süßen Leiche« erfreuen. Sie wurde bald entdeckt. Der Komplize mußte ins Gefängnis, Yvonne aufgrund ihrer schweren psychischen Störung in den Maßregelvollzug.

Als ich Yvonne untersuchte, mußte ich feststellen, daß sie nicht entlassen werden konnte. Die Voraussetzungen, die für die Unterbringung in den Maßregelvollzug eine wesentliche Rolle gespielt hatten, waren nach wie vor gegeben. Yvonne war aufgrund ihrer langwierigen schizophrenen Erkrankung und ihrer Perversionen in ihrer Persönlichkeit gestört. Diese Persönlichkeitsstörung dauerte an.

Wie aber konnte diese grelle bizarre Welt der Perversionen entstehen? Yvonne wurde von vielen Psychiatern untersucht. Niemand schaffte es, die Wurzeln ihres Seelendschungels zu erkunden. Weil sie niemanden an ihre Wurzeln ließ, konnte auch niemand diese Frage beantworten. Yvonne erlaubte auch mir nicht, in ihre private Welt einzudringen. Sie kapselte sich ab und verteidigte ihre Welt vehement und temperamentvoll.

Ich hätte Ihnen gerne etwas über die Entstehung dieser Welt der Perversion erzählt. Ich hätte gerne selbst mehr darüber gewußt. Ich hätte gerne mehr über ihre Gefühle, über ihre Konflikte, über ihre Beziehungssysteme erfahren. Aber Yvonne ließ niemanden an sich heran. Es blieb ein eigentümliches Mitleid für die eigenartige Yvonne bei mir zurück.

Z Die Verantwortlichkeit des Gutachters: Eine von vielen

Der Gutachter als Ermittler?

Der Psychiater hat sein Gutachten nach bestem Wissen und Gewissen zu erstatten. Die damit verbundenen Probleme wurden schon in verschiedenen Abschnitten dieser Erzählung angesprochen. Jetzt möchte ich einige weitere Aspekte darstellen. Was ist, wenn die Wissensgrundlage nicht die beste ist? Wenn der Gutachter überzeugt ist, daß der Angeklagte viel mehr weiß, als er berichtet? Was ist, wenn der Angeklagte nicht geständig ist? Dann gibt es zwei Lösungen: eine einfache und eine schwierige.

Die einfache: Der psychiatrische Sachverständige schlägt dem Gericht zwei Alternativen vor: Eine Empfehlung, die auf den Angaben des Angeklagten basiert und eine zweite, die sich auf andere gerichtsrelevante Informationen stützt. Diese einfache Lösung ist aber nicht die beste. Wenn das Gericht die Vorwürfe gegen den Angeklagten gemäß der Anklageschrift als erwiesen betrachtet, der Täter aber nicht geständig ist, fehlen dem Gutachter sowohl Informationen zur Analyse und Beurteilung der psychischen Verfassung des Täters zur Tatzeit wie auch zur psychopathologischen und psychologischen Motivanalyse. Die Frage nach der Ableitbarkeit der Tat aus psychodynamisch relevanten Konfliktsituationen oder aus einer spezifischen Vorgeschichte ist dann eigentlich nicht zu beantworten. Das Gutachten muß unvollständig bleiben.

Die zweite, schwierigere Möglichkeit besteht darin, daß der Psychiater versucht, sein Teilwissen über die Tat zu vervollständigen. Im Prinzip ist das nicht seine Aufgabe, sondern jene der Ermittlungsbehörden, der Staatsanwaltschaft und der Gerichte. Das gilt auch dann, wenn der Psychiater weiß, daß sein Gutachten defizitär sein könnte.

Aber wie ist das in den Fällen, wo der Gutachter aufgrund seiner Explorationen, seiner Erfahrung und aufgrund seines wissenschaftlichen Wissens befürchten muß, daß sein Schweigen schlimme Folgen haben könnte? Was ist, wenn der Psychiater ahnt, daß es weitere Opfer gibt, falls der Angeklagte aufgrund eines oberflächlichen Gutachtens freigesprochen wird? Was ist, wenn der Sachverständige weiß, daß der Angeklagte, wenn er für schuldig

befände, nicht im Maßregelvollzug sondern im Strafvollzug untergebracht werden würde, wo keine spezifischen Maßnahmen der Besserung und Sicherung vorgehalten werden?
Was macht der psychiatrische Sachverständige in solchen Fällen?

Zacharias

Ich erzähle Ihnen in diesem Zusammenhang die Geschichte von Zacharias. Sie demonstriert uns einiges in bezug auf die Verantwortlichkeit des psychiatrischen Gutachters.
Als Zacharias zum ersten Mal tötete, war er selbst fast noch ein Kind, erst 15 Jahre alt. Er tötete ein neunjähriges Mädchen, Lisa. Danach versuchte er, sich an der Leiche sexuell zu befriedigen.
Damals wurde ein psychiatrisches Gutachten erstellt. Nach Auffassung des Gutachters war die Tötung von Lisa ein Unfall. Die sexuellen Handlungen Zacharias' an der leblosen Lisa seien mit großer Wahrscheinlichkeit situationsbedingt zu werten und fielen damit unter die »Zufälligkeit seines Erlebens«. Zacharias habe versucht, so meinte der damalige Gutachter, mit diesen sexuellen Handlungen seine Neugier zu befriedigen. Er nahm keine Stellung zu der Frage, ob es sich nicht auch um eine *»aggressive sexuelle Perversion«* oder um eine sogenannte *»sexuelle Impulshandlung«* gehandelt haben könnte. Er sah keine Notwendigkeit, Maßnahmen der Besserung und Sicherung zu empfehlen. Das Gericht akzeptierte seine Empfehlungen und verurteilte Zacharias zu sechs Jahren Jugendstrafe wegen Totschlags.
Drei Jahre später wurde Zacharias auf Bewährung aus dem Gefängnis entlassen. Eine Behandlung oder psychologische Betreuung des Jugendlichen hatte im Gefängnis nicht stattgefunden.
Einige Monate nach Zacharias' Entlassung aus dem Gefängnis wurde Rita, ein 13jähriges Mädchen, tot auf einer Wiese gefunden. Nachweislich war Zacharias der letzte, der Rita lebend gesehen hatte.
Die Staatsanwaltschaft hielt eine erneute psychiatrische Begutachtung für unnötig: »Er wurde ja schon vor drei Jahren begutachtet«. Das Gericht, die Jugendkammer, beschloß jedoch, ein neues Gutachten einzuholen.
Zacharias bestritt die Tat vehement, sowohl bei den polizeilichen Vernehmungen als auch bei unseren Explorationen wie auch später bei der Hauptverhandlung. Er war fest davon überzeugt, freigesprochen zu werden, da er mit der Tat nichts zu tun habe. Falls

er verurteilt würde, sei dies ein Justizirrtum. Schon die Tatsache, daß er jetzt in Untersuchungshaft sitze, betrachtete er als Fehler.
Er berichtete, daß er am fraglichen Abend und in der Nacht mit seiner Freundin, mit Rita und vielen anderen einen geselligen Abend bei sich zu Hause verbracht habe. Rita sollte bei ihm und seiner Freundin übernachten. Gegen 3 Uhr morgens verließen die Gäste die Wohnung, seine Freundin ging ins Bett, und er und Rita führten zusammen den Hund aus.
Der Hund lief unterwegs weg. Zacharias rannte hinter ihm her, während die 13jährige Rita allein auf ihn wartete. Nach ca. 10 Minuten konnte er das Tier wieder fassen und kehrte mit ihm zurück. Er schätzt die Zeit, in der Rita allein war, auf »um die 20 Minuten«. Als er zurückkehrte, war Rita aber nicht mehr da. Er ging dann nach Hause, sah dort eine halbe bis eine ganze Stunde lang fern und ging gegen 5.00 Uhr ins Bett. Von der Tötung Ritas erfuhr er am nächsten Abend gegen 20.00 Uhr durch die Polizei. So berichtete er.
Die Begutachtung war mühsam. Die Sitzungen dauerten viele Stunden. Die Indizien sprachen eindeutig gegen Zacharias. Er hatte Kratzer im Gesicht, die er durch Spielereien mit Rita zu erklären versuchte. Er hatte Blutspuren auf seiner Kleidung, deren Analyse die gleiche Blutgruppe wie jene von Rita ergab. Er fand auch dafür eine Erklärung, Rita hätte Nasenbluten gehabt.
Es war mühsam, einen Zugang zu Zacharias zu finden. Wir versuchten es unter anderem durch eine Rekonstruktion der ersten Tötung, der Tötung Lisas. Die Befunde der aktuellen Explorationen warfen ein neues Licht auf das damalige Geschehen. Es stellte sich heraus, daß die neunjährige Lisa seit einiger Zeit im Zentrum von Zacharias' sexuellem Interesse gestanden hatte. Zacharias hatte einige Monate vor der Tat Sex-Videofilme des Lebensgefährten seiner Mutter entdeckt. Auf diesen wurde Vaginal-, Oral- und Analsex gezeigt. Diese Videos erregten ihn sexuell und er onanierte dabei. Er schaute diese Filme immer wieder an. In der letzten Zeit vor der Tat übernahm allmählich die neunjährige Lisa die Rolle der Frauen in den Filmen. In seiner Phantasie praktizierte er mit Lisa die Szenen, die er im Film gesehen hatte. Am Tag der Tötung besuchte er Lisa mit ausgeprägt sexuellen Absichten. Seine Annäherungsversuche wurden von Lisa abgewehrt. Sie beschimpfte ihn als »fetten Schwulen« und wehrte sich mit Tritten gegen seine Annäherungen. Zacharias war aber von seinem Begehren besessen. Er

würgte Lisa und erstickte sie schließlich mit einem Kissen. Selbst dann ließ sein sexuelles Begehren nicht nach. Er versuchte, seine Absichten an der Leiche zu verwirklichen.

Der Verhaftung folgten das schon erwähnte Gutachten und das darauf basierende Urteil, die Strafe und die Entlassung auf Bewährung. Kurz danach wurde Rita getötet.

Aus dem Gesagten kann man die Schlußfolgerung ziehen, daß bei der Tötung Lisas eine Impulshandlung nicht auszuschließen ist. Wir wissen, daß Impulshandlungen als Durchbruch einer destruktiven Dynamik oft singulär bleiben, sich aber auch wiederholen können.

Die Verantwortung des Gutachters: Eine weitere Sicht

Wir waren uns bei der Persönlichkeitsdiagnose sicher: Zacharias hatte eine sogenannte »*emotional-instabile Persönlichkeitsstörung vom impulsiven Typ*«. Das ließ uns während der Hauptverhandlung keine Ruhe. Wir waren davon überzeugt, daß Zacharias zum Zwecke »der Besserung und der Sicherung« unbedingt in den Maßregelvollzug gehen müßte.

Aber darf man einen Menschen nur aufgrund von Indizien im Maßregelvollzug unterbringen? Welche Therapiechancen hat jemand, der vehement bestreitet, die Tat begangen zu haben? Welchen Erfolg wird die Therapie haben, wenn der Betroffene sie nur als Zwang empfindet, wenn er seine Unterbringung als Justizirrtum bezeichnet?

Während der Gerichtsverhandlung zeigte Zacharias eine kühle, distanzierte Haltung. Er habe mit der Tat nichts zu tun und damit basta. Er zeigte sich weder betroffen noch verzweifelt wegen der ungeheuren Anschuldigungen, die man gegen ihn vorbrachte. Ebensowenig versuchte er, durch Verzweiflung die anderen davon zu überzeugen, daß er unschuldig sei. Er handelte nach dem Motto: Ich muß niemanden überzeugen. Ich bin unschuldig. Das Gericht muß meine Schuld beweisen. Er amüsierte sich und begegnete allem mit einem Lächeln, dem Lächeln einer vermeintlichen Überlegenheit, als hätte alles das mit ihm nichts zu tun. Ich wußte, daß Zacharias mehr zu erzählen hatte.

Die Beweisaufnahme wurde abgeschlossen. Die Verteidigung ließ mich wissen, daß sie auf Freispruch plädieren werde, auch wenn die Indizien gegen Zacharias sprachen. Ich war in schwere Zweifel geraten: Sollte ich den Maßregelvollzug empfehlen für jemanden, der die Tat bestritt, der sich als Opfer eines Justizirrtums bezeichnete? Ich wurde von dem Vorsitzenden Richter der Jugendkammer aufgefordert, nach Abschluß der Beweisaufnahme mein Gutachten nach bestem Wissen und Gewissen zu erstatten. Nach bestem Wissen und Gewissen? Ich beschloß, das Gericht zu bitten, mir noch ein »Gespräch« mit Zacharias zu gestatten.

Das Gericht stimmte dem zu. Zacharias war zuerst befremdet, stimmte jedoch dann ebenfalls zu. Das »Gespräch« fand in einem Raum des Gerichtes statt. Ich bat Zacharias um eine kurze Bewertung der Beweisaufnahme. Er meinte, daß die Zeugenaussagen ihn sehr belasteten und daß er davon überzeugt sei, verurteilt zu werden. Zacharias schien darauf vorbereitet zu sein. Gleichzeitig betonte er immer wieder, daß seine Verurteilung ein Justizirrtum sein würde. Er habe Rita nicht getötet.

Während des Gesprächs zeigte sich, daß Zacharias über den Inhalt des § 63 StGB informiert war. Er zeigte große Angst vor der Anwendung dieses Paragraphen, da er ihn so interpretiert hatte, daß es sich um »Sicherheitsverwahrung« handle. Darüber hinaus äußerte er seine Angst, als psychisch kranker Straftäter abgestempelt und nie mehr aus dem Maßregelvollzug entlassen zu werden. Doch egal wie das Urteil ausfalle, ob Straf- oder Maßregelvollzug, in beiden Fällen würde es sich um einen Justizirrtum handeln.

Ich fragte Zacharias noch einmal, ob er völlig ausschließen könne, daß er Rita getötet habe, aus Gründen, die er vielleicht selbst nicht kenne. Möglicherweise bestehe eine Erinnerungslücke. Er antwortete zögernd und nach langem Nachdenken, er sehe eine ganz geringe Möglichkeit, *»nicht einmal 1 Prozent,* daß er das doch getan habe, sich aber nicht daran erinnern könne. Zu *»99 Prozent«* sei er sich sicher, daß er nicht der Täter gewesen sei, zu *»1 Prozent«* vielleicht doch. Daraufhin fragte ich ihn, ob er bereit sei, mit uns über diese Möglichkeit zu sprechen, in Anwesenheit seiner Verteidigung. Zacharias stimmte zu. Die Verteidigung wollte ich aus juristischen Gründen bei diesem Gespräch dabei haben. Zum ersten Mal in meiner 25jährigen Tätigkeit als Psychiater ließ ich zu, daß ein Fachfremder bei einer Exploration anwesend war. Wegen der Brisanz der Situation wollte ich dem Verdacht vorbeugen, daß der Angeklagte durch den psychiatrischen Sachverständigen zu einem Geständnis getrieben worden sei. Das Gericht, die Verteidigung und die Staatsanwaltschaft billigten dieses Vorgehen. Auf meine

Bitte hin verzichtete die Staatsanwaltschaft auf ihre Präsenz bei diesem Gespräch.

Das erneute Gespräch dauerte ca. drei Stunden. Es ging dabei um die Rekonstruktion der Tatnacht. Zacharias unternahm mehrere Versuche. Sie alle standen zunächst unter der Prämisse: »Ich habe es nicht getan; ich habe mit diesem Mord überhaupt nichts zu tun.« Mit jedem Anlauf berichtete Zacharias jedoch einige weitere Einzelheiten. Im Verlauf der verschiedenen Rekonstruktionen zeigte sich dann ein Bild, das keinen Zweifel daran ließ, daß Zacharias der Täter war. Zuletzt gab Zacharias mit hoher affektiver Beteiligung und laut weinend die Tat zu. Heulend sagte er, daß er das nicht gewollt habe, daß er nichts dafür könne!

In Anbetracht der hochdramatischen Konstellation und der starken affektiven Betroffenheit und Beteiligung von Zacharias vertagten wir die Fortsetzung der Exploration. Sie sollte an einem anderen Tag in unserer Klinik stattfinden. Das Gericht stimmte dem zu und entsprach auch meiner Bitte, aufgrund des affektiven Ausnahmezustandes von Zacharias ihn unmittelbar nach Beendigung der aktuellen Sitzung in eine psychiatrische Klinik zu verlegen. Die Verteidigung Zacharias' beantragte darüber hinaus ein Gespräch zwischen Zacharias und seiner Mutter, da dieses Gespräch für ihn psychologisch sehr relevant sein könne. Auch damit war das Gericht einverstanden. Sowohl die Verlegung in die Psychiatrische Klinik als auch das Gespräch mit seiner Mutter fanden noch am selben Abend statt. Die schwer betroffene Mutter wirkte verständnisvoll und unterstützend.

Zwei Tage später folgten weitere ausführliche Explorationen in unserer Klinik. Diesmal gab Zacharias eine vollständige Beschreibung des Tatvorfeldes und des Tathergangs. Er tötete Rita im Rahmen einer versuchten Vergewaltigung, als Impulsdurchbruch. Zacharias wurde diesmal im Maßregelvollzug untergebracht.

Der Sexualmörder. Das Ende einer Erzählung

Diese Erzählung geht zu Ende. Alle meine Botschaften sind darin enthalten. Ich hoffe, sie sind zu vernehmen. Ich könnte noch viele Lebensgeschichten von Menschen erzählen, die Menschen getötet haben – »zur Befriedigung des Sexualtriebs«, wie das Gesetz vereinfachend sagt.

Jede Lebensgeschichte ist einzigartig. Ich wollte ganz gezielt nur 26 Fälle, 26 Lebensgeschichten, 26 Krankengeschichten, 26 Dramen erzählen. Von A bis Z. Von Anton bis Zacharias. So konnte ich einen Anfang und ein Ende setzen und der Erzählung einen Rahmen geben.

Ich habe Ihnen von Sexualmördern erzählt. Nicht von *dem* Sexualmörder, *den* gibt es ja nicht, wie Sie jetzt wissen. Man wird zum Sexualmörder wegen einer Perversion, eines Impulsdurchbruchs, einer Persönlichkeitsstörung, einer neurotischen Entwicklung, Hirnschädigung, Minderbegabung, seltener wegen einer Psychose – aber auch wegen irgendwelcher Zufälle, irgendwelcher Umstände: das ist dann das Drama im Drama.

Ein Sexualmörder kann aus jeder sozialen Schicht kommen. Manche hatten studiert, andere waren Sonderschüler. Einige kamen aus guten familiären Verhältnissen, andere nicht. Einige tranken viel Alkohol, einige weniger. Andere überhaupt nicht. Einige waren arbeitsame Menschen, andere nicht. Einige waren minderbegabt, andere hochbegabt.

Sie haben sicherlich auch bemerkt, daß einige auf die Therapie gut angesprochen haben, andere weniger gut, manche überhaupt nicht. Und Sie haben sicherlich erkannt, daß für alle das Prinzip der Sicherung gilt, bis die Therapie erfolgreich abgeschlossen ist. Die Juristen sagen: Verbrechen ist »ubiquitär«. Die Mediziner sagen: Krankheit ist »ubiquitär«. Ubiquitär heißt in diesem Zusammenhang: »Es kann jeden treffen.« Ja, Verbrechen ist ubiquitär, Krankheit auch. Aber einige Schwache treffen Krankheit und Verbrechen häufiger als andere.

Es klingt paradox, aber es ist so: Auch der Verbrecher gehört zu den Schwachen der Gesellschaft. Psychologen, Soziologen, Kriminologen und Psychiater sind sich einig: Der Verbrecher ist nicht

der Starke, der gegen die Gesellschaft rebelliert. Er ist der Schwache, der ihre Normen nicht einhalten kann.
Die Mehrzahl der Menschen, deren Geschichte hier erzählt wurde, stammt aus zerbrochenen Familien, aus unteren Schichten, aus Sonderschulen, aus schwachen sozialen Haltestrukturen. Sie sind ohne eine wärmende Mutter, ohne einen schützenden Vater, ohne wohltuende Anerkennung aufgewachsen. Aber zerbrochene Familien, untere Schichtzugehörigkeit, Sonderschule, schwache soziale Haltestrukturen, fehlende Wärme, fehlender Schutz, fehlende Anerkennung hinterlassen Wunden, sind Zeichen des Schmerzes, die zu Schwäche, zu Haß führen können.
Verbrecher und Kranke gehören zu den Schwachen der Gesellschaft. Sie sind schwach, auch wenn sich die Gesellschaft vor ihnen schützen muß – vor manchem Kranken, damit seine Krankheit nicht auf andere übertragen wird oder anderen schadet, vor Verbrechern, damit andere nicht zu Schaden kommen. Für Straftäter, die Kranke und Verbrecher sind, die zwei Schwächen in sich vereinen, braucht man einen doppelten Schutz: Besserung und Sicherung: Für sie wie für die anderen.
Ich habe Ihnen Tragödien, Katastrophen, Fälle erzählt; Geschichten von 26 Betroffenen, von A bis Z.
Und die Opfer?
Sie können nicht irgendwelchen Kategorien von A bis Z zugeordnet werden. Es sind unsere Kinder, unsere Mütter, unsere Freundinnen oder Frauen, unsere Nächsten. Den Opfern gebührt unser Respekt, unsere Trauer. Ohne Schrei nach Rache, ohne Schrei nach Vergeltung. Ohne Schrei nach Genugtuung. Mit einem einzigen Verlangen: Besserung und Sicherung! Beides zusammen. Wenn das eine nicht da ist, kann das andere nicht funktionieren.
So möchte ich jetzt diese Erzählung beenden. Ich habe nichts Wesentliches mehr hinzuzufügen.
Wir sind durch! Sie und ich.

Bücher und Publikationen, die in diese Erzählung eingeflossen sind

Ich habe schon die Namen einiger Autoren erwähnt. Einige Werke dieser Autoren, aber auch andere Arbeiten, die in diese Erzählung eingeflossen sind, möchte ich an dieser Stelle nennen, so daß Sie bei Interesse dort nachlesen können.

Adler A.: Das Problem der Homosexualität und sexueller Perversionen. Fischer, Frankfurt/M (1993)

American Psychiatric Association: Diagnostic and Statistical Manual of Mental Disorders. Fourth Edition (DSM-IV), APA Washington (1994)

Arnold W., Eysenck H.J., Meili R.: Lexikon der Psychologie (Band I bis III), 6. Auflage, Herder, Freiburg i.B. (1988)

Beier K.M.: Weiblichkeit und Perversion. Gustav Fischer, Stuttgart Jena New York (1994)

Beier K.M.: Die Sexualität im Lebenslängsschnitt. Springer, Heidelberg (1995)

Bellinger G.J.: Im Himmel wie auf Erden. Sexualität in den Religionen der Welt. Droemer Knaur, München (1993)

Berner E., Karlick-Bolten: Verlaufsformen der Sexualkriminalität. Enke, Stuttgart (1986)

Böker W., Häfner H.(Hrsg.): Gewalttaten Geistesgestörter – Eine psychiatrisch-epidemiologische Untersuchung in der Bundesrepublik Deutschland. Springer, Berlin Heidelberg New York (1973)

Bornwasser E.: Als Schwester auf einer Spezialstation für Sexualstraftäter. In: »Die Psychotherapeutin«. Das Narrenschiff. Psychiatrie-Verlag, Bonn (1995)

de Boor W., Meurer D. (Hrsg.): Über den Zeitgeist. (Band I, Band II) Elwert, Marburg (1993)

Dilling H., Mombour W., Schmidt M.H. (Hrsg.): Internationale Klassifikation psychischer Störungen (Weltgesundheitsorganisation) Huber, Bern (1993)

Eucker S.: Recht und Psychotherapie. Alltag von Therapie. Über den Versuch einer theoretischen Konzeptionalisierung der Tätigkeit einer Aufnahmestation eines Psychiatrischen Maßregelvollzugs. In: »Die Psychotherapeutin«. Das Narrenschiff. Psychiatrie-Verlag, Bonn (1995)

FIEDLER P.: Persönlichkeitsstörungen. 2. Auflage, Belz, Weinheim (1995)
FRIDAY N.: Die sexuellen Phantasien der Männer. Rowohlt, Reinbek (1994)
GIESE H.: Psychopathologie der Sexualität. Enke, Stuttgart (1962)
GLENMULLEN J.: Die heimlichen Laster eines Erotomanen und andere Geschichten aus der Praxis eines Sexualtherapeuten. Goldmann, München (1994)
GÖDTEL R.: Sexualität und Gewalt. Hoffmann und Kampe, Hamburg (1992)
GONZALES CABEZAS S.: Psychotherapie im Maßregelvollzug. Spezialstation für Sexualstraftäter in Hessen. In: »Die Psychotherapeutin«. Das Narrenschiff. Psychiatrie-Verlag, Bonn (1995)
GÖPPINGER H., WITTER H. (Hrsg.): Handbuch der Forensischen Psychiatrie. (Band I, Band II) Springer, Berlin Heidelberg New York (1992)
GUNN J., TAYLOR P.J.: Forensic Psychiatry. Butterworth, Heinemann Oxford (1995)
HEIM N.: Die Kastration und ihre Folgen bei Sexualstraftätern. Otto Schwarz, Göttingen (1980)
HORN H.-J.: Antiandrogene bei Sexualdelinquenz. Zur Therapie von sexuell Devianten. In: WILLE R., SCHUMACHER W., ANDRZEJAK N.(Hrsg.): Zur Therapie von sexuell Devianten. Diesbach, Berlin (1990)
JÄGER H., SCHORSCH E. (Hrsg.): Sexualwissenschaft und Strafrecht. (1987)
JANZARIK W.: Forschungsrichtungen und Lehrmeinungen der Psychiatrie: Geschichte, Gegenwart, forensische Bedeutung.
In: GÖPPINGER H., WITTER H. (Hrsg.) Handbuch der Forensischen Psychiatrie. (Band I, Band II) Springer, Berlin Heidelberg New York (1992)
JANZARIK W.: Grundlage der Schuldfähigkeitsprüfung. Enke, Stuttgart (1995)
KAPLAN L.J.: Weibliche Perversionen. Goldmann, München (1990)
KHAN M., MASUD R.: Entfremdung bei Perversionen. Suhrkamp, Frankfurt/M (1989)
KOCKOTT G.: Sexuelle Variationen. Hippokrates, Stuttgart (1988)
LEVAY S.: Keimzelle der Lust. Spektrum Akademischer Verlag, Heidelberg Berlin Oxford (1994)
LEYGRAF N.: Psychisch kranke Rechtsbrecher. Springer, Berlin Heidelberg New York (1988)

Marquis de Sade: Gesammelte Werke. Stephenson, Flensburg (1979)

Mauz G.: Die Justiz vor Gericht. Bertelsmann, München (1990)

Mauz G.: DER SPIEGEL, 41/1995

Mertens W.: Psychoanalyse. 4. Auflage, Kohlhammer, Stuttgart Berlin Köln (1992)

Money J.: Love maps. Irvington Publishers Inc., New York (1986)

Morgenthaler F.: Homosexualität, Heterosexualität, Perversion. Campus, Frankfurt New York (1994)

Müller-Isberner R.: Neue Wege der Behandlung von Sexualstraftätern im Maßregelvollzug in Hessen. In: Wille R., Schumacher W., Andrzejak N.(Hrsg.): Zur Therapie von sexuell Devianten. Diesbach, Berlin (1990)

Müller-Isberner R.: Maßregelvollzug zwischen Psychiatrie und Strafvollzug. (1991) In: Reiner F.(Hrsg.): Maßregelvollzug im Psychiatrischen Krankenhaus. Janssen, Neuss (1991)

Nedopil M., Müller-Isberner R.: Maßregelvollzug. Rechtsgrundlage – Derzeitige Situation, Behandlungskonzepte, Perspektiven. Nervenarzt 66: 793-801 (1995)

Peters U.H.: Wörterbuch der Psychiatrie und medizinischen Psychologie. 4. Auflage. Urban und Schwarzenberg, München (1990)

Pfäfflin F.: Vorurteile, Strukturen und Ideologie psychiatrischer Gutachten über Sexualstraftäter. Enke, Stuttgart (1978)

Pollak K.: Das neue Lexikon der Sexualkunde. Ullstein, Frankfurt/M (1993)

Rasch W.: Tötung des Intimpartners. Das Narrenschiff. Psychiatrie-Verlag, Bonn (1995)

Rehder U.: Aggressive Sexualdelinquenten. Kriminalpädagogischer Verlag, Ems (1990)

Reik T.: Psychoanalyse und Justiz. Suhrkamp, Frankfurt/M (1974)

Reiner F. (Hrsg.): Maßregelvollzug im Psychiatrischen Krankenhaus. Janssen, Neuss (1991)

Rode I., Legnaro A.: Psychiatrische Sachverständige im Strafverfahren. Beck, München (1994)

Rösler M., Hengesch G.: Psychiatrische Diagnostik im Vorfeld der Schuldfähigkeitsbeurteilung. Enke, Stuttgart (1992)

Sass H.(Hrsg.): Affektdelikte. Springer, Berlin Heidelberg New York (1993)

Schorsch E.: Sexualwissenschaft und Strafrecht. Enke, Stuttgart (1987)

Schorsch E.: Ein Sexualstraftäter vor Gericht. Klein, Hamburg (1991)

Schorsch E.: Perversion, Liebe, Gewalt. Enke, Stuttgart (1993)

Schorsch E., Galedary G., Haag A., Hauch M., Lohse H.: Perversion als Straftat. Springer, Heidelberg Berlin New York Tokyo (1990)

Schorsch E., Pfäfflin F.: Die sexuellen Deviationen sexuell motivierter Straftaten. In: Venzlaff U., Foerster K. (Hrsg.): Psychiatrische Begutachtung. Gustav Fischer, Stuttgart (1994)

Schott M.: Psychotherapie im Maßregelvollzug. In: Reiner F. (Hrsg.): Maßregelvollzug im Psychiatrischen Krankenhaus. Janssen, Neuss (1991)

Schreiber H.-L.: Rechtliche Grundlagen der psychiatrischen Begutachtung. In: Venzlaff U., Foerster K.: Psychiatrische Begutachtung. 2. Auflage, Gustav Fischer, Stuttgart (1994)

Schumacher W.: Zur Typologie und Dynamik delinquenter Sexualabweichungen. Klinische Aspekte und psychodynamische Modellvorstellungen. In: Wille R., Schumacher W., Andrzejak N.(Hrsg.): Zur Therapie von sexuell Devianten. Diesbach, Berlin (1990)

Schumann V.: Psychisch kranke Rechtssprecher. Enke, Stuttgart (1987)

Schumann V.: (1991) Maßregelvollzug: Gesellschaftlicher Auftrag und Wirklichkeit. In: Reiner F.(Hrsg.): Maßregelvollzug im Psychiatrischen Krankenhaus. Janssen, Neuss (1991)

Schumann V.: Interview in »Die Psychotherapeutin«. Das Narrenschiff. Psychiatrie-Verlag, Bonn (1995)

Sellers T.: Der korrekte Sadismus. 6. Auflage. Iko, Pullenreuth (1993)

Sigusch F.: Vom Trieb und von der Liebe. Campus, Frankfurt New York (1984)

Sommer V.: Wider die Natur? Homosexualität und Evolution. Beck, München (1990)

v.Krafft-Ebing R.: Psychopathia sexualis. Matthes & Seitz, München (1993)

v.Sacher-Masoch L.: Venus im Pelz. Insel Taschenbuch, Frankfurt/M (1980)

Venzlaff U., Foerster K.: Psychiatrische Begutachtung. 2. Auflage, Gustav Fischer, Stuttgart (1994)

Volckart B.: Maßregelvollzug. 3. Auflage, Luchterhand, Neuwied Berlin (1991)

Weiss A.: Patientenfürsprecherin in der Forensik. In: »Die Psychotherapeutin«. Das Narrenschiff. Psychiatrieverlag, Bonn (1995)

Wetzstein T.A., Steinmetz L., Reis Ch., Eckert R.: Sadomasochismus. Szenen und Rituale. Rowohlt, Reinbek (1994)

Wille R.: Cyproteronacetat. Rechtliche und ethische Aspekte. In:

Wille R., Schumacher W., Andrzejak N.(Hrsg.): Zur Therapie von sexuell Devianten. Diesbach, Berlin (1990)

Wille R., Beier K.M.: Nachuntersuchungen von kastrierten Sexualstraftätern. Sexuologie 4: 1-26 (1997)

Wulffen E.: Das Weib als Sexualverbrecherin. Langenscheidt, Berlin (1925)

Wurmser L.: Das Rätsel des Masochismus. Springer, Heidelberg New York (1993)

Der Autor

Prof. Dr. med. Andreas Marneros, wurde am 22.10.1946 auf Zypern geboren. Medizinisches Grundstudium an der Aristoteles-Universität in Thessaloniki. Facharztausbildung für Psychiatrie und Neurologie sowie Promotion an der Johannes-Gutenberg-Universität Mainz. 1980 Habilitation für die Gebiete Psychiatrie, Psychotherapie und Neurologie an der Universität Köln. 1983 Professur für Klinische Psychiatrie an der Universität Köln. 1985 Berufung auf eine Professur für Medizinische Psychologie und Allgemeine Psychopathologie an der Universität Bonn. Seit 1992 Inhaber des Lehrstuhls für Psychiatrie und Psychotherapie und Direktor der Klinik und Poliklinik für Psychiatrie und Psychotherapie der Martin-Luther-Universität Halle-Wittenberg.
Über 200 wissenschaftliche Publikationen, darunter 12 Bücher. Seit 15 Jahren als Gutachter in der Forensik tätig. Mehrere Auszeichnungen, zuletzt (1995) Aufnahme in der Gruppe der »Führenden Medizinischen Forscher Deutschlands«.

Wilfried Rasch

Tötung des Intimpartners

Reprint von 1964
mit einem Vorwort von Volker Dittmann
und einem Nachwort des Autors

Die Tötung des Intimpartners wird nicht nur durch die mit dem Partnerverhältnis gegebenen Konfliktmöglichkeiten vorbereitet, sondern entsteht auch aus einer Bereitschaft, die durch den vertrauten und intimen Umgang mit einem Menschen gesetzt wird.

Wilfried Raschs Monographie »Tötung des Intimpartners« zeigt an zahlreichen Beispielen, daß es eine »musterhafte Regelmäßigkeit« von Tötungssituationen gibt, die sehr viel mit der Wechselbeziehung zwischen Opfer und Täter zu tun haben. Rasch belegt das an den Modellen der Tötung des oder der Geliebten bzw. des Ehepartners ebenso wie am Modell der flüchtigen Partnerschaft und wendet sich schließlich der Analyse der Beziehung von Intimität und Gewalt zu. Mit dieser Arbeit hat Rasch die Forensische Psychiatrie im deutschsprachigen Raum nachhaltig verändert – sie hat Rechtsgeschichte gemacht.

ISBN 3-99414-195-3, Edition Das Narrenschiff im Psychiatrie-Verlag
120 S., geb. mit SU, 48.00 DM (44,50 sFr, 350 öS)

Norbert Konrad

Der sogenannte Schulenstreit

Beurteilungsmodelle in der Forensischen Psychiatrie

Der Autor stellt die in diesem Zusammenhang relevanten psychiatrischen Richtungen vor und entwickelt aus der Analyse von über 300 Gutachten Beurteilungsmodelle.

ISBN 3-88414-172-4, 224 S., geb., 78.00 DM (71 sFr, 569 öS)